本书系中国社会科学院学科建设"登峰战略"资助重点学科"区域国别学"阶段性成果

徐 刚 等 著

CENTRAL
AND
EASTERN EUROPEAN
STUDIES IN CHINA：
1990-2022

中国的中东欧研究

（1990~2022）

社会科学文献出版社
SOCIAL SCIENCES ACADEMIC PRESS (CHINA)

序　言

任何学科发展和成熟都需要一个比较漫长的过程，一方面是研究对象不断发生变化，另一方面是研究方法也要逐步完善和充实，需要一定的时间使两者相互适应并且达到比较稳定的状态。中国的中东欧研究是一个年轻的学科，虽然历史不长，却有一定的代表性，几代学者为此付出了艰苦的努力，取得了较有影响的成就。随着大变局下地区格局发生的复杂变化，加之区域国别学成为一级学科，中东欧研究也需要及时做出调整，以获得新的发展契机。俄罗斯东欧中亚研究所转型和一体化理论研究室的徐刚研究员在其新作《中国的中东欧研究（1990～2022）》当中，既从学术史的角度总结梳理了学科发展的阶段性特征和重点内容，也从区域国别研究的角度对区域国别学的理论和方法建构做出了思考，有作者本人研究的积累，也有通过与其他资深专家访谈得到的启示。这种踏踏实实的研究值得称道。

一

中东欧研究在中国起步较晚，一直被视为国际政治学、世界经济学、世界历史学等二级学科当中一个较小的学科分支。虽然学科的历史较短，但涵盖的领域比较广，关注的地区与国别问题独具特色，有不少高质量的学术成果出现，未来在区域国别学科领域也将占有特殊的一席之地。20世纪五六十年代是我国相关研究的起步阶段，当时对东欧社会主义国家的研究比较分散，成立于1965年的中国科学院哲学社会科学部苏联东欧研究所是国内较早从事这一地区和国家研究的机构。该研究所的东欧研究室没有按专业确定研究方向，既关注地区的整体变化，也以国别研究为重点，吸纳了不少精通东欧国家语言、在东欧国家有过留学经历的小语种优秀人才。随着中国的改革开放和20世纪80年代后期中国与当时东欧国家关系的快速发展，国内对东欧国家经济改革理论和实践的兴趣增大，研究的热度随之提升，带动了整个学科的发展。东欧剧变后，东欧国家研究的另外一个特色，也是学者们非常重要的一个任务，就是分析总结这些国家社会主义建设的成败及原因，因为这些经验和教训对我们建设中国特色社会主义有重要的借鉴意义和参考价值。

随着苏联的解体和冷战的结束，中国学术界对中东欧国家的研究进入一个全新发展阶段。这个时候从事该方向研究的国内科研机构和高校做了一些学科上的调整，主要是研究对象发生了很大变化，南斯拉夫等国出现分裂，欧盟和北约积极东扩，需要不断拓展和丰富研究的视角，西方学者的理论和方法也受到中国学者更多关注。中东欧地缘政治和地缘经济格局的变化以及各国的政治经济转型使学者们讨论的重点问题更加宽泛，对区域的定位也有了新的认识，出现了"中东欧"这样的地区概念，代替了过去带有一定地缘政治色彩的"东欧"地区，对象国也明确为16个转型国家，波罗的海三国由于与这个地区密切的历史和现实联系，也被划入这个区域。

在国内相关研究机构和高校的努力下，有关中东欧国家的基础研究和应用研究都有了较快的发展，综合性的国别研究成果开始陆续问世，有助于国内更多地了解这些具有新面貌的国家。比如，中国社会科学院推出了包括中东欧十几个国家在内的《列国志》，由社会科学文献出版社出版；有关研究更加关注一些重要专题，如政治经济转型、融入欧洲一体化进程等；对地区国际关系重建，包括地区国家之间的关系、大国博弈等开始了系统研究。此外，学者们重点关注这些国家和中国关系的发展，交往越来越密切也要求相关的研究能够及时跟进，要求比以往的形势跟踪有更强的学理性，与中东欧国家学术机构的交往也非常密切。中国社会科学院俄罗斯东欧中亚研究所还举办了5届"中国-中东欧论坛"，且被纳入"中国社科论坛"，具有一定的国际知名度。

当前，中国的中东欧研究又到了一个调整变化的关键时期。乌克兰危机造成地区内部的急剧分化，大国博弈的升级又导致地区的经济格局和安全格局面临重构，甚至有学者提出，作为一个区域整体或者学术概念的"中东欧"已经不存在了。作为一个独立的学科分支，对这个欧洲大陆上重要"次区域"的研究不会中断，但经历一些起伏也是正常的。原因在于：一是研究对象的特殊性，这个地区国家的数量众多,无论历史文化还是现实发展都具有独特性,区域的边界未来可能还会发生新的变化;二是中国外交的针对性,在推动"一带一路"建设和人类命运共同体建设的地区实践过程中,中东欧国家受到了特别的关注,可以发挥特殊的作用;三是这个领域需要学术传承,专家队伍相对稳定,年轻的学者不断加入进来,在培养人才方面卓有成效;四是对外交流与合作的机会仍然很多,中国与中东欧国家的合作机制依然存在,我们也需要与对象国甚至西方国家的学者相互学习、相互启发,不断丰富我们的研究视角。

二

应该说,对学科建设的重视和总结也有利于研究方法和范式的形成、完善。共建"一带一路"背景下国别研究得到了格外重视,教育部资助多所大学成立了国别中心。中国社会科学院则把学科体系、学术体系、话语体系"三大体系"建设作为工作的重心,作为落实习近平总书记2016年5月17日在哲学社会科学工作座谈会上讲话精神的总体部署,并取得了很多实际成效。现在中国的中东欧研究整体来看基本还是沿袭过去的研究范式,即区域和国别相结合、综合和专业相结合、历史和现实相结合、文献和实证相结合,经常遇到的问题就是基础理论研究和应对对策研究的关系问题。比如说现在的国别研究,因为信息获取更加便利,涵盖的领域也越来越广,以中国社会科学院的系列丛书《列国志》为例,对每一个中东欧国家的基本国情做一本书,既包括该国的政治、经济、社会、外交情况,也包括该国的自然条件、国家简史、军事、文化、教育等,这本身就可以列为基础研究的范畴,同时也有重要的应用价值,因此受到广泛的欢迎,特别是介绍与中国关系密切国家的《列国志》常常供不应求。《列国志》具有工具书的性质,此外学者们还撰写中东欧国家的年度发展报告,有相似的体例,既有综合分析的总报告,也有专题报告,同样既服务于基础研究,也服务于应用研究。区域国别的基础研究和应用研究很难截然分开,"基础"更多体现在思维和方法上,包括思维的深度和广度以及献身科学研究的精神,即能对一个问题持之以恒地做长期跟踪研究。①

---

① 王逸舟:《试析中国国际关系学的"进步":几点批评与思考》,《外交评论》2006年第3期。

应该承认，这种研究也会有一个比较明显的缺点，就是缺少必要的理论创新，有时甚至只是对当前的事件做简单的描述和评论，存在一定程度上低水平重复的问题。另外，学科设置几十年来没有变化，研究工作形成了一些固有的、带有惯性的方法和架构，在适应形势发展要求方面做得不够，这与整个国际问题研究领域的方法创新不足有一定关系。有学者曾对核心期刊论文做过初步统计，发现运用传统研究方法的研究成果占81.4%，其中历史分析方法占54%。[①]在新兴学科、交叉学科以及新的研究方法不断涌现的背景下，国别研究已具备了调整和改变的条件，加上学者队伍也发生了较大的变化，越来越多有不同学科背景的年轻学者加入区域国别包括中东欧国家的研究队伍，给研究方法和领域的扩展创造了条件。不少年轻学者开始尝试使用国际政治和世界经济传统、经典的理论范式和研究方法来进行思考和分析，观察问题的视角更加宽广。近年来学者们也特别重视研究方法的讨论和对国际问题研究新理论的梳理，不少国际问题类杂志组织了相关的讨论，发表了不少具有一定批判意义的学术文章。

虽然借助其他学科的研究方法丰富了研究手段，但在实际工作中也遇到了一些问题。以中东欧学科为例，研究对象有一些非典型性，每个国家都有一些特殊的地方，另外拿到完整的数据和进行深入的实证调研很不容易，要进行切切实实的量化分析面临较大的困难。经济学、政治学、社会学的方法用于这样一个地区的研究要量力而行，甚至做案例分析也要非常慎重，因为各种变量很多。尽管获得了一定数量的数据和案例，但按照固有的方法做统计分析，有时得出的结论可能与真正的发展态势完全相左。所以这样的研究虽然有一些新的方法和突破，但可能仅限于个别的问题，并不具有普适性，很难形成真正有影响的学派。寻求创新的过程中，受到西方理论和西方研究视角影响的比较多，缺少自己的理论体系支撑，学术交流的深度和平台还是不足。借鉴西方研究方法和视角的学者往往又因为不能掌握对象国的语言，无法深入对象国进行实地调研或开展比较全面的研究而存在理论和实践脱节的问题。另外也受到资金或者签证问题的影响，实证研究或者量化研究存在一定的困难。

事实上，国外包括西方的中东欧研究也面临和中国相似的问题。西方的研究起步更早，相互的联系更多，资料搜集上的障碍更少，高水平的成果也比较多，

---

① 阎学通、孙雪峰：《国际关系实用研究方法》，人民出版社，2001，第292~293页。

但是其研究队伍和方法也是稳定有余,更新不足。一方面是研究这个地区的成本比较高,不可能靠在高校的学习和深造就成为一流专家,必须有长时间的实地调研和资料积累;另一方面是全球和地区不断出现新的热点问题,需要研究的新课题、新领域不断出现,从而影响对中东欧这个相对传统学科重要性的关注度,难以吸引更多的人才和投入。

三

习近平主席在第三届"一带一路"国际合作高峰论坛上的主旨演讲中指出:"当前,世界之变、时代之变、历史之变正以前所未有的方式展开。"[①] 世界现代化应该是和平发展的现代化、互利合作的现代化、共同繁荣的现代化。随着研究对象的变化和研究领域的扩展,需要回答的问题更多,研究的深度和广度都有待于进一步提升。比如,地区冲突加剧背景下中东欧各国无论是自身发展还是对外政策都面临新的选择,一方面有其特殊的历史根源和现实逻辑,另一方面又与外部世界的变动包括全球国际关系的大调整有一定的关联性。这些看似是局部甚至是个别国家内部的问题,实际上牵动了地区战略格局的整体变化,备受国际社会关注,这种情况下需要对这个地区的研究及时做出应对和判断,我们的研究工作必须具有一定的战略性和前瞻性。

另外一个积极的方面是,在共建"一带一路"进程中,中东欧国家始终是亚欧大陆深化互联互通比较关键的区域,所以对于这一地区的国别研究提出了更高的要求,即现实的发展和变化对中东欧研究提出了更高的要求。第一,对地区和国别的认识要尽可能做到"通晓",政治、经济、外交、安全、社会、历史、文化等都要有所涉猎,因为任何重大事件的发生都不是孤立的,离不开特殊的背景;第二,对问题的分析和解剖要尽可能做到"深刻",不应停留在表面,应该努力探究其内在的根源和规律,资料的大量占有、实地观察和调研需要相互结合;第三,对现状和趋势的把握要尽可能做到"准确",对风险和机遇要做出准确的评估,并做出合理的具有前瞻性的预测。现在对我们这个学科要求很高,不仅是因为研究的学理性不足和基础还需要充实,还是因为"一带一路"建设和

---

① 《习近平著作选读》第 1 卷,人民出版社,2023,第 49 页。

中国外交的延伸和升级，我们遇到的都是具体的问题，经常要直接为重大的外交活动提供智力服务。

尽管我们强调应用对策研究的意义，但仍不能忽视基础理论研究，包括找到和培育更加科学的研究方法及研究范式。应用研究的水平是由基础研究的厚度所决定的，两者是相辅相成、缺一不可的，但要真正做到齐头并进、相互补充并不容易。由于应用研究更容易受到关注，基础研究就更应该得到重视，后者实际上对学科的发展更为关键，这包括两个方面：一个是关注一个较长时期的发展进程，包括资料和数据的积累，从更为宽广的时空观察研究对象；另一个是对基础理论和专业理论的探讨，包括提出一些重要的概念、框架和论断。在区域国别学科构建的过程中，很难绝对地将基础研究和应用研究分开，有的成果兼有两者的属性，在研究过程中可以对两者同时做出贡献。

科研手段的进步特别是网络信息技术的发展，极大地改变了传统的研究方式，区域国别学需要在新的基础上不断提升研究的方式方法，实现多学科相互补充，进而形成独特的学科体系。有的高校尝试进行一些学科方面的创新，对不同专业领域的研究进行整合，提出一系列学科发展的新方向。随着区域国别学的重要性日益凸显，做到国别与专业研究的有机结合是面临的重要问题。在这方面，要广泛吸收好的经验，包括国外学科设置的一些好的做法，不断推陈出新。最终应该可以形成新的区域与国别研究的方法学。只有研究方法的创新，才能带动学科体系的创新。另外，学术规范是需要特别重视的问题，不仅包括"治学的态度（对他人研究成果和观点的尊重等）、治学的方式（对已有资料和观点的引用等）"[①]，而且包括治学的过程（文章的结构、方法的应用等）[②]。

四

国外的"中国学"能够形成一定规模得益于几代汉学家的不懈努力。方法的创新还是要来自对研究对象的深入了解与长时间的学术积累，一些必要的工具和桥梁是不可或缺的，比如掌握对象国的语言，熟悉对象国的历史和文化。区域

[①] 王正毅：《国际关系理论创造的三个难题——"国际关系理论与中国：比较与借鉴"学术研讨会随想》，《世界经济与政治》2003年第4期。

[②] 张秋霞：《中国国际关系研究方法现存问题与思考》，《国际观察》2005年第4期。

和国别研究需要一个参照系，需要有更多的新视角，但万变不离其宗，如果研究的过程不能踏踏实实地获取更丰富的数据和信息，不能对研究对象进行细致的观察和跟踪，没有身临其境的感同身受，甚至不关心掌握的材料是否充分，只想拿现成的分析框架或公式来主观臆断，那么，任何方法的创新只能是哗众取宠。

中东欧研究尤其如此，因为这个地区的各个国家都有独特的文化传统和社会结构，有着完全不同于西方发达国家的历史演变，对国情的认知应该是开展研究的第一步。同时，作为专家要经过专业的学习和训练，基于自己的专业背景来观察、研究和分析研究对象。所以追求"大而全"或者"剑走偏锋"都是不可取的，有不少比较成熟的分析方法可以使用，这只是理论研究的铺垫和准备，不一定每一个专题研究都能够产生理论观点[1]，但一定要注重过程和选择的科学性、规范性，经得起时间的考验和学术上的批评，这是走出"事件描述"和"国际评论"的必由之路。徐刚研究员有作为外交官在波黑工作多年的经历，同时又到过多个中东欧国家进行实地调研，这对他后续的综合研究非常有帮助。

我们对中东欧地区的研究，目前还是问题导向，作为一个专家需要有更多的付出和努力，其成本可能要超过一般的国际问题研究。一方面，这个地区和这些国家与中国的关系比较密切，从政府到民众都有自己的价值判断和政策取向；另一方面，这个地区和这些国家又正在发生深刻的变化。如果一个专业的研究人员不能把地区遭遇的主要问题说透，不能把握这些变化的基本趋势，那就不是一个合格的专家。一个比较成熟的学科应该具有这样一些特点：一是学术上要相对独立，理论上要相对完整，之所以用"相对"，是因为研究方法和研究对象也在不断发生变化；二是能够总结出自己的学术概念，提出一系列比较明确的学科术语，以此来定义研究对象的不同状态；三是形成有代表性的学术流派，有比较稳定的研究队伍，在人才梯队建设上不会青黄不接；四是要明确评价的标准是什么，由什么来评价，建立科学的评价体系非常重要，最重要的检验标准还是注重科学性，要看研究成果和结论能否把握对象国内在的发展趋势，并且能够提出相对准确的预测和判断。

要使我们的中东欧研究在区域国别学的框架内得到更好的发展，还是应该有

---

[1] 周方银：《中国国际关系方法论研究》，王逸舟主编《中国国际关系研究：1995—2005》，北京大学出版社，2006。

自己的学术体系、话语体系来支撑，拥有独创性、原创性的成果。虽然区域与国别研究的基本范式应该是相通的，如都重视学术研究的规范性、论证要充分、文献要翔实、观点要有说服力，但也有其特殊的方面，比如说要提出什么问题或解决什么问题，还是有差别的，所以这里就会有选择什么样的立足点、什么样的出发点的问题。除了国家利益、国家立场，中国人的思维习惯和优势、汉语的表达方式和论证逻辑也是关系到我们区域国别学未来发展和学科定位的原则问题，中国的中东欧研究要有中国风格、中国气派，相信徐刚研究员的这本著作能够对此有所贡献。

因为本人不是中东欧问题的专家，只能谈一点对学科发展的认识，欢迎各位学友批评指正。是为序。

孙壮志
2023 年 10 月 20 日于北京

目 录

第一章　中国中东欧研究的客体与主体 …………………………… 001
　第一节　30多年研究对象的变化：不断定义的客体 …………… 003
　第二节　研究机构与研究人员的变动：日趋多元的主体 ……… 009

第二章　中国的中东欧次区域研究 ………………………………… 028
　第一节　维谢格拉德集团研究 …………………………………… 028
　第二节　巴尔干研究 ……………………………………………… 035
　第三节　波罗的海区域研究 ……………………………………… 041

第三章　中国的中东欧国别研究 …………………………………… 048
　第一节　波兰研究 ………………………………………………… 048
　第二节　匈牙利研究 ……………………………………………… 055
　第三节　捷克研究 ………………………………………………… 061
　第四节　斯洛伐克研究 …………………………………………… 066
　第五节　罗马尼亚研究 …………………………………………… 071
　第六节　保加利亚研究 …………………………………………… 076
　第七节　斯洛文尼亚研究 ………………………………………… 080
　第八节　克罗地亚研究 …………………………………………… 084
　第九节　塞尔维亚研究 …………………………………………… 088
　第十节　波黑研究 ………………………………………………… 094

第十一节　黑山研究 ………………………………………… 098
　　第十二节　北马其顿研究 ……………………………………… 101
　　第十三节　阿尔巴尼亚研究 …………………………………… 105

第四章　访谈（上）：中东欧区域研究之经验 ………………………… 112
　　第一节　"需要更加立体和多维度的观察与思考才能理解立体的中东欧"
　　　　　　——朱晓中研究员访谈 ………………………………… 112
　　第二节　"中东欧国家的发展具有明显的共性、地区性和个性"
　　　　　　——孔凡君教授访谈 …………………………………… 122
　　第三节　"中东欧研究毫无疑问已属于决策研究中的'国之大者'"
　　　　　　——刘作奎研究员访谈 ………………………………… 133

第五章　访谈（下）：中东欧各领域研究之经验 ………………………… 143
　　第一节　"作为制度变迁的试验场，中东欧经济变革的方式及影响值得持续
　　　　　　关注"
　　　　　　——孔田平研究员谈中东欧经济研究 ……………………… 143
　　第二节　"东欧剧变、政治转轨、政党和政党制度是国内中东欧政治研究的
　　　　　　三大问题"
　　　　　　——高歌研究员谈中东欧政治研究 ……………………… 152
　　第三节　"中东欧国家以其文学的声音让世界知晓了其民族和国家的存在"
　　　　　　——高兴编审谈中东欧文学研究 ………………………… 163
　　第四节　"历史能为解决现实问题提供某种参考背景和意见，甚至一把钥匙"
　　　　　　——马细谱研究员谈中东欧历史研究 …………………… 174

附　录 ……………………………………………………………… 184

后　记 ……………………………………………………………… 195

第一章
中国中东欧研究的客体与主体

从事中东欧[①]研究的学者普遍认为，有关中东欧的概念及其所指称的对象极其模糊、极具争议，因此在开展相关研究时首项工作就是进行对象界定。在国际学术界，人们乐此不疲地对这一地域的复杂性进行争论，各种衍生概念层出不穷，其涵盖的对象国家亦众说纷纭。大体来说，以冷战结束划界，中国决策界将这一地域先后称为东欧和中东欧，学术研究也受此规范，但学者对中东欧所包含的国家则存在不同的看法。[②] 本章只从中东欧区域整体上进行介绍，对象国的情况后面将有专门章节叙述。进一步说，对冷战结束以来的中东欧研究进行量化统计时，选择使用"东欧"为篇名或许更好，因为既能基本包含有关中东欧研究的文献[③]，也能持续跟踪后冷战时代层出不穷的以"东欧"为对象的研究进展。

大体看，冷战结束30多年来，中国学界对中东欧的研究起初聚焦东欧剧变和中东欧国情，随后转向中东欧转型和融入欧洲一体化，近年来重点关注中东欧对外关系及中国-中东欧国家合作。这三类主题与该地域的发展变化基本吻合，

[①] "东欧"与"中东欧"的概念相互联系又不完全相同。"东欧"是一个高度不稳定的术语。在文化上，东欧指中欧和西亚之间的地区，受拜占庭、东正教和奥斯曼的影响；在政治上，它是冷战期间部分学者创造的术语，用来指东方集团，其国家包括在历史上和地理上属于中欧的国家。东欧剧变之后，随着"回归欧洲"进程的展开，以前被称为"东欧"的国家纷纷抛弃这一称谓，自称"中欧"或"中东欧"国家，其数量也在不断变化中。也就是说，冷战结束后，人们更多使用"中东欧"或"东中欧"来称谓原"东欧"国家。因此，大体上讲，本文以东欧剧变为界，之前称东欧，之后称中东欧，而谈到研究时统一使用中东欧。另外，本文所指的中国中东欧研究以及机构和人员主要来自中国大陆，中国台湾、香港和澳门的部分著述略有涉及。

[②] 主要的争议集中在波罗的海三国和希腊是否属于中东欧国家的问题上。

[③] 需要说明的是，该统计难以做到精准，有些关于中东欧的文章不一定能收录在以"东欧"为篇名的统计中，另外也有不少以"东欧"为篇名的文章研究的不是后冷战时代东欧国家的继承人，讨论的可能是文化层面更大地理范围意义上的东欧。

即20世纪90年代开启转型、进入21世纪特别是2004年第一批多个中东欧国家入盟以及2012年中国-中东欧国家合作机制的启动。诚然，对东欧剧变、中东欧转型、中东欧融入欧洲一体化等议题的研究进行明确的阶段性划分并非易事，实际上对它们的研究时而有之。此外，有关中东欧历史、民族、文学等问题的研究也从未中断。据中国知网收录的情况，从1990年1月1日至2022年12月31日，以"东欧"为篇名搜索到的各类文章约3400篇。其中，学术期刊文章约2800篇，学位论文200余篇[1]，会议文章、报纸文章、学术辑刊及特色期刊文章约400篇。另据中国国家图书馆收录数据，从1990年1月1日至2022年12月31日，以"东欧"为篇名的各类中文著作有200多部，主题涉及中东欧国情概览[2]、东欧历史[3]、东欧文学[4]、东欧新马克思主义[5]、中东欧转型与融入欧洲一体化[6]、中国

---

[1] 通过中国知网检索发现，以"东欧"和"中东欧"为篇名统计的学位论文出入较大。以"中东欧"为篇名的学位论文有142篇，以"东欧"为篇名的学位论文有94篇。仔细对比发现，两者重合的仅有23篇。因此，综合学位论文213篇，其中硕士学位论文190篇，博士学位论文23篇。

[2] 张文武等主编《东欧概览》，中国社会科学出版社，1991；金挥主编《东欧中亚列国志》，当代世界出版社，1994；孟淑贤主编《各国概况——东欧》，世界知识出版社，1997；张文武主编《简明东欧百科全书》，中国社会科学出版社，2002。

[3] 孔寒冰：《东欧史》，上海人民出版社，2010；李迈先著、洪茂雄增订：《东欧诸国史》，三民书局，2012；〔英〕罗伯特·拜德勒克斯、〔英〕伊恩·杰弗里斯：《东欧史》，韩炯等译，东方出版中心，2013。

[4] 中国社科院外国文学所东欧文学室编著《东欧文学史》，重庆出版社，1990；林洪亮主编《东欧当代文学史》，中央编译出版社，1998；张振辉等：《东欧文学》，时代文艺出版社、海南出版社，2001；高兴：《东欧文学大花园》，湖北教育出版社，2007。此外，东欧戏剧史系列（波兰卷、匈牙利卷、罗马尼亚卷、南斯拉夫卷等）2018年由北京联合出版有限责任公司出版。

[5] 黄继锋：《东欧新马克思主义》，中央编译出版社，2002；衣俊卿：《东欧新马克思主义精神史研究》，黑龙江大学出版社，2015；傅其林等：《东欧新马克思主义美学研究》，商务印书馆，2016；马建青、李晓敏主编《国外学者东欧新马克思主义研究》，哈尔滨工程大学出版社，2019；李宝文：《东欧新马克思主义历史观研究》，中国社会科学出版社，2021；衣俊卿、马建青编译《东欧新马克思主义伦理思想文选》，哈尔滨工程大学出版社，2022；颜岩：《东欧新马克思主义现代性批判理论研究》，中国社会科学出版社，2022；匡存玖：《东欧马克思主义符号学研究》，四川大学出版社，2022。

[6] 例如，赵乃斌、朱晓中主编《东欧经济大转轨》，中国经济出版社，1995；张颖主编《中东欧走向市场经济》，社会科学文献出版社，1998；孔田平：《东欧经济改革之路：经济转轨与制度变迁》，广东人民出版社，2003；王义祥：《中东欧经济转轨》，华东师范大学出版社，2003；贾瑞霞：《中东欧国家区域经济合作转型》，中国发展出版社，2013；殷红等：《入盟与中东欧国家政治经济转型》，社会科学文献出版社，2018；朱晓中：《中东欧与欧洲一体化》，社会科学文献出版社，2002；朱晓中主编《欧洲的分与合：中东欧与欧洲一体化》，中国社会科学出版社，2017；高歌主编《中东欧转型30年：新格局、新治理与新合作》，社会科学文献出版社，2022；等等。此外，华东师范大学沈志华教授2019年作为总主编组织编撰了一套东欧各国社会制度转型档案的文献编目。

与中东欧国家关系及中国-中东欧国家合作[1]、大国与中东欧关系[2]以及中东欧各领域发展[3]等。下文将具体从研究对象、研究人员及研究机构的变动三方面对30多年中国的中东欧研究进行归纳和梳理。

第一节 30多年研究对象的变化：不断定义的客体

如上所述，中东欧研究具有明显的连续性特征。中国学界对于中东欧问题的研究大抵始于20世纪80年代。[4]当时的东欧研究属于苏联学范畴，也多与苏联

---

[1] 例如，张海森等：《中国与中东欧国家农业合作战略研究》，中国农业科学技术出版社，2008；高歌主编《从"16+1"到"一带一路"：合作·发展·共赢》，中国社会科学出版社，2017；张晓涛：《中国与"一带一路"沿线国家经贸合作国别报告·中东欧篇》，经济科学出版社，2018；吴白乙、霍玉珍、刘作奎主编《中国-中东欧国家合作进展与评估报告》，中国社会科学出版社，2020；张琳、邱强：《中国与"一带一路"沿线国家双边贸易研究·中东欧卷》，中国经济出版社，2020；张建华：《中国与中东欧国家的科技创新合作》，人民出版社，2020；电力规划设计总院等编著《中国-中东欧能源合作报告》，人民日报出版社，2020；邱强：《中国与中东欧国家数字经济合作研究》，中国经济出版社，2021；徐菁忆：《中国-中东欧"17+1合作"机制研究》，中国社会科学出版社，2021；刘华：《中国与中东欧合作的发展与机遇》，中国社会科学出版社，2022；骆雪娟、欧阳芳晖主编《"一带一路"框架下中国-中东欧国家合作发展报告》，中山大学出版社，2022；燕春蓉：《"一带一路"倡议下中国和中东欧贸易关系研究》，上海财经大学出版社，2022；等等。此外，中国社科院陈新研究员主编了中东欧国家、匈牙利、斯洛伐克、塞尔维亚等国看"一带一路"和中国-中东欧国家合作的著作，黄平和刘作奎研究员共同或单独主编了中国-中东欧国家合作五年成就、人文交流、智库合作、电子商务合作和地方合作等报告。

[2] 例如，李兴：《从全面结盟到分道扬镳：冷战时期的苏联与东欧关系研究》，武汉大学出版社，2000；沈志华主编《冷战时期苏联与东欧的关系》，北京大学出版社，2006；许加梅：《美国对东欧政策研究》，人民出版社，2011；王一诺：《不同文化体的对视：中东欧与俄罗斯关系及其与中国的镜像研究》，东北师范大学出版社，2014；杨烨、高歌主编《冷战后德国与中东欧的关系》，社会科学文献出版社，2017；孔田平：《冷战后俄罗斯的中东欧政策及其影响》，社会科学文献出版社，2018；吕雪峰：《战后初期苏联对东欧政策》，世界知识出版社，2018；等等。

[3] 例如，徐明威：《中东欧国家金融体制比较》，经济科学出版社，2002；曾康霖、黄平：《中东欧转轨经济国家股票市场制度研究》，中国金融出版社，2006；庄起善等：《中东欧转型国家金融银行业开放、稳定与发展研究》，复旦大学出版社，2008；李嘉珊主编《重新发现：中国-中东欧十六国文化创意产业概览》，中国商务出版社，2016；邱强：《中东欧国家能源安全问题研究》，中国经济出版社，2021；等等。

[4] 自新中国成立到1978年，中国国际问题研究开始起步并取得一定成就。不过，当时国际问题研究的首要出发点是配合中国的对外斗争，很多工作主要是介绍和译介。真正学术意义上的国际问题研究大发展是改革开放以后，东欧问题的研究也大体如此。参见朱晓中《中国中东欧研究的几个问题》，《国际政治研究》2016年第5期；孔寒冰、韦冲霄《中东欧研究的历史演变、特征及发展趋势——孔寒冰教授访谈》，《国际政治研究》2019年第3期。

研究一起被并称为苏联东欧研究或苏东研究。东欧剧变后，中国中东欧研究的对象、内容和重点不断发生变化，并呈现强政策导向性、重热点追踪性以及国别关注非均衡性的特征。

评估一项研究或学科的发展状况，首要的考察对象即是专业期刊论文；其次分析的是期刊数据库[①]。如果说专业期刊的数量及其变化趋势能够较好地说明一项研究或学科的发展走向，那么，通过大数据的方法检测期刊数据库刊文情况并加以对比则能充分把握该项研究或学科的焦点及其变化。在中文专业期刊中，长期或阶段性地关涉中东欧研究的主要有1979年至1988年的《世界经济与政治内参》[②]、1981年创刊的《俄罗斯东欧中亚研究》（时称《苏联东欧问题》，1992年改称《东欧中亚研究》，2003年改称《俄罗斯中亚东欧研究》，2013年改为现名）、1983年创刊的《俄罗斯研究》（时称《今日苏联东欧》，1992年改称《今日前苏联东欧》，1995年改称《今日东欧中亚》，2001年改为现名）、1987年至1999年的《东欧》[③]、1996年创刊的《欧亚经济》（时称《东欧中亚市场研究》，2003年改称《俄罗斯中亚东欧市场》，2014年改为现名）、1983年创刊的《欧洲研究》（时称《西欧研究参考资料》，1984年改称《西欧研究》，1993年改称《欧洲》，2003年改为现名）以及2011年创刊的《俄罗斯学刊》。这些期刊在不同阶段的刊文情况成为本书关注和分析的重点。

一 20世纪90年代至21世纪初的"显学"：从东欧七国到中东欧十二国

出于服务改革开放的现实需要，20世纪80年代的东欧研究受到重视，成为国际问题研究和国际共产主义运动研究中的一门"显学"。这一时期的东欧即指冷战期间存在的波兰、捷克斯洛伐克、匈牙利、南斯拉夫、阿尔巴尼亚、保加利亚、罗马尼亚以及民主德国，或称东欧八国。东欧剧变后，这一地区的国家数目不断发生变化。1990年10月两德统一时，东欧国家还有七个。1991年南斯拉夫

[①] 本书选择的期刊数据库是中国知网（CNKI）。
[②] 1988年改名为《世界经济与政治》，注重全球性、理论性、战略性。此后，特别是东欧剧变、苏联解体以来该刊刊发的（中）东欧文章量显著下降。因此，更名后该刊不再成为本文讨论的对象。
[③] 1987年创刊称《东欧》，是一个关于东欧的综合性研究刊物，关注内容包括政治、经济、文学、社会、教育等诸多领域；1999年更名为《国际论坛》后变为一本国际政治领域的专门期刊，而不再以东欧为主。因此，更名后至今的阶段，该期刊不再是本文的考察对象。

开始解体、1992年底捷克和斯洛伐克分家，东欧国家变成了十二个。①与此同时，在东欧国家转型进程中，中国高层对这一地区进行了较长时间的重新认识和评估，直到1995年首次改称东欧为中东欧。②此举顺应了这一地区国家"割断历史"、集体"回归欧洲"的意愿，也开始了中国对这一区域新的认知建构进程。2003年2月4日南联盟更名为塞尔维亚和黑山，但中东欧国家数目没有发生变化，仍旧是十二个。此间，总结东欧剧变教训、探究中东欧国家转型进程以及追踪波黑战争和科索沃战争等重大热点事件使得中国中东欧研究在国际问题研究中占有重要一席。

首先，专称或含有东欧称谓的专业期刊相继创刊，刊发文章颇丰。《苏联东欧问题》每期刊文20篇左右，有关东欧或东欧各国的文章约5篇，占1/4左右；更名后的《东欧中亚研究》每期刊文数量稍有减少，但有关东欧或东欧各国的文章仍占1/4左右。《今日苏联东欧》每期刊文25篇左右，有关东欧或东欧各国的文章约6篇，也占1/4左右；更名后的《今日前苏联东欧》每期刊文约16篇，有关东欧或东欧各国的文章仍维持占1/4左右。作为较早创立的国际问题刊物，《东欧》作为唯一一本专门研究东欧问题的期刊，每期刊文20篇左右，其中政治和经济、文学和文化、教育和社会等领域的文章各约占1/3。《东欧中亚市场研究》每期刊发文章数量不等，但绝大部分是有关中东欧国家的介绍性文章，并不定期组织专刊，如1996年第5期（南联盟专刊）、第7期（斯洛伐克专刊）、第9期（罗马尼亚专刊），1997年第2期（斯洛文尼亚专刊）、第4期（捷克共和国专刊）、第8期（克罗地亚专刊）、第10期（马其顿专刊）、第12期（波兰专刊）等。遗憾的是，从1998年起有关中东欧方面的文章大幅减少，也不再有中东欧方面的专刊。

其次，从论文收录情况看，有关中东欧区域的研究层出不穷，在国别领域则

---

① 波兰、匈牙利、捷克、斯洛伐克、保加利亚、罗马尼亚、阿尔巴尼亚、斯洛文尼亚、克罗地亚、波黑、北马其顿（时称马其顿）和南联盟。
② 中国官方媒体第一次使用中东欧是1992年6月29日《人民日报》第6版刊发署名新华社报道的《匈牙利总统说 中东欧面临种族大问题》。不过很显然，这只是报道上的转引。此后，《人民日报》1993年6月23日第6版刊发新华社记者孙维佳的《欧共体将加强同俄及中东欧关系 重申力促乌拉圭回合谈判年底前结束》和1994年8月26日第7版刊发李钟发的《德在中东欧经济影响增强》都是记者的叙述。而中国官方的即领导人第一次明确使用中东欧称谓是1995年7月12日《人民日报》第1版刊发的《江泽民主席在匈牙利全面阐述中国与中东欧国家发展关系五原则》。

主要集中在波兰、匈牙利、南斯拉夫、罗马尼亚和保加利亚等国。从表1-1可以看出，有关南斯拉夫的研究在南联邦解体后逐渐变少，但与之相关的波黑研究在波黑战争期间、科索沃研究在科索沃战争期间则得到突出的关注。在对中东欧区域整体的研究中，东欧剧变与中东欧转型是重点。

表1-1 中东欧区域、国别和相关主题论文数量趋势（1990~2022）

单位：篇

年份	东欧	中东欧	巴尔干	波兰	匈牙利	捷克	斯洛伐克	罗马尼亚	保加利亚	塞尔维亚	克罗地亚	斯洛文尼亚	波黑	北马其顿	黑山	阿尔巴尼亚	科索沃	中东欧合作
1990	176	1	4	90	81	28	4	26	44	0	0	0	0	0	0	16	0	0
1991	180	2	4	97	63	17	6	41	43	3	3	2	1	0	0	28	1	0
1992	167	2	7	73	53	17	11	26	26	4	3	6	11	4	0	16	1	0
1993	145	5	12	80	67	28	7	26	25	4	5	2	44	2	0	14	1	0
1994	162	11	6	111	98	48	15	43	27	4	10	5	68	5	1	17	0	0
1995	173	11	4	112	82	60	24	29	43	1	9	8	91	3	0	12	0	0
1996	161	26	10	103	80	65	25	77	45	4	7	9	69	3	0	16	0	0
1997	127	28	5	102	50	67	14	45	36	1	19	14	26	13	0	25	2	0
1998	95	27	4	96	50	47	20	29	31	4	16	8	4	8	2	19	27	0
1999	70	27	48	88	42	33	14	23	19	3	6	7	3	5	2	9	390	0
2000	84	23	12	104	63	39	13	48	24	7	21	15	16	5	3	5	116	0
2001	91	33	29	107	50	37	11	29	17	5	10	9	11	63	4	15	48	3
2002	72	23	18	126	63	35	10	36	56	16	26	4	15	11	2	19	15	0
2003	87	38	19	125	55	53	22	51	25	22	12	9	3	7	8	5	21	0
2004	97	37	10	121	66	32	10	45	26	4	5	7	2	5	0	10	15	1
2005	102	26	6	171	88	49	10	48	37	2	20	14	7	7	2	10	19	0
2006	101	40	18	182	102	33	15	77	72	27	13	6	12	22	11	19	1
2007	119	32	14	209	113	24	20	63	70	22	11	31	11	26	5	13	30	1
2008	99	33	16	185	112	49	24	77	61	44	5	27	10	20	5	17	85	1
2009	139	51	12	207	132	73	23	63	72	49	53	30	6	10	6	24	24	1
2010	120	52	16	259	146	54	13	72	56	42	49	22	21	21	21	19	21	0
2011	71	39	9	158	113	36	9	53	38	21	21	16	10	8	4	10	16	0
2012	81	49	9	167	98	44	7	31	49	26	17	6	8	9	2	10	9	4
2013	61	66	9	160	112	51	11	43	63	17	24	14	2	3	2	6	6	8

续表

年份	东欧	中东欧	巴尔干	波兰	匈牙利	捷克	斯洛伐克	罗马尼亚	保加利亚	塞尔维亚	克罗地亚	斯洛文尼亚	波黑	北马其顿	黑山	阿尔巴尼亚	科索沃	中东欧合作
2014	80	82	11	190	118	46	15	49	57	21	15	6	8	5	0	13	8	16
2015	68	97	15	206	109	65	12	45	50	22	21	8	11	8	3	12	7	25
2016	95	119	9	223	125	75	13	36	40	34	11	12	12	5	4	11	3	33
2017	69	145	10	203	113	60	12	53	41	45	14	22	5	14	1	18	3	32
2018	74	150	22	178	115	55	12	61	68	33	20	20	7	18	3	12	3	48
2019	87	163	20	181	120	44	9	51	51	39	27	16	9	14	2	15	7	45
2020	63	116	22	188	117	67	9	53	38	53	28	13	12	9	2	10	2	39
2021	57	149	26	147	98	72	13	50	47	42	20	13	9	6	1	10	11	57
2022	48	101	23	127	103	53	11	27	44	55	23	13	9	5	3	14	7	34

资料来源：笔者根据中国知网搜索数据制作。

二 2004年前后至2012年前的"险学"：中东欧十三国

2006年6月黑山与塞尔维亚和平分家后，中东欧国家的数目变成了十三个。从研究上看，在2004年多个中东欧国家加入欧盟前后，国内中东欧研究逐渐消弭，人员也不断减少。有学者指出，到2011年前后，中国的中东欧研究走到了十字路口，研究规模逐渐萎缩，研究质量有所下降，研究前景堪忧。[1]亦有学者根据论文统计指出，自2000年以来有关苏联问题的论述比20世纪90年代要多，中亚问题的热度上升，而对东欧问题的关注度明显呈下降趋势。[2]出现这种现象主要有两大原因：一是随着越来越多的中东欧国家加入欧盟，不少研究者认为中东欧研究也将"绝尘而去"，渐渐融入欧洲研究；二是对中东欧国家转型过程中出现的敏感问题设置"研究禁区"，使得一些研究者认为中东欧研究已"无事可做"。于是，一些重要的研究机构如中国现代国际关系研究院、中国人民大学俄罗斯东欧中亚研究所、华东师范大学等基本停止了对中东欧问题的研究，研究人

---

[1] 高歌：《中东欧研究：国家转型与加入欧盟——第一届中国-中东欧论坛综述》，《俄罗斯中亚东欧研究》2011年第6期。
[2] 杨成：《中国俄苏研究的范式重构与智识革命——基于学术史回顾和比较研究的展望》，《俄罗斯研究》2011年第1期。

员也大多转行从事其他科研工作。①中国社会科学院俄罗斯东欧中亚研究所的中东欧学科以及世界历史研究所的东欧史学科也在2009年前后被定为"濒危学科"。某种程度上讲，中东欧研究已经成为一门"险学"。

从专业期刊来看，这一时期含有东欧称谓的只剩下《俄罗斯中亚东欧研究》和《俄罗斯中亚东欧市场》。前者在多数年份里有关中东欧研究的文章能保持占比在10%左右，后者则延续了该刊减少对中东欧区域关注的趋势，在每年120~130篇文章只有3篇左右有关中东欧研究的文章。此外，《俄罗斯研究》《欧洲研究》刊发的有关中东欧问题的文章也非常之少，一年仅2~3篇。从论文收录情况看，无论是中东欧区域研究还是中东欧国别研究大体处于低谷。

三 2012年以来的"热学"：变动中的中东欧

正当业内人士对中东欧研究前景产生普遍担忧之际，2012年中国-中东欧国家合作机制的确立使中东欧地区得到前所未有的关注，对这一地区进行研究的人员、机构和文章迅速增多，中东欧研究迅即成为一门"热学"。在此平台下的中东欧国家数目处于不断变动中，初期是前述十三国加上从苏联分离出来的立陶宛、拉脱维亚和爱沙尼亚等波罗的海三国，变成了十六国；2019年希腊加入了中国-中东欧国家合作机制；2021年立陶宛以及2022年爱沙尼亚和拉脱维亚单方面宣布退出该合作机制。

从专业期刊来看，这一时期含有东欧称谓的刊物只剩下《俄罗斯东欧中亚研究》一家了。该刊对中东欧保持连续性关注，每年有5篇相关研究文章，约占全部文章的8%，其中2015年第6期、2017年第5期有关于《代顿协议》与波黑转型和中东欧入盟的专题研讨；2015年第4期、2018年第4期和2019年第1期则有关于中东欧综合问题的专题研究。《俄罗斯中亚东欧市场》2014年改名为《欧亚经济》后每年都有关于中东欧问题的专题，其中2014年第5期、2015年第6期、2016年第6期、2018年第4期、2019年第3期、2020年第4期、2021年第3期和2022年第2期都是综合性专题；2017年第3期为"已'入盟'中东欧国家经济发展及英国'脱欧'对其影响"的专题。《欧洲研究》也分别在2014年第4期和2015年第6期刊发"欧盟东扩十周年"和"'一带一路'倡议

---

① 朱晓中：《中国中东欧研究的几个问题》，《国际政治研究》2016年第5期。

背景下的中国与中东欧国家合作"专题；2016 年第 2 期和 2020 年第 4 期刊发中东欧综合研究专题。另外，2011 年创刊的《俄罗斯学刊》将中东欧设为固定研究对象，分别在 2012 年第 1 期、2013 年第 4 期、2015 年第 5 期和第 6 期、2016 年第 4 期、2017 年第 6 期、2018 年第 4 期、2019 年第 2 期、2021 年第 1 期和第 5 期设有关于中东欧问题研究的专栏，并在 2014 年第 6 期和 2019 年第 3 期刊发中东欧转型研究和中东欧综合研究专题。《俄罗斯研究》也偶有中东欧专题，但其中东欧的概念较为宽泛，有时包括其他欧亚国家，此处不做列举。从论文收录情况看，无论是中东欧区域还是国别研究的文章数量总体不断攀升，近两年来则有一定下降趋势。

第二节 研究机构与研究人员的变动：日趋多元的主体

社会科学的研究主体是研究者个体以及由个体组成的组织或曰研究机构的统称，其组织性、集体性特征显著。因此，在考察一项社会科学分支领域的研究主体时，不仅要重点分析一些具有代表性的研究者个体，也要考量研究机构的变动情况。事实上，由于我国科研管理体制具有较强的集中性特征，科研资源多半汇集于研究机构，要做到研究人员与研究机构的剥离几乎不太可能。同时，研究人员的数量及水平也在很大程度上取决于国家政策的需求与研究机构的定位。有关中东欧问题研究机构的发展趋势深刻地说明了这一点。此外，比起研究成果，研究机构和研究人员更具连续性，故而从新中国成立说起较好。

一 研究机构：从恢复、新建到骤然减少再到蓬勃发展

新中国成立时，我国尚没有一家正式的国际问题研究机构。1955 年，外交学院在中国人民大学外交系基础上创建。1956 年，中国科学院国际关系研究所成立。[1] 然而，当时全国仅有的几家科研机构研究性不强、方针任务不明确、彼此间的交流与协作缺乏，且各省（自治区、直辖市）没有建立有关研究机构。20 世纪 60 年代初，我国国际问题研究（时称外国问题研究）开始起步。北京大

---

[1] 1958 年研究所改称为"国际关系研究所"；1986 年更名为中国国际问题研究所；1998 年"中国国际问题研究中心"并入中国国际问题研究所；2014 年 6 月，更名为中国国际问题研究院。

学亚非研究所、中国人民大学苏联东欧研究所，以及复旦大学资本主义国家经济研究所和拉丁美洲研究室等一些国别区域研究和教学机构开始成立。①1960年，上海第一家专门从事国际问题研究的机构上海国际问题研究所成立，隶属于上海市政府。②遗憾的是，受"文化大革命"的影响，这些机构的研究和教学工作随后近于停止。直到改革开放后特别是进入20世纪80年代后，中国国际问题的研究才迎来真正意义上的开端。

有关东欧问题的研究机构也经历了类似过程。1964年7月成立的中国人民大学苏联东欧研究所和1965年6月成立的中共中央对外联络部苏联东欧研究所等机构没有运行多久便停止运作。直到20世纪70年代后期特别是进入80年代后，这些机构开始恢复、调整并得到快速发展。另外，一些新的研究机构相继建立。"由于50～60年代的留苏、留东欧国家的知识分子和管理精英都处于党和国家以及研究机构的关键岗位上，所以在很短的时间里这一领域的研究工作迅速打开局面，也获得了不少关于前苏联和东欧国家发展变化的新的认识和知识。"③

如前所述，东欧研究与苏联研究紧紧捆绑在一起，研究机构的名称同样如此。1981年1月，1976年恢复工作的中共中央对外联络部苏联东欧研究所改属中国社会科学院，随后设立东欧研究室。很大程度上说，这一举措被认为是东欧研究及其学科建设在中国社会科学院乃至全国范围内的开启，并延续至今。虽然该研究所此后又相继改称为东欧中亚研究所和俄罗斯东欧中亚研究所，但一直都是国内关于中东欧研究的最大学术机构，也是迄今唯一一家含东欧名称的有编制的研究所。该研究所于1981年创办的《苏联东欧问题》及其更名期刊迄今一直是中东欧研究的重要阵地。

另外，1978年中国人民大学恢复工作后，苏联东欧研究所的教学和科研

---

① 1963年冬周恩来总理在出访亚非十四国前夕，亲自主持召集有关部门负责同志座谈如何加强研究外国工作问题，会后整理撰写《关于加强研究外国工作的报告》并提交中央。毛泽东主席阅读并亲自写下200字的批语。该报告和毛泽东主席的批语作为中共中央文件转发全国，中央"国际研究指导小组"同时成立。1964年，根据文件精神，一系列国际政治研究和教学机构应运而生。北京大学、中国人民大学和复旦大学依据不同分工相应设立有关研究机构，同时三所高校将原有的政治系改为国际政治系。参见赵宝煦《关于加强外国问题研究的一点史料》，《国际政治研究》2004年第3期；李琮、刘国平、谭秀英《新中国国际问题研究50年》，《世界经济与政治》1999年第12期。

② 2018年7月，该研究所更名为上海国际问题研究院。

③ 冯绍雷：《三十年中国改革开放与三个"十年"的俄国问题研究——基于前社会主义国家转型比较的一项观察》，《俄罗斯研究》2008年第4期。

工作再次启程，培养了一大批该领域的专业人才，编译了一系列有价值的文献资料①，出版了数十期《苏联问题资料》（内部刊发）和数本有影响力的编著②。此后，在相当长时期里，该研究所都是国内集中研究苏联东欧国家政治经济的具有重要学术地位和重大学术影响的教学科研机构之一。此外，为加强苏联东欧问题研究，陕西师范大学历史系于1979年前后设立苏联史研究室，并创办《苏联史译文选辑》（1983年改为《苏联历史问题》）。该刊物一直到1993年共出刊50多期，里面有不少与东欧史相关的译文或文章。

值得提及的是，在许多研究机构共同倡议和呼吁下，1982年9月，全国性的苏联东欧问题研究学术团体——中国苏联东欧学会（后改名为中国东欧中亚学会，现称中国俄罗斯东欧中亚学会）成立。当时，学会共有1800余名会员，分布在全国300多个单位中，学会常设机构设在中国社会科学院苏联东欧研究所。③ 1985年4月，中国苏联东欧史研究会成立，挂靠在中国社会科学院世界历史研究所。这是世界史学界特别是苏联东欧史学界加强学术研究和联系的一件大事。参加成立大会的学者一致认为亟须加强东欧史研究，当时全国各地区以及俄国史、苏联史、东欧史三个部分的发展并不平衡（其中东欧史的研究显得更为薄弱），研究会的成立必将进一步推动整个苏联东欧史的研究工作。④ 仅仅几年之后，首个地方性的学术团体上海苏联东欧学会于1987年3月在华东师范大学成立（1993年更名为上海市东欧中亚学会，2006年更名为上海市俄罗斯东欧中亚学会）。此外，1980年前后，数个国别研究会如南斯拉夫研究会和罗马尼亚经济研究会建立并开始活动⑤，这两个研究会后来成为中国世界经济学会的分支，罗马尼亚经济研究会较早停止了活动，南斯拉夫研究会到2022年9月不再是中国

---

① 其中，有关东欧方面的有1980年3月编译的《经济互助委员会重要文件选编》、5月编译的《南斯拉夫社会主义联邦共和国》，1981年编译的《南斯拉夫社会主义联邦共和国的政治制度和经济制度》。
② 其中，有关东欧方面的编著多发生在改名为东欧中亚研究所后，如1997年关雪凌主编的《剧变后的东欧八年——匈、捷、波、保、罗的政治和经济》（内部印发），王正泉主编的《剧变后的原苏联东欧国家（1989~1999）》，东方出版社，2001，等等。
③ 参见张文武《新形势下的东欧中亚研究》，《东欧中亚研究》1994年第6期。
④ 参见《中国苏联东欧史研究会正式成立》，《世界历史》1985年第6期。
⑤ 南斯拉夫研究会的前身是南斯拉夫经济会，首次年会于1980年1月召开。罗马尼亚经济研究会的建立与停止活动时间不详。

世界经济学会的分支机构①。

20世纪80年代以来，不少高等院校、省市社会科学院以及政府部门设立了苏联东欧研究机构，分别从事这一领域的教学、基础研究以及政策研究。据统计，1984年，北京、上海、安徽、黑龙江、新疆、吉林等省市的社会科学院和高等院校新设立了一些综合性的苏联东欧研究所或苏联研究所，还有一些省市的研究所或高等院校设立了有关苏联东欧的研究室，研究苏联东欧问题的单位总共有60多个。②除了中国社会科学院苏联东欧研究所外，值得提到的是1981年5月由上海社会科学院和华东师范大学联合创建的上海苏联东欧研究所。1987年，上海社会科学院决定退出并单独建立苏联东欧问题研究所。该研究所1992年更名为东欧中亚研究所，2011年9月和亚洲太平洋研究所合并为国际关系研究所，2015年3月并入新组建的国际问题研究所，此后几乎不再专门从事东欧问题研究。而上海苏联东欧研究所及期刊《今日苏联东欧》则归华东师范大学所有，该研究所于1999年更名为华东师范大学俄罗斯研究中心，期刊经历几次更名最终于2001年改称《俄罗斯研究》。

需要强调的是，还有不少机构虽然只称苏联研究所，但同样涉猎东欧问题。较为知名的是1979年成立的安徽大学苏联问题研究所（1992年12月更名为俄罗斯研究所，2014年7月更名为俄罗斯研究中心）。虽然该研究所的主管刊物《苏联问题研究资料》③重点关注苏联/俄罗斯问题，但在其他内部刊物和资料上同时兼顾对东欧的研究。同时，自1985年起，该研究所根据苏联及东欧国家政局的重大变化，专门编印名为《苏联情况》的油印刊物（后改称《苏联东欧情况》），每月一期，供省委及有关部门参考，每期约15000字，共出版约60期。此外，自1990年5月起，该研究所又以《苏联东欧问题资料和论文专集》为名，刊载所内成员撰写的有关东欧地区发生的新情况且不宜公开发

---

① 2022年9月27日，中国世界经济学会做出撤销分支机构"南斯拉夫研究会"的决定，参见《中国世界经济学会关于撤销分支机构"南斯拉夫研究会"的决定》，http://iwep.cssn.cn/xh/xh_zg-sjjjxh_1637/zgsjjjxh_xhgg/202209/t20220927_5543486.shtml。
② 参见刘克明《建国以来的苏联东欧研究》，《苏联东欧问题》1984年第6期。
③ 自1981年起，安徽大学苏联问题研究所编辑出版《苏联问题研究资料》（起先为季刊，后改为双月刊）。1994年该刊物改名为《俄罗斯研究》，2001年因经费困难被迫停刊。2014年在"俄罗斯研究所"更名为"俄罗斯研究中心"的同时，杂志复刊也被正式提上日程，《俄罗斯研究》改名为《俄罗斯文化研究》。参见安徽大学俄罗斯研究中心网站期刊介绍，http://elsyjzx.ahu.edu.cn/12600/list.htm。

表的专题性文章和资料，作为《苏联东欧情况》的增刊不定期印发，供省委和省政府领导同志参阅。另须提到的是 20 世纪 80 年代初成立的上海外国语学院苏联问题研究室①和吉林大学苏联研究所②。前者创办的《苏联问题参考资料》（1990 年更名为《苏联研究》，1993 年改为现名《国际观察》）偶尔会刊登一些关于东欧问题的论文；后者于 1985 年创办《苏联社会科学研究》（内部刊物），里面偶有刊发与东欧相关的文章。

东欧剧变前夕，数个高校和政府内部的东欧问题研究机构成立。这些机构后来相继更名并延续发展至今，同时一直兼顾对中东欧问题的关注与研究。

首要提到的是 1988 年成立的中央财经大学苏联东欧研究中心。该中心 2000 年更名为俄罗斯东欧中亚研究中心，2017 年 6 月被批准为教育部国别和区域研究中心。虽然该中心一直含有东欧的称谓，但始终以开展苏联/俄罗斯研究为主。另一个是 1989 年 7 月成立的国务院发展研究中心世界社会主义研究所。东欧剧变和苏联解体后，其改名为国务院发展研究中心欧亚社会发展研究所，下设的欧洲研究室对中东欧问题长期保持跟踪和研究。该研究所的内部资料《欧亚社会发展动态》（1994 年前名为《世界社会主义发展动态》）、《欧亚社会发展研究》（1994 年前名为《世界社会主义发展研究》）和年度形势研究报告《欧亚社会发展研究》（1995 年创刊时为内部发行，2013 年起更名为《欧亚发展研究》并公开出版）以及 2004 年起公开出版的文集《欧亚形势与展望》均涵盖了大量中东欧问题的研究成果。一些曾经派驻中东欧国家的高级外交官和中东欧问题专家在该研究所任职或兼职。

东欧剧变、苏联解体后，上述机构除少数停止活动外，大多更改名称（有的经过一段时间后被并入新的综合性研究机构），其公开发行的刊物和内部刊物或更名，或停刊。进入 21 世纪后，中东欧研究机构大幅减少。2000 年春，作为国内最早成立的一家国际问题研究所和当时国内集中研究苏联东欧问题的教学科研机构，中国人民大学苏联东欧研究所和国际政治系合并组建国际关系

---

① 1985 年 6 月，在苏联问题研究室的基础上成立苏联研究所；1992 年 5 月，在苏联研究所的基础上成立国际问题研究所；2006 年 11 月，研究所发展成为国际关系与外交事务研究院（2014 年 6 月更名为国际关系与公共事务学院）。另外，2011 年 12 月，新的俄罗斯研究中心组建成立，并获批为教育部俄罗斯研究培育基地。

② 苏联解体后，该研究所更名为俄罗斯研究所。1994 年 4 月，俄罗斯研究所同日本研究所、朝鲜韩国研究所等合并为东北亚研究院。

学院，研究所更名为俄罗斯东欧中亚研究所。2001年，中国苏联东欧史研究会创办了刊物《俄罗斯东欧中亚历史》。遗憾的是，该刊物只办了一期便停刊了。

随着2004年八个中东欧国家加入欧盟，部分研究人员转行他就，一些机构"关门大吉"，中东欧研究的萧条局面一直持续到2011年前后。①其间，2005年吉林省东欧中亚学会更名为吉林省俄罗斯东欧中亚学会；2008年6月黑龙江省俄罗斯东欧中亚学会成立；2010年1月北京大学国际关系学院中东欧研究中心成立，此系国内高校成立的第一家专门从事中东欧研究的机构。2011年上半年中国社会科学院欧洲研究所设立中东欧研究室，除中国社会科学院俄罗斯东欧中亚研究所东欧研究室外，社科院又有了一家研究中东欧问题的研究室。

2012年中国－中东欧国家合作机制启动后，国内掀起了中东欧研究的热潮。有关中东欧问题的研究机构如雨后春笋般涌现，许多高校成立了中东欧国别或区域研究中心（研究院）（参见附录一）。2012年12月，中国欧洲学会中东欧研究分会成立。2015年12月，中国－中东欧国家智库交流与合作网揭牌，秘书处设在中国社会科学院欧洲研究所。

经过10多年的发展，一些研究机构形成和创建了自己的特色或品牌。北京外国语大学中东欧研究中心自2016年起连续举办"北外中国－中东欧人文交流论坛"，2018年起出版中东欧蓝皮书《中东欧国家发展报告》，北京外国语大学巴尔干研究中心自2018年起连续举办"巴尔干研究"国际论坛。广东外语外贸大学中东欧研究中心自2021年起出版中东欧文化蓝皮书《中东欧国家文化发展报告》。作为2012年教育部建立的首批国别和区域研究培育基地，首都师范大学文明区划研究中心聚焦巴尔干地区，从2020年起出版国内首个有关巴尔干研究的辑刊《巴尔干研究》，并出版巴尔干学术研究系列丛书、巴尔干国家概览系列和巴尔干研究译丛。② 四川大学波兰与中东欧研究中心自2016年起连续举办年度"四川大学－华沙大学国际关系研究圆桌会"。河北地质大学捷克研究中心从

---

① 参见朱晓中《中国中东欧研究的几个问题》，《国际政治研究》2016年第5期。
② 巴尔干学术研究系列丛书如克罗地亚白伊维撰写的《前南地区社会转型与社会发展研究》（世界知识出版社，2020），巴尔干国家概览系列如陈慧稚的专著《波黑》，巴尔干研究译丛如美国玛莉亚·托多洛娃所著、李建军译的《想象巴尔干》等。

2015年到2018年连续举办四届"中捷论坛"。河北经贸大学中东欧国际商务研修学院努力打造集培训、咨询、研究及中东欧来华留学生教育为一体的专业学院，其塞尔维亚研究中心是国内唯一一家以塞尔维亚为研究对象的研究机构。另外，2022年第一部《中东欧国家体育发展报告》和《波兰发展报告》分别由北京体育大学和重庆交通大学欧洲研究中心组织出版。

此外，2012年以来国内多所高校相继开设中东欧国家语言本科教学（参见附录二）。截至2022年底，北京外国语大学欧洲语言文化学院几乎开设了所有中东欧国家官方语种的本科教学。2017年12月，上海外国语大学俄语系更名为俄罗斯东欧中亚学院，下设俄语系、中亚语系和中东欧语系。2018年，作为民办高校的吉林外国语大学成立中东欧语学院。河北外国语学院作为河北省"一带一路"沿线国家语种人才培养基地，与十四个中东欧国家的17所大学签订合作协议，开设13个中东欧小语种专业，涵盖中东欧十六国的所有官方语言。[①]

二 研究人员：由相对集中到部分改行再到"跨界汇"

很大程度上说，国内中东欧研究人员的变化趋势与前述研究成果尤其是研究机构的变化相一致。1978年以来，随着中国改革开放的深入，政府机构和社会了解东欧国家改革经验教训的需求逐渐增多，因而在20世纪80年代中国的东欧问题研究蓬勃发展，研究队伍也自然相应扩大。有学者撰文称，到80年代中期，全国研究苏联东欧问题的人员多达4000人，既有一批长期从事苏联东欧研究的高水平专家，也包括一部分青年研究工作者。[②]青年研究工作者主要是来自外语院校的毕业生，也有少量其他非语言专业的毕业生。这种状况大致保持到了20世纪90年代末。[③]进入21世纪后，随着中东欧研究的"边缘化"以及一些机构减员，不少研究人员转行他就。而在2012年之后，与中东欧研究机构井喷式增长一样，从事中东欧研究的人员再次激增。不过，除了本来就从事东欧或中东欧

---

① 《"河北省国际语言人才振兴计划"正式启动》，河北外国语学院新闻网，http://www.hbwy.com.cn/1010new/onews.asp?id=4848。
② 参见刘克明《建国以来的苏联东欧研究》，《苏联东欧问题》1984年第6期。当然，这里面主要以研究苏联问题的为多。
③ 朱晓中：《中国中东欧研究的几个问题》，《国际政治研究》2016年第5期。

问题研究的人员，更多的是新从业者或从其他领域跨界进行研究的学者。①总体来说，与前述研究的三个阶段划分大体类似，国内中东欧研究人员也可分为三代：20世纪80年代至21世纪初的第一代、21世纪初至2011年的第二代和2012年以来的第三代。当然，这只是大致的划分，三代之间叠合的现象也较为明显。大体看，当前较活跃且有影响力的研究人员仍是第一代特别是第一代后期和第二代的学人。

在第一代研究人员中，来自中国社会科学院苏联东欧研究所东欧研究室的学人占了相当大比重。1981~1982年，东欧研究室已经拥有一批研究民主德国、保加利亚、南斯拉夫、捷克斯洛伐克、波兰、匈牙利、阿尔巴尼亚和罗马尼亚等社会主义国家的专家学者，他们有的来自社会科学院苏联东欧研究所编译组和苏联外交室、外文局、世界历史研究所，有的来自中调部②和新华社，有的刚从保加利亚、南斯拉夫留学归国，还有的刚从大学毕业。到20世纪80年代后半期，每个研究对象国都有2~3名科研人员进行专门研究。③一直到90年代初，该研究室的一个突出特点是国别研究能力强、集体成果多以国别研究为基础。与此相一致的是这些研究人员的中东欧小语种水平高、编译文章能力强。这从当时研究室出版的成果④可见一斑。

在这些研究人员中，长期担任所领导的张文武研究员撰写和组织编写/编译了不少关于东欧总体情况和经济体制的研究著作和译著⑤，同时编写了不少内部资料。东欧研究室主任赵乃斌研究员对东欧问题特别是东欧经济问题以及南斯拉

---

① 孔寒冰、韦冲霄：《中东欧研究的历史演变、特征及发展趋势——孔寒冰教授访谈》，《国际政治研究》2019年第3期。
② 中共中央调查部成立于1955年，简称中调部。其前身是中央军委调查部。1983年7月，中调部整体、公安部政治保卫局、中央统战部部分单位以及国防科工委部分单位合并成国家安全部。
③ 参见高歌、姜琍《东欧研究室学科建设发展历程》，刘培育、昊文川主编《中国哲学社会科学发展历程回忆：续编1集》，中国社会科学出版社，2018。
④ 大体有《东欧国家政治和经济改革资料》（内部资料，共17册）、《苏联东欧问题探讨》《捷克斯洛伐克社会经济发展概要（1945~1977）》《南斯拉夫社会主义联邦共和国史纲》《苏联东欧国家政治体制及改革》《东欧国家政治经济体制研究》《捷克斯洛伐克历史》《东欧概览》《东欧投资观光指南》《东欧诸国政界要人简介》《东欧大裂变纪实》《东欧经济大转轨》《东欧中亚国家私有化问题》《中东欧走向市场经济》等。
⑤ 陆南泉、张文武等：《苏联东欧社会主义国家经济体制改革比较分析》，山东人民出版社，1987；中国社会科学院苏联东欧研究所编译组：《东欧问题资料》，东方出版社，1990；以及前引提及的《东欧概览》和《简明东欧百科全书》。

夫问题有独到的研究①，并翻译了《南斯拉夫史》②。汪丽敏研究员对南斯拉夫以及解体后独立的斯洛文尼亚研究颇深③，并翻译了《社会主义政治经济学》《卡德尔论文选》等著作④。此外，孙祖荫和刘仲春（波兰研究）、叶明珍和张颖（保加利亚研究）、蔡祖森（阿尔巴尼亚研究）、陈广嗣（捷克斯洛伐克/捷克研究）、章永勇（南斯拉夫/塞尔维亚研究）、李秀环（罗马尼亚研究）以及高德平（民主德国研究）等都是业内知名学人。他们都能熟练运用对象国的语言，有的在对象国取得学位，十分熟悉对象国的情况，他们的成果迄今仍为研究该对象国的必读物。

在东欧史研究上，中国社会科学院世界历史研究所、北京大学历史系和南开大学历史学院是重镇。世界历史所的马细谱、刘邦义⑤、阚思静⑥和康春林研究员分别在保加利亚与南斯拉夫、波兰、匈牙利以及罗马尼亚历史研究上有很深的造诣。特别要强调的是，马细谱研究员是研究东欧历史的大家，不仅有专攻而且涉及领域极广，在国内外享有盛誉。作为新中国最早一批赴东欧国家学习的留学生，他分别在保加利亚和南斯拉夫留学并在南斯拉夫取得博士学位，是国内东欧史学界唯一一位既精通保加利亚语、俄语又通晓塞尔维亚语和马其顿语的人才。⑦ 2014 年 2 月，因"多年来为发展保加利亚共和国和中华人民共和国友好关系所做出的贡献"，保加利亚国民议会向马细谱先生颁发银质奖章和证书。大概算来，马细谱先生撰写和翻译的关于保加利

---

① 赵乃斌、姜士林主编《东欧中亚国家私有化问题》，当代世界出版社，1995；赵乃斌、朱晓中主编《东欧经济大转轨》，中国经济出版社，1995；赵乃斌、汪丽敏主编《南斯拉夫的变迁》，广东人民出版社，2002。
② 〔南斯拉夫〕伊万·博日奇等：《南斯拉夫史》，赵乃斌译，商务印书馆，1984。
③ 汪丽敏编著《南斯拉夫农业》，农业出版社，1981；汪丽敏编著《列国志·斯洛文尼亚》，社会科学文献出版社，2006。
④ 〔南斯拉夫〕乔西奇等：《社会主义政治经济学》，汪丽敏译，中国社会科学出版社，1985。
⑤ 刘邦义编《俄普奥三次瓜分波兰》，商务印书馆，1984；刘祖熙、刘邦义：《波兰战后的三次危机》，世界知识出版社，1992；刘邦义：《哥穆尔卡评传》，中共中央党校出版社，1995；阚思静、刘邦义主编《东欧演变的历史思考》，当代世界出版社，1997；刘邦义、刘洁：《二战中的波兰》，江西人民出版社，2005。
⑥ 〔匈〕温盖尔·马加什、〔匈〕萨博尔奇·奥托：《匈牙利史》，阚思静等译，黑龙江人民出版社，1982；阚思静选译《一九一九年匈牙利苏维埃共和国》，商务印书馆，1984；〔匈〕巴拉奇：《邓小平》，阚思静、季叶译，解放军出版社，1988。
⑦ 有关马细谱先生的留学、工作经历以及研究的详细情况，参见黄立茀《马细谱先生与保加利亚史研究》，http://cass.cssn.cn/xuezhejiayuan/201404/t20140422_10798 52.html。

亚、南斯拉夫和巴尔干问题的著作有近20部①，而他撰写的内参报告和发表的论文更是以百数计。

北京大学历史系刘祖熙教授不仅以波兰史研究见长，而且通晓东欧史和俄国史。在波兰史和东欧史方面，刘祖熙教授先后出版了《波兰通史简编》《波兰战后的三次危机》《斯拉夫文化》《东欧剧变的根源与教训》《波兰通史》《多元与冲突：俄罗斯中东欧文明之路》等论著。②据悉，已经是耄耋之年的刘祖熙教授仍在进行《波兰通史》的修订，"原始"的夹纸条修订方式使得原稿多出了一倍厚度，而且刘老绝不急功近利，迟迟"不愿"将尚未臻善至美的书稿交给出版社。这种严谨的学风还体现在他培养出了一批日后在俄国/苏联史、东欧史及相关研究领域极具影响力的杰出学生，仅在中东欧研究领域就有中国社会科学院俄罗斯东欧中亚研究所的朱晓中研究员和世界历史研究所的李锐副研究员。南开大学历史学院世界史学系主任和学科带头人陈志强教授在拜占庭史和巴尔干古代史研究领域享誉中外。陈志强教授毕业于希腊亚里士多德大学并获博士学位，精通希腊文等多门外语，是国际拜占庭学学会中国首席代表，曾获得希腊议会通过的由希腊总统和希腊外交部部长签署的"最高文学

---

① 〔保〕弗拉多夫：《保加利亚人民共和国农工综合体》，马细谱等译，农业出版社，1980；〔保〕哈吉尼科洛夫：《季米特洛夫传》，余志和、马细谱译，人民出版社，1982；马细谱、辛田编著《古代斯拉夫人》，商务印书馆，1986；马细谱主编《战后东欧——改革与危机》，中国劳动出版社，1991；马细谱：《巴尔干各国人民反法西斯战争史》，海南出版社，1993；马细谱：《巴尔干纷争》，北京大学出版社，1999；〔澳〕科伊乔·佩特罗夫：《戈尔巴乔夫现象——改革年代：苏联东欧与中国》，葛志强、马细谱等译，社会科学文献出版社，2001；〔保〕季米特洛夫：《季米特洛夫日记选编》，马细谱等译，广西师范大学出版社，2002；余志和、马细谱：《从国王到总理——保加利亚末代国王沉浮》，东方出版社，2003；余志和、马细谱编著《保加利亚概览》，世界知识出版社，2004；马细谱、郑恩波编著《列国志·阿尔巴尼亚》，社会科学文献出版社，2004；〔保〕亚历山大·利洛夫等：《文明的对话——世界地缘政治大趋势》，马细谱等译，社会科学文献出版社，2007；马细谱：《南斯拉夫兴亡》，社会科学文献出版社，2010；马细谱：《保加利亚史》，中国社会科学出版社，2011；〔德〕汉斯·莫德罗：《我眼中的改革》，马细谱等译，中央编译出版社，2012；马细谱、李少捷主编《中东欧转轨25年观察与思考》，中央编译出版社，2014；马细谱：《追梦与现实：中东欧转轨25年研究文集》，中国社会科学出版社，2016；马细谱、余志和：《巴尔干百年简史》，中国青年出版社，2018；余志和、马细谱、谢宇敏：《玫瑰之国保加利亚》，世界知识出版社，2019；马细谱：《南斯拉夫通史》，上海社会科学院出版社，2020；马细谱：《巴尔干近现代史》，中国社会科学出版社，2021。

② 刘祖熙编著《波兰通史简编》，人民出版社，1988；刘祖熙主编《斯拉夫文化》，浙江人民出版社，1993；刘祖熙主编《东欧剧变的根源与教训》，东方出版社，1995；刘祖熙：《波兰通史》，商务印书馆，2006；刘祖熙主编《多元与冲突：俄罗斯中东欧文明之路》，人民出版社，2011。

艺术奖"金质勋章。陈志强教授著作等身[1]，社会职务多，并培养了如南开大学历史学院武鹏副教授、广西师范大学历史文化与旅游学院董晓佳教授等继续从事拜占庭史教学与研究的研究生，退休后其仍然笔耕不辍，积极活跃在学术界。谈到拜占庭研究，东北师范大学历史系徐家玲教授同样蜚声国际。但与陈志强教授稍有不同的是徐家玲教授的研究旨趣聚焦拜占庭研究[2]，并没有专门涉及巴尔干，尤其是巴尔干古代史和现实问题。

东欧文学研究经历了较大的起伏。新中国成立后头10年，中国与东欧国家关系处于"蜜月期"，东欧文学翻译也掀起了一个高潮。此后，这项事业几乎进入停滞状态，直到改革开放后才迎来东欧文学的翻译和研究齐头并进的新时期。[3]中国社会科学院外国文学研究所东欧文学研究室和北京外国语学院东欧语系是当时国内东欧文学研究的主要阵地。前者于1990年出版50多万字的《东欧文学史》、2004年出版了五卷本《20世纪外国文学史》;[4]后者于1999年出版的"外国文学史丛书"[5]是这一时期的代表和集大成之作。参与撰写前述编著和丛书的都是国内东欧文学专门研究人员，如兴万生、林洪亮、张振辉、蒋承俊、冯植生、李孝风、王敏生、陈九瑛、樊石、

---

[1] 陈志强：《君士坦丁堡陷落记》，华夏出版社、广东人民出版社，1996；陈志强：《独特的拜占廷文明》，中国青年出版社，1999；陈志强：《盛世余晖：拜占廷文明探秘》，云南人民出版社，2001；陈志强：《拜占廷学研究》，人民出版社，2001；陈志强：《拜占庭帝国史》，商务印书馆，2003；陈志强：《巴尔干古代史》，中华书局，2007；陈志强：《拜占廷史研究入门》，北京大学出版社，2012；陈志强：《拜占庭帝国通史》，上海社会科学院出版社，2013；陈志强：《科索沃通史》，中国社会科学出版社，2016；陈志强：《鹰旗飘落：拜占庭帝国的末日》，北京大学出版社，2016；陈志强：《拜占庭文明》，北京师范大学出版社，2018。此外，译著主要有〔南斯拉夫〕乔治·奥斯特洛格尔斯基：《拜占廷帝国》，陈志强译，青海人民出版社，2006；〔英〕N.H.拜尼斯：《拜占廷：东罗马文明概论》，陈志强等译，大象出版社，2012；〔英〕西里尔·曼戈主编《牛津拜占庭史》，陈志强、武鹏译，北京师范大学出版社，2015。

[2] 如徐家玲：《早期拜占庭和查士丁尼时代研究》，东北师范大学出版社，1998；徐家玲：《走进拜占庭文明》，民主与建设出版社，2001；徐家玲：《拜占庭文明》，人民出版社，2006；〔美〕A.A.瓦西列夫：《拜占庭帝国史》，徐家玲译，商务印书馆，2019。

[3] 参见高兴《六十年曲折的道路——东欧文学翻译和研究》，《文艺理论与批评》2010年第6期。

[4] 中国社科院外国文学所东欧文学室编著《东欧文学史》，重庆出版社，1990；吴元迈主编《20世纪外国文学史》，译林出版社，2004。

[5] 包括易丽君：《波兰文学》，外语教学与研究出版社，1999；李梅、杨春：《捷克文学》，外语教学与研究出版社，1999；冯志臣：《罗马尼亚文学》，外语教学与研究出版社，1999；杨燕杰：《保加利亚文学》，外语教学与研究出版社，2000。

高韧、郑恩波①、易丽君、冯志臣、杨燕杰、李梅和杨春等。这些名家大多在东欧国家接受过教育，其他的也都有在东欧国家留学进修的经历。另外，他们还有不少个人专著和译著②出版，并培养了不少优秀学生。

此外，20世纪80年代，波兰、捷克斯洛伐克、匈牙利等东欧国家的改革经验对中国学术界和决策层产生了不小影响。波兰学者弗·布鲁斯（Virlyn W. Bruse）、捷克斯洛伐克官员和学者奥塔·锡克（Ota Sik）、匈牙利经济学家雅诺什·科尔奈（János Kornai）等人都曾是当时中国学术界的座上嘉宾，对中国改革开放的议程设置产生过重要影响，广受当时中国经济学界的关注。③当时，国内（主要集中在中国社会科学院）许多不是专门从事东欧研究的著名经济学家如刘国光、于光远、蒋一苇和江春泽④等率先同这些东欧经济学家进行交流与接触，频繁访问东欧或接待东欧经济学家代表团访华，将东欧的情况与中国进行比对，把东欧经济学家的有益思想同中国实际相结合，撰写了大量学术论著和内部报告，提出了一系列适合我国经济改革的理论和主张，为改革开放的实践做出了重大贡献。同时，新华社世界问题研究中心的王洪起、侯凤菁、余志和以及周东耀等著名记者也撰写了不少

---

① 通晓阿尔巴尼亚语、塞尔维亚语和俄语，并多次为中、阿两国高级领导人任翻译。1992年7月由中国社科院外国文学研究所调至中国艺术研究院工作。
② 兴万生：《裴多菲评传》，上海文艺出版社，1981；〔匈〕裴多菲：《裴多菲文集》（六卷），兴万生译，上海译文出版社，1996；林洪亮：《波兰戏剧简史》，社会科学文献出版社，1995；〔波兰〕亨利克·显克微奇：《显克维奇选集》（8册），易丽君等译，人民文学出版社，2011；张振辉：《20世纪波兰文学史》，青岛出版社，1998；张振辉：《显克维奇评传》，社会科学文献出版社，1991；蒋承俊：《捷克文学史》，上海外语教育出版社，2006；〔捷〕哈谢克：《好兵帅克》，蒋承俊等译，光明日报出版社，2008；冯植生：《匈牙利文学史》，社会科学文献出版社，1995；冯植生：《裴多菲传》，外国文学出版社，2006；陈九瑛：《重轭下的悲歌：保加利亚爱国诗歌研究》，社会科学文献出版社，1996；易丽君译《波兰二十世纪诗选》，上海译文出版社，1992；易丽君：《波兰战后文学史》，外语教学与研究出版社，2002。
③ 参见柳红《八〇年代：中国经济学人的光荣与梦想》，广西师范大学出版社，2010。
④ 江春泽短暂在中国社科院世界经济与政治研究所工作期间对东欧尤其是南斯拉夫研究与学术交流做出了巨大贡献，如组建南斯拉夫经济研究会，出版《南斯拉夫经济》《南斯拉夫》等著作，组织翻译南斯拉夫共产党领导人兼理论家爱德华·卡德尔的名著《公有制在当代社会主义实践中的矛盾》，并向中央呈送了很多有价值的内部报告。虽然后来转到政府机关工作，但在比较经济体制、市场经济改革等方面取得重要研究成果。参见张仁德《践行为中国经济体制改革服务的初心》，《中华读书报》2020年2月12日。

论著①，他们退休后仍积极参加各类学术活动。

第二代研究人员中的大多数已在20世纪90年代崭露头角，有的甚至当时已是科研骨干，进入21世纪后他们逐渐成为专业领域的领军人才，而且至今都是权威专家。在国际问题研究领域，这些研究人员有一个共同特征，即他们虽然都有自己的研究重点和国别焦点，但更多从事的仍是综合研究。

中国社会科学院俄罗斯东欧中亚研究所朱晓中研究员聚焦中东欧宏观问题，善于组织集体创作，围绕中东欧与欧洲一体化、中东欧转型先后出版个人专著、编著数部，并发表学术论文60余篇。②此外，他培养的姜琍研究员（专长为捷克斯洛伐克/捷克、斯洛伐克研究）、左娅副研究员（专长为巴尔干研究，遗憾的是后来离开了科研岗位）、贺婷博士（专长为匈牙利研究）、曲岩博士（专长为罗马尼亚研究）都留在了俄罗斯东欧中亚研究所中东欧研究室（现改名为转型和一体化理论研究室）继续从事中东欧区域国别研究，贾瑞霞副研究员、鲍宏铮博士则分别在中国社会科学院欧洲研究所和世界历史研究所从事中东欧问题的研究。

先后在中国社会科学院俄罗斯东欧中亚研究所和欧洲研究所工作的孔田平研究员对中东欧经济、波兰问题以及南斯拉夫问题的研究有相当造诣，先后出版个人专著、编著数部③，发表学术论文70余篇。2011年他调至欧洲研究所并担任该所中东欧研究室首任主任。该研究室主攻匈牙利研究的马骏驰助理研究员是孔田平研究员的博士生。另外，谈到中东欧经济转型，需要提及复旦大学世界经济

---

① 例如，王洪起：《"山鹰之国"亲历》，新华出版社，2008；侯凤菁：《匈牙利的呼唤》，新华出版社，2003；侯凤菁：《燃烧的多瑙河：匈牙利1956年事件真相》，新华出版社，2009；余志和、马细谱编著《保加利亚概览》，世界知识出版社，2004；周东耀等主编《东欧的剧变与反思》，远距离教育音像出版社，1991；周东耀、刘为民：《匈牙利剧变的前前后后》，新华出版社内部发行，1993；周东耀：《中东欧瞭望》，新华出版社，2018；周东耀：《从马背民族到读书国家：布达佩斯采访记》，新华出版社内部发行，2022。
② 朱晓中：《中东欧与欧洲一体化》，社会科学文献出版社，2002；朱晓中卷主编《十年巨变·中东欧卷》，中共党史出版社，2004；朱晓中主编《中东欧转型20年》，社会科学文献出版社，2013；朱晓中主编《曲折的历程·中东欧卷》，东方出版社，2015；朱晓中主编《欧洲的分与合：中东欧与欧洲一体化》，中国社会科学出版社，2017。论文情况略去。
③ 孔田平：《东欧经济改革之路——经济转轨与制度变迁》，广东人民出版社，2003；陆南泉、左凤荣、潘德礼、孔田平主编《苏东剧变之后——对119个问题的思考》，新华出版社，2012；孔田平主编《维谢格拉德集团的嬗变与中国V4合作》，中国社会科学出版社，2015；孔田平：《冷战后俄罗斯的中东欧政策及其影响》，社会科学文献出版社，2018。论文情况略去。

系庄起善教授。他主要从事世界经济特别是转轨经济的研究，发表了不少关于中东欧金融体系、银行体系和金融危机的论著。①

中国社会科学院俄罗斯东欧中亚研究所高歌研究员在这一代学人中偏年轻，但其研究在学界得到广泛认可。高歌研究员一直以中东欧政治研究为本行，兼顾欧洲一体化和中东欧国家对外关系研究，其专著《东欧国家的政治转轨》是国内出版较早的有关东欧政治转轨的研究著作②，其编撰的《东欧两国议会》③是国内第一部介绍匈牙利国民议会及塞尔维亚和黑山议会（其前身为南斯拉夫联盟共和国议会）的丛书，主编的《从"16+1"到"一带一路"：合作·发展·共赢》《冷战后德国与中东欧的关系》《中东欧转型30年：新格局、新治理与新合作》等著作也在学术界产生一定影响。此外，高歌研究员还就中东欧政治转型、发展道路等发表了40余篇中英文学术论文。

在高校中，北京大学国际关系学院孔凡君（笔名孔寒冰）教授被誉为国内中东欧教学与研究的"奇人"。④ 他的"奇"至少体现在两个方面。一是著作等身，研究领域广，曾在《世界知识》杂志开设"寒冰走苏东"专栏。目前，他已经出版与中东欧相关的论著10余部、论文百余篇。⑤这个数量不仅在国内中东欧研究领域遥遥领先，而且在其他国际政治领域也非常突出。二是用"脚"写作，他多次行走中东欧。孔寒冰教授几乎走遍了中东欧国家的城市和乡野，不仅

---

① 庄起善等：《中东欧转型国家金融银行业开放、稳定与发展研究》，复旦大学出版社，2008；庄起善、曹焕：《中东欧国家银行业多元化经营对传统业务影响分析》，《世界经济研究》2013年第5期；庄起善、吴玮丽：《为什么中东欧国家是全球金融危机的重灾区？》，《国际经济评论》2010年第2期；庄起善：《中东欧五国金融结构分析——兼论加入欧盟对他们的机遇和挑战》，《世界经济研究》2003年第11期，等等。
② 参见孔寒冰、韦冲霄《中东欧研究的历史演变、特征及发展趋势——孔寒冰教授访谈》，《国际政治研究》2019年第3期；高歌：《东欧国家的政治转轨》，世界知识出版社，2003。
③ 高歌：《东欧两国议会》，中国财政经济出版社，2005。
④ 参见孔寒冰《寒冰走苏东》，上海人民出版社，2012，代序第1页。
⑤ 孔寒冰：《科索沃危机的历史根源及大国背景》，四川人民出版社，1999；孔寒冰：《东欧政治与外交》，北京大学出版社，2009；孔寒冰：《东欧史》，上海人民出版社，2010；孔寒冰：《寒冰访罗明》，上海人民出版社，2013；孔寒冰：《百年捷克》，浙江大学出版社，2018；孔寒冰：《中东欧的差异性、复杂性和中国与之合作的"精准性"》，社会科学文献出版社，2018；孔寒冰等：《原苏东地区社会主义运动现状研究》，上海人民出版社，2010；孔寒冰编著《中罗两国的桥梁：罗马尼亚前驻华大使罗明和汉学家萨安娜口述》，北京大学出版社，2016；孔寒冰编著《从化学博士到驻华大使：阿尔巴尼亚校友塔希尔·埃莱兹口述》，北京大学出版社，2018。论文情况略去。

"读万卷书",而且以"行万里路"来开展研究。同样,他新近从事的口述史工作包括"北京大学新中国留华校友口述项目"以及国内中东欧研究相关人员的口述,既挖掘并挽救了许多鲜为人知的"故事",也为中东欧研究开辟了一条新路径。此外,他还于2010年率先在高校成立中东欧研究中心,并培养了不少一直在从事与中东欧教学或研究相关的博士,如北京大学国际关系学院项佐涛副教授、山西大学政治与公共管理学院郭翠萍副教授以及中国社会科学院俄罗斯东欧中亚研究所徐刚研究员。另外,北京大学国际关系学院郭洁副教授曾长期从事匈牙利及东欧问题研究,发表的论著在国内外具有较大影响[1],只是后来她转向了拉丁美洲研究。

此外,同济大学杨烨教授、山东大学方雷教授、忻州师范学院王志连教授也在一段时期内对中东欧问题有着较为深入的研究,同时培养了数位有志于中东欧研究的学生。杨烨教授早期重点关注中东欧特别是波兰、匈牙利和捷克转型问题,后来主要从欧洲一体化层面探讨中东欧国家与欧盟的关系,出版了《漂浮不定的东欧》《波、匈、捷经济转轨中的政府职能》《冷战后德国与中东欧的关系》等著作。[2] 方雷教授的研究涉及中东欧政治、中东欧民族主义以及欧盟东扩等领域,出版合著《政治断层带的嬗变:东欧政党与政治思潮研究》。[3] 遗憾的是,方雷教授曾告诉笔者,由于工作变动他今后不再从事中东欧研究了。王志连教授的研究则聚焦中东欧转轨以及中东欧共产主义后继党的发展情况,如专著《波匈捷经济转轨比较研究》[4],但2012年以后不再见到其发表与中东欧相关的论著了。不过,两位教授培养的个别研究生仍在专门从事中东欧研究。方雷教授培养的硕士生鞠豪获得柏林自由大学博士学位后进入中国社会科学院俄罗斯东欧中亚研究所工作,关注重点为中东欧政治问题。王志连教授培养的博士姬文刚教授先后在山西大学政治与公共管理学院、西安外国语大学国际关系学院工作,主

---

[1] 郭洁:《悲剧与困惑:纳吉与20世纪50年代的匈牙利》,国际教科文出版社,2007;郭洁:《匈牙利事件:美国的政策与反应》,上海人民出版社,2011;郭洁:《战后东欧政治发展研究》,九州出版社,2014。此处略去论文。

[2] 杨烨、王志连:《漂浮不定的东欧》,五南图书出版有限公司,1993;杨烨:《波、匈、捷经济转轨中的政府职能》,上海人民出版社,2002;杨烨、〔捷〕梅耶斯特克主编《欧盟一体化:结构变迁与对外政策》,华东师范大学出版社,2009;杨烨、高歌主编《冷战后德国与中东欧的关系》,社会科学文献出版社,2017。

[3] 方雷、蒋锐:《政治断层带的嬗变:东欧政党与政治思潮研究》,山东大学出版社,2013。

[4] 王志连:《波匈捷经济转轨比较研究》,中国言实出版社,2000。

要从事中东欧问题特别是波兰问题的教学与研究。

这一时期的东欧文学研究陷入巨大困境。不少东欧文学研究者进入老年，翻译和研究队伍青黄不接。曾经人丁兴旺的中国社会科学院外国文学研究所东欧文学研究室也随着最后一位研究者的退休而不复存在。① 尤其遗憾的是，对在大转型年代文学如何反映中东欧国家社会风貌和人生百态已无人跟踪研究，失去了一个很好的研究窗口。由于人才短缺，东欧文学研究的断档情形很难在短时间内得到改善。② 但令人欣慰的是，早已闻名东欧文学圈的高兴编审不仅在外文所坚守其专业，先后担任《世界文学》的副主编、主编，而且通过策划和主编"蓝色东欧"译丛③将东欧文学翻译与研究推向了一个新高度。同时，虽然北京外国语大学欧洲语言文化学院的老专家基本退休了，但中青年领军人才不断涌现。罗马尼亚语丁超教授、波兰语赵刚教授和阿尔巴尼亚语柯静教授等在当时的《东欧》（后改为《国际论坛》）以及《世界文学》和《国际汉学》等刊物发表了不少译文和学术论文，出版了不少著作④，教学和研究成就更是受到对象国的高度肯定⑤。另外，丁超教授2005年起参与创办《欧洲语言文化研究》学术集刊并任第1辑至第3辑（2005~2007年）编委，同时担任第4辑至第7辑（2008年、

---

① 高兴：《六十年曲折的道路——东欧文学翻译和研究》，《文艺理论与批评》2010年第6期。
② 参见朱晓中《中国中东欧研究的几个问题》，《国际政治研究》2016年第5期。
③ 第一辑于2012年1月由花城出版社推出，已经出版第七辑、逾50本。译丛计划在十年内出版东欧文学近100种，被纳入"'十二·五'国家重点出版规划"，两次得到国家出版基金的扶持。有关"蓝色东欧"译丛的策划、统筹和运营过程，参见朱燕玲《大型多语种译丛的策划、统筹和运营——"蓝色东欧"译丛编辑出版过程回顾》，《文化与传播》2016年第4期。
④ 丁超编《罗语应用文》，外语教学与研究出版社，1999；丁超：《中罗文学关系史探》，人民文学出版社，2008；丁超、宋炳辉：《中外文学交流史：中国-中东欧卷》，山东教育出版社，2015；赵刚：《波兰文学中的自然与自然观》，外语教学与研究出版社，2007；柯静：《伊·卡达莱作品中的四个"他者"——阿尔巴尼亚民族身份认同研究》，外语教学与研究出版社，2014。
⑤ 2009年7月，赵刚教授同易丽君教授荣获波兰驻华大使馆颁发的"中波建交60周年"纪念章；9月，丁超教授同张志鹏教授、冯志臣教授和庞激扬副教授荣获罗马尼亚外交部部长迪亚康内斯库颁发的罗中友好"杰出贡献奖"。2010年5月，波兰共和国文化与民族遗产部部长博格丹·兹德罗耶夫斯基先生在波兰驻华大使馆亲自向赵刚教授颁发"波兰文化功勋章"。2012年2月，罗马尼亚斯彼鲁·哈雷特大学举行仪式，授予丁超教授名誉博士学位。2014年12月，赵刚教授同易丽君教授及袁汉镕教授荣获波兰驻华大使馆颁发的"波中建交65周年纪念勋章"。2018年4月，罗马尼亚《文学谈话》杂志（创办于1867年，罗马尼亚年代最久、影响最大的文学和文化杂志，现由罗马尼亚作家联合会主办）授予丁超教授"I. E. 托罗齐乌"奖。同年11月，柯静教授荣获阿尔巴尼亚"国家贡献勋章"（阿尔巴尼亚政府为外国人士设立的最高荣誉勋章，柯静是第三位获此勋章的外国人士，也是第一位获此勋章的中国人）。同年12月，赵刚教授荣获波兰文化与民族遗产部部长颁发的"波兰文化杰出贡献奖章"。

2009年、2011年和2013年）的主编。从第8辑（2016年）开始，该刊主编由赵刚教授接任至今。赵刚教授还于2018年策划和主编国内第一部中东欧研究蓝皮书——《中东欧国家发展报告》。这两个学术出版物为国内中东欧研究搭建了非常好的平台。此外，三位教授还分别率先带领团队成立中东欧研究中心、波兰研究中心和巴尔干研究中心。

这一时期的东欧史研究出现了一定程度的断层。中国社会科学院世界历史研究所俄罗斯东欧史研究室、北京大学历史系在第一代研究人员退休后，全职进行东欧史研究的人员不多。南开大学陈志强教授在这一时期逐渐转向关注巴尔干现实问题，特别是撰写了不少关于科索沃问题的论著和报告。前述提到陈志强教授培养的不少博士虽然都留在高校和科研机构，但基本专注拜占庭史的研究，不能归入东欧史研究之列。此外，曲阜师范大学历史系郝承敦教授对于冷战初期的巴尔干史特别是苏南冲突有着较深入的研究。

在进入第三代研究人员介绍前仍有必要强调的一点是，所谓"第三代"只是结合国内中东欧研究的大趋势（始于2012年中国-中东欧国家合作平台启动）进行的假定，并不是排斥和封闭的，不少第二代甚至第一代研究人员至今仍然活跃在学术界，甚至仍然是领军专家和权威学者。而这一时期出现的"独立第三代"则呈现人员年轻化以及语言高校的"移情"特征。

这一时期，中东欧研究在全国"遍地开花"。在国际政治领域，中国社会科学院是重镇。10多年来，中国社会科学院自己培养和引进了数位中东欧研究的专门人才。俄罗斯东欧中亚研究所东欧研究室先后于2016年和2020年更名为中东欧研究室、转型和一体化理论研究室，研究室有着40余年中东欧研究传统，是国内研究人员最多、中东欧小语种较全的机构，在继续强化基础研究的同时重视对策应用研究。研究室2011年9月举办第一届中国-中东欧论坛，截至2022年底已举办5届；2011年11月创办电子刊物《中东欧研究简讯》，截至2022年底刊发74期；2012年起连续举办11届中国中东欧问题研究者新年座谈会。研究室的姜琍研究员、徐刚研究员、鞠豪副研究员、贺婷博士、曲岩博士、李丽娜助理研究员以及王效云博士后多半既有重点国家或区域的研究观照，又在某一学科领域深耕细作。同时，中国社会科学院欧洲研究所中东欧研究室在2011年成立后，社会科学院的中东欧研究力量大大增强。中国-中东欧国家合作智库交流与合作网络于2015年12月成立并将秘书处设在欧洲研究所，该研究所在推动中国与中东欧国家智库交流与合作上取得了显著成就。先后任秘书处办公室主任和秘书长、中东欧研究室主任以及欧洲研究所副所长的刘作奎研究员策划出版了一系列中东欧问题和中国-中东欧国家合作领域的论著[①]，其一些作品受到欧洲国家研究机构和研究人员的关注。鞠维伟副研究员、贾瑞霞副研究员、马骏驰博士、陈思杨博士和韩萌博士等研究室其他人员在中东欧区域国别研究特别是中国-中东欧国家合作领域的研究方面取得了许多成果。

在这一时期的热潮中，国内不少其他研究机构的科研人员积极投入中东欧区域国别问题和中国-中东欧国家合作等领域的研究。在北京，主要有北京大学项佐涛副教授、北京外国语大学王弘毅博士、中国现代国际关系研究院王莉研究员和李俊园研究员、中国国际问题研究院杨博文助理研究员等。在上海，主要有华东师范大学余南平教授、高晓川副教授和臧术美副研究员，上海对外经贸大学尚宇红教授，上海社会科学院崔宏伟研究员、戴轶尘博士、胡丽燕博士和彭枭博士，上海政法学院杨友孙教授，复旦大学简军波副教授和严少华副研究员以及上海国际问题研究院张迎红研究员、龙静副研究员，等等。此外，辽宁大学殷红教授、河北经贸大学刘海云教授、浙江金融职业学院张海燕教授、西安外国语大学姬文刚教授、山西大学郭翠萍副教授、四川大学原航副教授和席珍彦副教授等在中东欧不同领域均有不错的研究。

东欧史方面，中国社会科学院世界历史研究所马细谱研究员和南开大学陈志强教授两位老专家仍在不断推出新成果。世界历史研究所仍是中东欧史的研究重镇，王晓菊研究员、李锐副研究员、刘凡副研究员以及鲍宏铮博士等都在某一领域有独到的研究。同时，首都师范大学梁占军教授和李建军副教授重点关注巴尔干史研究。此外，陕西师范大学胡舶教授、西安外国语大学吕香芝副教授以及华东师范大学邰浴日副研究员、曲阜师范大学硕士生张盛楠等对冷战时期的东欧史

---

① 刘作奎：《国家构建的"欧洲方式"：欧盟对西巴尔干政策研究（1991-2014）》，社会科学文献出版社，2015；刘作奎：《欧洲和"一带一路"倡议：回应与风险》，中国社会科学出版社，2015；刘作奎等：《中国与捷克的战略伙伴关系：现状、前景、问题及对策》，中国社会科学出版社，2016；刘作奎等：《中国和匈牙利的全面战略伙伴关系：历史、现状、前景及政策建议》，中国社会科学出版社，2018；刘作奎等：《中东欧国家华侨华人发展报告（2018）》，中国社会科学出版社，2018。此外，非第一作者或主编的论著还有很多，发表中英文论文50余篇。值得一提的是，刘作奎研究员在对中国-中东欧国家合作的实践进行分析的同时，尝试进行新的理论建构，如提出了"双边+多边"理论。参见刘作奎《"双边+多边"理论：对中国-中东欧国家合作的新探索》，《中共中央党校（国家行政学院）学报》2022年第2期。

有独到的研究。

  北京外国语大学欧洲语言文化学院不满足于在中东欧文学研究领域的"霸主"地位，不断向国际政治领域进军，董希骁教授、林温霜教授和彭裕超博士等均有诸多成果问世。学院的多位老师尝试开展某一中东欧国家文学+国际政治研究，2021年，该学院首次在欧洲语言文学二级学科下设立巴尔干研究硕士学位。广东外语外贸大学中东欧研究中心团队在茅银辉教授的带领下，在提升中东欧语言文化研究的同时不断拓展区域国别研究的能力。此外，不少高校的中东欧区域或国别研究中心力争在皮书、国际论坛或圆桌会议等领域占据阵地，具有一定的特色和影响力。一些从事"一带一路"、欧洲问题、世界经济、世界史以及文化艺术等领域的专家也"跨界串门"，不断为中东欧研究添砖加瓦。

第二章
中国的中东欧次区域研究

区域与次区域之间的界限是比较模糊的。使用"次"是从地理范围上讲的，但也并非一成不变。就欧洲来看，按照地理区位划分，可以分为西欧、北欧、南欧、中欧、东南欧、中东欧等区域。经常被称为次区域的有南欧六国、北欧五国、中欧四国、波罗的海三国、中东欧十三国或十六国、西巴尔干六成员以及巴尔干或东南欧国家等。同时，一些次区域合作机制或架构也被称为次区域或次区域集团，如维谢格拉德集团（Visegrád Group）。也就是说，从次区域的层面看，中东欧地区至少包括维谢格拉德集团、西巴尔干地区以及波罗的海区域。同时，虽然巴尔干国家不全部都是中东欧国家，但是把巴尔干作为次区域考察既涵盖了西巴尔干地区，又能将西巴尔干之外国家的情况纳入。因此，本章拟就中国学界对维谢格拉德集团、巴尔干以及波罗的海等三个次区域或区域集团的研究情况进行归纳总结。

第一节 维谢格拉德集团研究

在中东欧地区，维谢格拉德集团是一个有重要影响的区域合作组织。该组织于1991年2月15日在匈牙利的维谢格拉德城堡成立，由波兰、匈牙利和捷克斯洛伐克组成。1992年12月31日捷克和斯洛伐克分家后，该集团成员国变成波兰、匈牙利、捷克和斯洛伐克，亦可简称V4。

维谢格拉德集团成立后一直是各国学界关注和研究的重点对象。然而，中国学术界专门对维谢格拉德集团进行的学术研究在2010年之前相当"沉寂"，仅出现2篇介绍性文章[①]和2篇编译文章[②]。2010年后，随着欧盟危机不断特别是维谢格拉德集团成员国与欧盟博弈加剧，中国学术界对维谢格拉德集团及其影响力日益重视，有关研究逐渐增多。随着中国-中东欧国家合作特别是共建"一带一路"倡议启动后，中国学术界的维谢格拉德集团研究显著增多。

根据中国知网收录的论文情况看，以"维谢格拉德"为篇名搜索，1991年2月15日至2022年12月31日期间有关文献共58篇。其中，学术期刊文章43篇，学位论文15篇（硕士论文13篇，博士论文2篇）。另据中国国家图书馆收录数据，以"维谢格拉德"为篇名搜索，1991年2月15日至2022年12月31日期间有关的中文著作仅有3部。从文献类型来看，这些研究成果可划分为期刊论文、学位论文以及著作三类。从研究内容来讲，大体可分为维谢格拉德集团本身发展和地位、维谢格拉德集团与欧盟之间关系、维谢格拉德集团与特定议题之间关系以及维谢格拉德集团与中国之间关系等四个类别。

首先来看期刊论文的情况。在有关维谢格拉德集团本身发展和地位的研究方面，姜琍从维谢格拉德集团合作的影响因素出发，就影响维谢格拉德集团合作演变与发展前景的诸多内外因素进行了分析[③]，并基于欧洲一体化进程的背景，对维谢格拉德集团的合作发展及其政治地位进行了研究[④]。孔田平从次区域组织的视角出发，基于维谢格拉德集团在欧洲的经济和政治地位，对维谢格拉德集团作为中欧精神的承载者、区域合作的舞台以及捍卫成员国利益的平台进行了分析研究。[⑤] 王春岩、尚宇红从文化价值观的视角，基于霍夫斯泰德的文化价值观理论模型，并结合"世界价值观"历年的调查数据，对维谢格拉德集团四国在转型20年中的文化价值观变迁做了动态研究。[⑥] 李旭从历史发展的角度，对维谢格拉德集团成立后的四

---

① 肖超：《维谢格拉德集团》，《欧洲》1994年第4期；金淑清：《中欧区域组织维谢格拉德集团的形成及发展》，《中欧》1996年第3期。
② T. 切克利娜、筱雩：《维谢格拉德集团国家的对外经济关系》，《国际经济评论》1993年第9期；宋晓敏：《维谢格拉德集团经济一体化的设想与现状（上）》，《今日东欧中亚》1995年第6期；宋晓敏：《维谢格拉德集团经济一体化的设想与现状（下）》，《今日东欧中亚》1996年第1期。
③ 姜琍：《维谢格拉德集团合作的演变与发展前景》，《俄罗斯中亚东欧研究》2011年第4期。
④ 姜琍：《欧洲一体化进程中维谢格拉德集团合作发展及其地位》，《俄罗斯学刊》2019年第3期。
⑤ 孔田平：《维谢格拉德集团的地位与中欧的未来》，《俄罗斯东欧中亚研究》2015年第4期。
⑥ 王春岩、尚宇红：《维谢格拉德集团国家文化价值观动态研究》，《国外社会科学》2016年第6期。

个发展阶段以及在每个阶段的发展特点进行了分析。① 丁纯、蒋帝文基于投入产出视角，就德国经济增长对维谢格拉德集团国家经济增长的影响进行了分析。② 徐刚、张传玮针对维谢格拉德集团成立30周年，就维谢格拉德集团几十年历史发展过程中不变与变化的特点进行了分析。③ 朱晓中基于外国直接投资的视角，就跨国公司特别是俄罗斯跨国公司对维谢格拉德集团国家所带来的影响进行了分析研究。④ 另外，邵文实翻译的一篇文章认为，基于维谢格拉德集团在塑造中欧地区的作用及其对欧盟政治和北约的影响，维谢格拉德集团在欧洲产生影响的主要手段是依靠软实力，且在经济层面、区域发展合作和安全合作等方面具有日渐增强的作用。⑤

在有关维谢格拉德集团与欧盟之间关系的研究成果方面，姜琍基于维谢格拉德集团国家入盟10年的表现，以捷克为例就入盟10年对维谢格拉德集团国家的经济发展影响进行了分析研究。⑥ 王会花将维谢格拉德集团视作区域一体化进程中一个独特的行为体，对其与欧盟的关系从"力量失衡"到"调整重构"再到"转折突破"的发展历程以及双方互动的关系特点进行了分析研究。⑦ 王弘毅基于欧洲难民危机的背景，对维谢格拉德集团与欧盟之间的内部团结问题以及对欧盟内部团结构成的巨大挑战进行了分析研究。⑧ 范亚琼通过剖析维谢格拉德集团与欧盟间双向互动过程，从经济、政治、文化、国际形势四个角度分类探究了影响双边关系发展的因素。⑨

---

① 李旭：《维谢格拉德集团的发展研究》，《经济研究导刊》2019年第9期。
② 丁纯、蒋帝文：《投入产出视角下德国经济增长对维谢格拉德四国经济影响的分析》，《德国研究》2021年第2期。
③ 徐刚、张传玮：《维谢格拉德集团成立30年：变与不变》，《世界知识》2021年第5期。
④ 朱晓中：《浅谈俄罗斯跨国公司的兴起与发展——兼论俄跨国公司对维谢格拉德集团国家的直接投资》，《欧亚经济》2022年第3期。
⑤ 〔斯洛伐克〕尤拉伊·马鲁西亚克：《维谢格拉德集团能成为中欧的新兴力量吗》，邵文实译，《国际社会科学杂志》（中文版）2016年第2期。
⑥ 姜琍：《入盟十年对中欧维谢格拉德集团经济发展的影响——以捷克为例》，《俄罗斯学刊》2014年第6期。
⑦ 王会花：《试论维谢格拉德集团与欧盟关系的演变及特点》，《国际观察》2019年第6期。
⑧ 王弘毅：《维谢格拉德集团与欧盟团结问题——以难民危机为例》，《战略决策研究》2019年第3期。
⑨ 范亚琼：《影响维谢格拉德集团与欧盟关系发展的因素分析》，《山西能源学院学报》2021年第2期。

在有关维谢格拉德集团与特定议题之间关系的研究成果方面，姜琍基于欧元区债务危机议题，就欧元区债务危机对维谢格拉德集团四国所带来的政治影响和经济影响进行了分析研究[1]，并基于乌克兰危机背景，就乌克兰危机对维谢格拉德集团四国之间能源合作造成的影响进行了分析研究[2]。鞠维伟基于欧盟战斗群议题，就维谢格拉德集团之间的军事防务合作进行了分析研究。[3] 卢晨阳、李博轩基于西巴尔干国家入盟议题，就维谢格拉德集团在西巴尔干国家入盟问题中的角色进行了探析。[4] 王会花基于欧盟多年度财政框架谈判议题，就维谢格拉德集团在欧盟多年度财政框架的谈判过程与相互合作进行了分析研究。[5] 张晓峰基于英国脱欧议题，就英国脱欧对维谢格拉德集团在欧盟层面以及在维谢格拉德集团国家与英国国家层面的影响进行了分析。[6]

在有关维谢格拉德集团与中国之间关系的研究成果方面，刘华基于中国-中东欧国家合作框架，对该合作框架下中国与维谢格拉德集团之间的关系进行了分析研究。[7] 杨波、闫国庆、杨露针对中国与维谢格拉德集团之间的农产品贸易，就中国与维谢格拉德集团农产品的贸易现状及结构特点以及双边农产品产业贸易水平进行了分析研究。[8] 王会花就中国与维谢格拉德集团国家高等教育合作现状进行了梳理，并对双方之间未来的合作前景进行了分析展望。[9] 王克岭、龚异、董俊敏对中国与维谢格拉德集团之间商品贸易的结构特征和贸易效果进行了实证分析。[10] 程

---

[1] 姜琍：《欧元区债务危机对中欧维谢格拉德集团四国的影响》，《俄罗斯中亚东欧市场》2012年第11期。

[2] 姜琍：《乌克兰危机对维谢格拉德集团四国能源合作的影响》，《欧亚经济》2015年第6期。

[3] 鞠维伟：《维谢格拉德集团军事防务合作初探——从欧盟战斗群的视角》，《俄罗斯东欧中亚研究》2019年第1期。

[4] 卢晨阳、李博轩：《维谢格拉德集团在西巴尔干国家入盟问题中的角色探析》，《国际论坛》2019年第2期。

[5] 王会花：《欧盟多年度财政框架谈判中的维谢格拉德合作研究》，《俄罗斯东欧中亚研究》2020年第6期。

[6] 张晓峰：《英国脱欧对维谢格拉德集团的影响》，《经济研究导刊》2020年第3期。

[7] 刘华：《"16+1"合作机制下中国与维谢格拉德集团关系研究》，《当代世界与社会主义》2017年第3期。

[8] 杨波、闫国庆、杨露：《中国与维谢格拉德集团农产品产业内贸易影响因素分析》，《世界农业》2018年第9期。

[9] 王会花：《中国与维谢格拉德集团国家高等教育合作：现状与展望》，《世界教育信息》2021年第10期。

[10] 王克岭、龚异、董俊敏：《中国与维谢格拉德集团商品贸易结构研究——兼论"一带一路"倡议与"16+1"合作的贸易增长效应》，《西安财经大学学报》2021年第1期。

鉴冰就中国与维谢格拉德集团国家进出口贸易以及国别结构、产品结构和贸易竞争力等进行了分析①，并从经贸角度对中国与维谢格拉德集团国家的贸易合作状况以及维谢格拉德集团国家在世界贸易组织中的 TBT-SPS 通报情况进行了分析②。张海征、梁媛媛对维谢格拉德集团四国的投资市场环境、潜在风险进行了分析，并就中国在维谢格拉德集团国家进行投资提出了政策建议。③ 米高磊针对中国与维谢格拉德集团国家经贸合作存在的诸多问题和困境，就中国与维谢格拉德集团之间经贸合作的路径进行了研究。④

其次来看学位论文的情况。前面提到，在总共 58 篇学术论文中学位论文有 15 篇，1/4 的占比是相当高的，这在一定程度上说明维谢格拉德集团研究所具有的学术价值。

在有关维谢格拉德集团本身发展与地位的研究成果方面，刘佳宇基于次区域合作视角，讨论了维谢格拉德集团展开合作的具体案例，总结了维谢格拉德集团的合作模式，评析了维谢格拉德集团的合作成果，并基于此展望了维谢格拉德集团未来的发展前景。⑤ 徐科锋基于国际政治社会视角，从区域层面出发并以民族国家集团为切入口，选定由维谢格拉德集团为研究对象，分别从国际社会维度、历史演进维度、议题治理维度、世界政治维度对维谢格拉德集团进行了分析研究。⑥

在有关维谢格拉德集团与欧盟之间关系的研究成果方面，徐科锋从区域层面出发，以国家集团维度为切入口，选取维谢格拉德集团作为样本，对维谢格拉德集团在欧盟体系中的利益表达进行了分析，对欧盟体系中国家集团的利益诉求模式、利益实现途径以及相关利益表达行为进行了探索。⑦ 王会花基于次区域合作的视角，把欧盟内的次区域力量——维谢格拉德集团作为研究对象，考察了该集

---

① 程鉴冰：《中国-中东欧合作机制下与维谢格拉德集团国家的进出口贸易》，《中国发展观察》2021 年第 24 期。
② 程鉴冰：《"一带一路"沿线维谢格拉德集团四国及其对华贸易》，《现代商业》2022 年第 28 期。
③ 张海征、梁媛媛：《新形势下中国对维谢格拉德集团国家投资的风险和对策分析》，《区域与全球发展》2022 年第 5 期。
④ 米高磊：《中国与维谢格拉德集团经贸合作路径研究》，《国际经济合作》2022 年第 3 期。
⑤ 刘佳宇：《次区域合作视角下的维谢格拉德集团：历史、机制与前景》，南京大学硕士学位论文，2021。
⑥ 徐科锋：《维谢格拉德集团研究——基于国际政治社会视角》，上海外国语大学博士学位论文，2021。
⑦ 徐科锋：《欧盟体系中国家集团的利益表达探析——以维谢格拉德集团为例》，上海外国语大学硕士学位论文，2017。

团与欧盟的互动环境、互动过程及互动成效,探究了次区域力量如何策略性地运用合作机制参与或影响区域合作与区域治理的进程。[1] 段双喜选取乌克兰危机、英国脱欧、难民危机等欧盟近年来经历的重大事件为例,运用准联盟理论对维谢格拉德集团在欧盟内合作与分歧的动因进行了研究。[2] 刘弘轶基于新自由制度主义视角,从相互依赖与国际制度的研究路径,对包括维谢格拉德集团在内的四个欧盟次区域组织进行了分析研究。[3] 范亚琼通过梳理维谢格拉德集团与欧盟双边关系的发展历程,概括了影响双方关系发展的因素,着重分析了政治、经济、社会三个方面因素对双方关系的影响,并对双方关系进一步的发展趋势进行了预判。[4] 匈牙利人齐白瑶（Csicsai Borbála）从维谢格拉德集团与欧盟互动关系的角度,分析了维谢格拉德集团发展的历史进程、维谢格拉德集团入盟后与欧盟的互动、维谢格拉德集团在欧盟中的地位与影响,以及维谢格拉德集团与欧盟关系发展面临的挑战。[5] 宋富芳围绕维谢格拉德集团选择性参与欧盟共同外交与安全政策的内容、原因与效果进行分析,就维谢格拉德集团在欧盟共同外交与安全政策中的参与进行了研究。[6]

在有关维谢格拉德集团与特定议题之间关系的研究成果方面,李旭基于国家安全议题,以维谢格拉德集团安全机制的选择为研究对象,对维谢格拉德集团在进行安全机制选择时的国家行为进行了分析,从而厘清中小国家进行安全机制选择时的利益诉求。[7] 殷长晖基于欧洲难民危机议题,通过对欧盟难民配额政策实施困境进行分析,认为欧盟难民配额政策的制定和通过过程是由德国主导的,难民配额政策陷入实施困境的根本原因是欧盟成员国权力的不对称性。[8] 张晓峰基于英国脱欧议题,通过描述和分析英国"脱欧"带给维谢格拉德集团的影响,

---

[1] 王会花:《维谢格拉德集团与欧盟互动策略框架研究——基于次区域合作的视角》,上海外国语大学博士学位论文,2018。
[2] 段双喜:《维谢格拉德集团在欧盟内的合作与分歧研究》,北京外国语大学硕士学位论文,2020。
[3] 刘弘轶:《2008年经济危机后欧盟次区域合作的发展——基于新自由制度主义视角》,厦门大学硕士学位论文,2020。
[4] 范亚琼:《维谢格拉德集团与欧盟关系的影响因素研究》,山西大学硕士学位论文,2021。
[5] 〔匈〕Csicsai Borbála（齐白瑶）:《维谢格拉德集团与欧盟互动关系探析》,北京外国语大学硕士学位论文,2021。
[6] 宋富芳:《维谢格拉德集团参与欧盟共同外交与安全政策研究》,东北师范大学硕士学位论文,2021。
[7] 李旭:《冷战后维谢格拉德集团对安全机制的选择》,山西大学硕士学位论文,2019。
[8] 殷长晖:《欧盟难民配额政策实施困境分析》,外交学院硕士学位论文,2020。

就英国"脱欧"这一事件对维谢格拉德集团的政治影响、经济影响以及合作本身的影响进行了研究。①

在有关维谢格拉德集团与中国之间关系的研究成果方面，邓蓉通过阐述中国与维谢格拉德集团国家关系的发展，从多维视角探讨了彼此之间在政治、经济和文化等多领域的务实合作，归纳和总结了中国与维谢格拉德集团国家之间的合作成果。②孙燕鸿基于"一带一路"框架下中国推动金融合作、中国与中东欧国家的金融合作以及中国与维谢格拉德集团四国的双边合作，对中国与维谢格拉德集团四国之间的金融合作进行了研究。③西蒙通过研究投资的影响因素，就中国对维谢格拉德集团国家的直接投资及其影响因素进行了研究。④程琳基于中国-中东欧国家合作和"一带一路"合作框架，从进出口贸易、商品结构和直接投资三个角度对维谢格拉德集团国家同中国的经贸合作进行了研究。⑤申雯心从跨境电商领域入手，结合"硬联通""软联通""心联通"等概念，以 GTAP 模型和案例分析为基础，从三种类型的联通角度出发，对中国与维谢格拉德集团国家之间的互联互通合作进行了探索分析。⑥

最后是著作方面的成果。截至 2022 年 12 月 31 日，中国学界有关维谢格拉德集团的研究著作不多，仅有 3 部。一部是孔田平编著的《维谢格拉德集团的嬗变与中国 V4 合作》⑦，该书在第一部分对维谢格拉德集团的历史演变进行了回顾；随后在第二和第三部分对维谢格拉德集团的地位、中欧的未来以及维谢格拉德集团的对外合作状况进行了分析；之后在第四、第五和第六部分针对中国与维谢格拉德集团之间的贸易、投资以及政治关系进行了梳理分析；最后第七部分对发展中国与维谢格拉德集团关系提出了一些政策建议。另一部是王会

---

① 张晓峰：《英国"脱欧"对维谢格拉德集团的影响》，山西大学硕士学位论文，2020。
② 邓蓉：《多维视角下中国与维谢格拉德集团国家关系研究》，山西大学硕士学位论文，2014。
③ 孙燕鸿：《"一带一路"倡议下中国和维谢格拉德集团四国的金融合作》，中国社会科学院研究生院硕士学位论文，2020。
④ 〔波兰〕西蒙：《中国对维谢格拉德集团成员国家直接投资的影响因素分析》，上海财经大学硕士学位论文，2020。
⑤ 程琳：《维谢格拉德集团国家与中国经贸合作研究》，山西大学硕士学位论文，2021。
⑥ 申雯心：《中国-维谢格拉德集团互联互通研究》，四川外国语大学硕士学位论文，2022。
⑦ 孔田平编著《维谢格拉德集团的嬗变与中国 V4 合作》，中国社会科学出版社，2015。

花的专著《维谢格拉德集团与欧盟互动关系研究：基于次区域合作的视角》①，该书以维谢格拉德集团为研究对象，从次区域合作的视角，以历史和案例研究的方法考察了维谢格拉德集团与欧盟的互动环境、互动过程以及互动成效，探究了次区域合作如何策略性地运用合作机制参与或影响区域合作与区域治理的进程。还有一部是宋黎磊的译著《中欧与维谢格拉德合作：历史和政策的视角》②，原著于2018年出版，是由来自维谢格拉德集团四个国家的研究人员、记者、决策者以及知名专家有关维谢格拉德集团同欧盟、北约、美国、西巴尔干的关系以及维谢格拉德集团能源、数字和防务政策等特定议题的21篇文章组成的评论文集。

由上可见，中国学界有关维谢格拉德集团的研究议题日趋多样、研究深度日趋深化、研究路径也日趋多元。不过，比较而言，维谢格拉德集团的研究仍处在起步阶段，研究人员仍较少，诸多课题仍有待深入研究。尤其是在俄乌冲突加速欧洲地缘格局演变的情况下，维谢格拉德集团所受到的影响、维谢格拉德集团各成员国之间的关系走向、维谢格拉德集团与域外行为体的互动等课题，均值得学界深入探讨。

第二节　巴尔干研究

何谓巴尔干？巴尔干地区包括哪些国家？这不仅是学术界经久不衰的话题，也长期在巴尔干政治家中间引发争议。中国学界对于巴尔干的边界似乎也没有统一的界定。比较一致的观点是，巴尔干国家一共有十一个，包括阿尔巴尼亚、保加利亚、罗马尼亚、斯洛文尼亚、克罗地亚、波黑、北马其顿、塞尔维亚、黑山、土耳其和希腊。③本节只从地区整体上进行梳理，因此产生分歧

---

① 王会花：《维谢格拉德集团与欧盟互动关系研究：基于次区域合作的视角》，人民日报出版社，2019。
② 〔匈〕彼得·斯坦普主编《中欧与维谢格拉德合作：历史和政策的视角》，宋黎磊译，中国社会科学出版社，2020。
③ 当然也存在不同的观点。如有的学者认为塞浦路斯是巴尔干国家，也有的学者认为土耳其不是巴尔干国家。对巴尔干的空间范围、定义、巴尔干国家自身的讨论详见徐刚《巴尔干地区合作与欧洲一体化》，社会科学文献出版社，2016，第15~22页。此外，需要说明的一点是巴尔干国家并不是中东欧国家的子集，它们多数重合，但也存有例外。

的可能较小。根据中国知网收录的论文情况看，第一篇题目中含有巴尔干一词的论文是1934年发表在《世界知识》的《南斯拉夫与巴尔干政治》。[①] 此后至今，巴尔干地区及巴尔干国家成为中国国际问题研究的一个重要组成部分。冷战结束后，巴尔干的地缘属性发生重大变化，巴尔干国家不断新生，中国同巴尔干国家的关系也始终处在动态调整中。不过相比对巴尔干国家的研究来说，从整体上对巴尔干地区进行研究的论著比较少。根据中国知网收录的论文情况看，从1990年1月1日至2022年12月31日，以"巴尔干"为篇名搜索到的各类文章共有458篇。[②] 其中，学术期刊文章307篇、学位论文18篇（硕士论文17篇、博士论文1篇）、会议文章1篇、报纸文章70篇、图书文章1篇、学术辑刊文章5篇、特色期刊文章56篇。另据中国国家图书馆收录数据，从1990年1月1日至2022年12月31日，以"巴尔干"为篇名的各类中文著作约有56部，其中以阐述巴尔干战争与冲突、巴尔干历史、巴尔干游记及巴尔干与大国（国际组织）关系居多，另有一些关于巴尔干民间童话的作品。需要提到的是，享誉国际学术界的4部巴尔干研究作品《黑羊与灰鹰：巴尔干六百年，一次苦难与希望的探索之旅》《巴尔干五百年：从拜占庭帝国灭亡到21世纪》《巴尔干两千年：穿越历史的幽灵》和《想象巴尔干》也都有中文译作

---

① 金仲华：《南斯拉夫与巴尔干政治》，《世界知识》1934年第4期。作为最早的国际问题刊物之一，《世界知识》在1934年的创刊年就发表了有关巴尔干的文章。

② 如果剔除在网络及其他领域有广泛应用的巴尔干化的18篇研究文章，才有440篇。当然，还有一些与巴尔干相关的次区域合作如"柏林进程""迷你申根""《东南欧稳定公约》"等不在"巴尔干"主题词外，但总数也只有10篇左右。参见徐刚《西巴尔干"柏林进程"的进展及其前景述评》，《欧亚经济》2020年第4期；徐刚、马细谱《"迷你申根"，西巴尔干国家在联合自强？》，《世界知识》2020年第5期；童天齐《〈东南欧稳定公约〉及其实施前景》，《国际问题研究》2000年第2期；李丹琳《〈东南欧稳定公约〉——新区域主义的一个积极尝试》，《东欧中亚研究》2002年第2期。此外，东南欧在一定程度上是巴尔干的同义语，但中国学界更加愿意使用巴尔干，因而有关东南欧的研究并不多。一些引用率较高的文章如，伍斌《"种族"界定与美国对东南欧移民的排斥（1880~1924）》，《历史研究》2018年第2期；孔田平《对东南欧"巴尔干化"的历史解读》，《欧洲研究》2006年第4期；孔田平《欧盟的东南欧战略与东南欧的"欧洲化"》，《俄罗斯中亚东欧研究》2003年第3期；朱晓中《近年来中国同东南欧国家经贸关系的发展》，《俄罗斯中亚东欧市场》2012年第1期；孔寒冰《对东欧、中欧和东南欧国家社会转型的考察和思索》，《当代世界社会主义问题》2010年第3期；吕雪峰《丘吉尔与斯大林划分东南欧势力范围：俄国档案中的百分比协定》，《冷战国际史研究》2006年第2期；胡勇《欧盟扩大视野下的东南欧地区主义与地区合作》，《俄罗斯东欧中亚研究》2015年第4期；郭海峰《功能主义与东南欧：欧洲一体化的开端》，《国别和区域研究》2020年第2期。

问世。①

大体上看，过去 30 多年来，中国学术界对巴尔干地区的研究起初聚焦巴尔干战争和冲突、地缘政治的变迁，随后重点讨论巴尔干融入欧洲一体化的议题，近年来突出关注大国与巴尔干的关系以及西巴尔干问题。然而，若要对三类主题进行阶段性划分不太现实，它们没有明确的时间界限，而且彼此穿插交织。此外，有关巴尔干历史、民族等问题的研究一直都是学者乐此不疲的话题。

因此，这里只对上述四个层面的研究进行概述。首先，中国学界对巴尔干战争和冲突以及地缘政治变迁开展了持续研究。这里不对波黑战争、科索沃战争、马其顿危机等专门研究进行梳理，仅从整体对巴尔干地区这些战争和危机进行的讨论就有不少。② 此外，对巴尔干危机和巴尔干火药桶③、巴尔干地缘政治变迁④、巴尔干化⑤以及巴尔干国际治理⑥的研究也有很多。

其次，巴尔干融入欧洲一体化的议题一直是学者们关注的重点。具体来说，

---

① 〔英〕丽贝卡·韦斯特：《黑羊与灰鹰：巴尔干六百年，一次苦难与希望的探索之旅》，向洪全、夏娟、陈丹杰译，中信出版集团，2019；〔英〕马克·马佐尔：《巴尔干五百年：从拜占庭帝国灭亡到 21 世纪》，刘会梁译，中信出版集团，2017；〔美〕罗伯特·卡普兰：《巴尔干两千年：穿越历史的幽灵》，赵秀福译，北京大学出版社，2018；〔美〕玛莉亚·托多洛娃：《想象巴尔干》，李建军译，世界知识出版社，2020。

② 王茂中：《波黑战争与巴尔干危机》，《东欧》1994 年第 2 期；袁茂峰：《巴尔干战火纷飞 互联网硝烟弥漫 科索沃引发信息战》，《广东电脑与电讯》1999 年第 5 期；戴斌：《北约空袭南联盟 硝烟弥漫巴尔干——B-2 隐身轰炸机首次投入实战》，《现代兵器》1999 年第 5 期；王洪起：《科索沃战争后的巴尔干》，《当代世界》2000 年第 2 期；金重远：《科索沃战争后的巴尔干》，《复旦学报》（社会科学版）2003 年第 1 期；吴鑫：《复燃的巴尔干火药桶——科索沃战争》，《军事历史》2006 年第 11 期；宋绍松、周彦君：《马其顿：巴尔干半岛新热点？——阿族极端武装分子锁定新目标》，《国际展望》2001 年第 8 期；冯晓莉：《科索沃：巴尔干的火药桶——从科索沃战争看前南斯拉夫存在的问题及其在欧盟东扩进程中的前景》，四川大学硕士学位论文，2006。

③ 巢蓉芬：《火药桶的安全阀是否牢靠——浅析当前巴尔干半岛形势》，《当代世界》1996 年第 12 期；萨本望：《论巴尔干战火对世界局势的冲击》，《和平与发展》1999 年第 3 期；张文武：《巴尔干这个火药桶会消失吗》，《瞭望新闻周刊》2000 年第 1 期；陈志强：《拜占庭文化与巴尔干火药桶——"伯利斯迷惑"研究》，《史学理论研究》2007 年第 3 期。

④ 朱晓中：《从巴尔干到东南欧——冷战后巴尔干地缘政治变迁》，《东欧中亚研究》1998 年第 3 期；巩茗霏、席严峰：《从地缘战略看国家利益在巴尔干地区的碰撞》，《欧洲》2000 年第 2 期；于洪君、袁智兵：《冷战结束后巴尔干地区局势的特点与走势》，《和平与发展》2002 年第 1 期。

⑤ 脱敏：《巴尔干化的历史演进》，吉林大学硕士学位论文，2020。

⑥ 孔田平：《巴尔干国际治理：科索沃案例》，《俄罗斯中亚东欧研究》2009 年第 2 期。

这些议题包括欧盟的巴尔干政策、欧盟在巴尔干地区的冲突调解和援助①、巴尔干欧洲化②、西巴尔干入盟③以及欧盟与西巴尔干的关系④，等等。

再次，近年来学者们突出关注大国与巴尔干的关系。一方面，学者们对大国在巴尔干的角逐、二战期间对巴尔干的争夺、德国一战前的巴尔干政策、英国二战中的巴尔干政策、丘吉尔的巴尔干战略、20世纪90年代大国介入巴尔干危机等⑤进行了历史学分析。另一方面，学者们对各大国如俄罗斯（包括沙俄、苏联）的巴尔干政策⑥、美国在巴尔干的炮舰外交、南斯拉夫政策、美国在西巴尔干的影响及其维持

---

① 扈大威：《欧盟对西巴尔干地区政策评析》，《国际问题研究》2006年第2期；刘作奎：《评析欧盟东扩政策中的条件限制模式——以欧盟在巴尔干地区的冲突调解为视角》，《国际论坛》2008年第4期；张鹏：《欧盟援助西巴尔干政策评析》，《欧洲研究》2014年第2期；关欣、连晨超：《利益、规范与认同——欧盟对西巴尔干地区扩大政策趋势转变及原因分析》，《欧洲研究》2020年第4期；翟金鸣：《科索沃危机后的欧盟西巴尔干战略》，山东大学硕士学位论文，2007；张鹏：《对外援助的"欧洲模式"——以欧盟援助西巴尔干为例（1991~2010）》，中国社会科学院研究生院博士学位论文，2010；彭斯瑶：《欧盟西巴尔干扩员进程减速探源：一种比较分析》，外交学院硕士学位论文，2022。

② 朱晓中：《欧洲一体化与巴尔干欧洲化》，《欧洲研究》2006年第4期。

③ 柯静：《西巴尔干入欧盟前景分析》，《国际论坛》2007年第6期；张学昆：《欧盟的西巴尔干政策及西巴尔干国家的入盟前景》，《德国研究》2011年第2期；左娅：《克罗地亚入盟及其对西巴尔干国家的启示》，《俄罗斯东欧中亚研究》2013年第6期。

④ 孔寒冰：《欧盟与西巴尔干国家的互利与互动及其前景》，《欧洲研究》2014年第4期；刘作奎：《延续与调整：欧盟对西巴尔干的国家构建政策研究》，《当代世界与社会主义》2019年第6期；李心航、严双伍：《欧盟西巴尔干扩大战略的调整及特点》，《湖北师范大学学报》（哲学社会科学版）2022年第1期。

⑤ 沈碧莲：《美欧俄在巴尔干地区的争夺》，《国际资料信息》1996年第6期；赵克仁：《二战中大国在巴尔干的政治角逐》，《河北师院学报》（社会科学版）1995年第3期；任东来：《美国与1944年英苏划分巴尔干势力范围》，《美国研究》1997年第1期；张爱平：《第一次世界大战前德国对外政策中的巴尔干》，《兰州大学学报》1990年第3期；赵克仁：《试析二战中英国对巴尔干抵抗运动政策的演变》，《外国问题研究》1991年第4期；张勇：《论丘吉尔的巴尔干战略》，《广西社会科学》2006年第5期；林芊：《是维护大英帝国传统政治还是冷战的揭幕——论二战中丘吉尔的"巴尔干战略"》，《黔南民族师范学院学报》2008年第1期；李行星：《当前巴尔干问题——一个为大国争夺的阴影所笼罩的地区》，《世界经济与政治》1998年第8期。

⑥ 姚凤虎、唐宏刚：《19世纪中后期沙皇俄国的巴尔干政策探析》，《沈阳大学学报》（社会科学版）2012年第3期；李提：《沙皇俄国对巴尔干政策演变及特点》，《渭南师范学院学报》2015年第9期；李提：《二战前后苏联对巴尔干区的政策》，《渭南师范学院学报》2015年第21期；朱晓中：《俄罗斯在巴尔干的地缘政治利益》，《俄罗斯学刊》2016年第4期；李提：《俄罗斯巴尔干政策的调整与转变》，《俄罗斯东欧中亚研究》2018年第2期；李提：《俄罗斯对巴尔干政策的历史分析》，《学术研究》2018年第3期；朱宁：《试论俄罗斯对巴尔干地区政策的调整》，《国际研究参考》2018年第11期；梁强：《二战初期苏联对巴尔干地区外交政策的得失——基于〈苏南友好和互不侵犯条约〉的分析》，《俄罗斯东欧中亚研究》2020年第5期；于禄卿：《第一次世界大战前夕俄国巴尔干政策研究（1905~1914）》，广西师范大学硕士学位论文，2007；张心怡：《文化视角下冷战后俄罗斯的巴尔干政策》，四川外国语大学硕士学位论文，2017；于帛弘：《试析俄罗斯的西巴尔干政策》，外交学院硕士学位论文，2021。

方式①，美欧俄在巴尔干地区的争夺②，奥斯曼对巴尔干的统治、土耳其的西巴尔干政策③，维谢格拉德集团与西巴尔干的关系④，中国与西巴尔干关系、"一带一路"倡议下的巴尔干和中国与巴尔干关系⑤以及欧中关系下的西巴尔干⑥等进行了深入研究。

最后，历史是巴尔干研究的重点领域。冷战结束后第一篇关于巴尔干的研究文章即是西北第二民族学院历史系李延长老师对二战结束前后的巴尔干联邦的讨论。⑦曲阜师范大学历史系郝承敦教授、中国社会科学院俄罗斯东欧中亚研究所徐刚博士对巴尔干联邦问题做了持续的探讨。⑧郝承敦教授及其硕士生张盛楠对

---

① 袁炳忠：《美国在巴尔干的炮舰外交》，《瞭望新闻周刊》1999年第23期；钱峰：《遥远的巴尔干——从美国空袭南联盟看其对外战略的失误》，《国际展望》1999年第9期；鞠维伟：《浅析美国对西巴尔干国家的影响力》，《欧洲研究》2016年第2期；王洪起：《美国如何维持在巴尔干地区的影响力》，《世界知识》2017年第7期。

② 赵静敏：《从科索沃独立看美俄欧在巴尔干地区的争夺》，新疆大学硕士学位论文，2011。

③ 饶英圣：《16至18世纪奥斯曼帝国在巴尔干地区的多样化统治》，华东师范大学硕士学位论文，2020；孙兴杰：《边疆化与去边疆化：奥斯曼帝国在巴尔干的统治》，《吉林大学社会科学学报》2022年第5期；王泽胜：《土耳其对西巴尔干地区政策的新变化》，《西亚非洲》2011年第9期；张向荣：《正义与发展党执政以来土耳其的巴尔干政策新变化》，《西亚非洲》2021年第6期。

④ 卢晨阳、李博轩：《维谢格拉德集团在西巴尔干国家入盟问题中的角色探析》，《国际论坛》2019年第2期。

⑤ 〔波兰〕阿纳斯塔斯·范格利、吴筱钰：《中国如何成功调整对西巴尔干地区政策？——对重要利益相关者的作用、经验和潜在影响的分析》，《欧洲研究》2015年第6期；马悟等：《从社会文化认同的角度看西巴尔干国家对华发展经贸投资关系的态度——以斯洛文尼亚和黑山两国为例》，《欧洲研究》2015年第6期；田旭：《聚焦西巴尔干："一带一路"倡议如何对接欧盟扩大战略》，《国际经济评论》2018年第5期；黄河、黄越、赵琳菲：《区域性安全公共产品与"一带一路"安全合作体系的建构——以中国企业在巴尔干地区的投资为例》，《复旦国际关系评论》2018年第1期；刘作奎："一带一路"倡议下中国对巴尔干地区的投资现状及影响——基于实地调研案例分析》，《欧亚经济》2019年第3期；鞠维伟：《中国与巴尔干国家贸易关系的现状、问题及对策》，《欧亚经济》2020年第3期；毛兴嘉："一带一路"倡议下我国与西巴尔干地区教育合作探析》，《西部学刊》2020年第19期。

⑥ 刘作奎：《欧盟和中国关系中的西巴尔干问题——场域理论视角下"对手"语境的形成与启示》，《欧洲研究》2021年第2期；严少华：《中国与欧盟的西巴尔干政策比较》，《战略决策研究》2022年第4期；方立博：《欧盟与中国在西巴尔干地区的权力塑造与竞争》，外交学院硕士学位论文，2021；冯昱云：《实践地缘政治学视角下中欧的合作与竞争——以西巴尔干地区为例》，中国社会科学院大学硕士学位论文，2022。

⑦ 李延长：《巴尔干联邦问题与1948年苏南冲突》，《西北第二民族学院学报》（哲学社会科学版）1990年第1期。

⑧ 郝承敦：《从巴尔干联邦计划看战后初期南斯拉夫的扩张性》，《滨州师专学报》1998年第3期；郝承敦：《从巴尔干联邦计划看苏南在冷战初期的战略分歧》，《聊城大学学报》（哲学社会科学版）2002年第6期；徐刚：《巴尔干联邦计划研究（1944~1948）：以保南联邦为中心》，《俄罗斯东欧中亚研究》2021年第4期。

于社会主义阵营内部关系特别是苏南冲突有着深入的研究。①同时,有关1912年的巴尔干同盟和1954年的巴尔干同盟也引起了学者的关注。②此外,有关巴尔干问题的历史透视③、两次世界大战与巴尔干④、冷战与巴尔干⑤、巴尔干战争⑥、巴尔干民族问题和大民族主义⑦等话题也有持续的研究和跟踪。

此外,也有一些有关巴尔干形成、巴尔干问题及根源、巴尔干国家间关系、巴尔干人口交换以及巴尔干地区孔子学院等方面的研究。⑧然而,对于巴尔干研究的理论化、巴尔干断代史和专门史、巴尔干国家间关系与互动、巴尔干次区域合作与机制、巴尔干社会文化以及大国巴尔干政策比较等方面的研究仍存在提升的空间。从机构和人员的角度看,受益于"一带一路"建设以及区域国别学成

---

① 例如,郝承敦:《苏南冲突研究》,学林出版社,2007;郝承敦:《苏南冲突与东方阵营内部关系的演变》,社会科学文献出版社,2015;张盛楠:《论中阿关系演变中的意识形态因素(1961~1979)》,曲阜师范大学硕士学位论文,2018。

② 张爱平:《略论俄国外交与巴尔干同盟的建立》,《烟台师范学院学报》(哲学社会科学版)1996年第4期;时殷弘:《小国合作和大国的阻滞——美国与1954年巴尔干同盟的形成》,《美国研究》1993年第4期。

③ 李行星:《巴尔干问题的历史透视》,《世界经济与政治》1993年第3期;高建芝:《从巴尔干地区到欧洲:马其顿问题的起源研究》,《世界历史》2019年第3期。

④ 张云:《二战期间巴尔干国家的抵抗运动——兼论小国在世界大战中的地位和作用》,《探索与争鸣》2005年第5期;金重远:《巴尔干和第二次世界大战》,《复旦学报》(社会科学版)2005年第3期;金重远:《巴尔干和第一次世界大战》,《复旦学报》(社会科学版)2007年第4期。

⑤ 金重远:《巴尔干和冷战的爆发》,《历史教学问题》2005年第5期。

⑥ 李建军:《"巴尔干战争"的他者叙事与巴尔干主义话语——以〈卡内基报告〉为中心的考察》,《全球史评论》2021年第2期。

⑦ 王茂中:《谈谈巴尔干的民族问题》,《国际论坛》1993年第3期;马细谱:《巴尔干穆斯林的由来与发展》,《世界民族》1999年第3期;马细谱:《20世纪的巴尔干民族主义问题》,《世界历史》1999年第5期;沈坚:《色雷斯人与其周邻的巴尔干诸族》,《世界民族》2003年第2期;王国梁:《巴尔干的"大阿尔巴尼亚":地缘政治关系与演化》,《人文地理》2003年第1期;陈建民:《伊斯兰教与巴尔干半岛的历史渊源》,《中国穆斯林》2004年第3期;马细谱:《巴尔干国家的民族政策及其问题》,《世界民族》2004年第4期;张国臣:《浅论近代巴尔干民族主义》,《许昌学院学报》2006年第4期。

⑧ 潘艺心:《成为巴尔干——关于巴尔干形成的起源与过程的再思考》,南京大学硕士学位论文,2012;师敏:《巴尔干问题及其根源——以1875~1913年为时段的考察》,山西大学硕士学位论文,2012;熊飞云:《冷战后巴尔干国家的相互联系》,《东欧中亚研究》1994年第1期;〔保〕约尔旦·巴耶夫、郭洁:《华约及其巴尔干成员国的冲突(1959~1969)》,《冷战国际史研究》2009年第1期;马雨彤:《巴尔干人口交换问题与土耳其〈移民法〉的形成》,西北大学硕士学位论文,2020;顾文兵:《巴尔干地区孔子学院汉语课程设置研究》,南京航空航天大学硕士学位论文,2020。

为一级学科的需要，有关巴尔干区域和国别研究的机构应运而生，[①] 但还谈不上具有国际范围的影响力；学者仍以历史领域的马细谱和陈志强等为代表，中青年一代学者的知名度和研究深度仍存在一定差距。

第三节 波罗的海区域研究

波罗的海是中欧和北欧之间的陆间海，整个海面介于丹麦、瑞典、俄罗斯、芬兰、德国、波兰、立陶宛、拉脱维亚、爱沙尼亚之间。从广义上讲，这九个国家都被称为波罗的海沿岸国家。不过，国际社会通常把地理位置相邻、历史进程相似的立陶宛、拉脱维亚和爱沙尼亚称为波罗的海国家（Baltic states）或波罗的海三国。20世纪90年代初，波罗的海三国纷纷脱离苏联宣布独立。[②]中国于1991年9月陆续与爱沙尼亚、拉脱维亚、立陶宛签署建交公报，建立外交关系。

波罗的海三国恢复独立前，中国学界关于波罗的海三国的整体性研究不多。[③]真正将波罗的海国家作为国际问题研究的对象是在这三国宣布独立并与中国正式建交之后。从中国知网收录的文献看，从1991年9月1日至2022年12月31日，以"波罗的海"为篇名搜索到的各类文献422篇。其中，学术期刊文章350篇，

---

① 全国有关巴尔干区域与国别研究的机构约有10家，参见徐刚《改革开放40年来的中国（中）东欧研究：基于学科建设的初步思考》，《俄罗斯东欧中亚研究》2020年第1期。其中，首都师范大学文明区域研究中心以巴尔干研究为专长和特色，是国内第一家关于巴尔干研究的实体机构，第一家拥有巴尔干籍研究专家的机构，出版《巴尔干研究》集刊及巴尔干国家概览、译丛等。北京外国语大学欧洲语言文化学院成立了巴尔干研究中心、塞尔维亚研究中心、保加利亚研究中心、罗马尼亚研究中心、阿尔巴尼亚研究中心等，是国内有关巴尔干区域和国别研究机构设立数最多的单位。

② 立陶宛、拉脱维亚、爱沙尼亚分别于1990年3月11日、1991年8月20日、8月22日宣布脱离苏联，恢复独立。

③ 在中国知网上以"波罗的海"为题名检索到的最早一篇文章写于1935年，主要阐述欧洲帝国主义在波罗的海地区的斗争。参见金仲华《波罗的海斗争的新展开》，《世界知识》1935年第4期。冷战时期，除对波罗的海自然环境的介绍，也有一些对波罗的海国家历史、民族研究的文章，参见盛叙功《东波罗的海地区政治地图的演变》，《西南师范大学学报》（人文社会科学版）1980年第1期；董晓阳、刘庚岑：《浅谈苏联波罗的海地区民族争取独立的斗争》，《苏联东欧问题》1982年第2期；Л·尼基尔列、汪池：《波罗的海沿岸的立陶宛人》，《民族译丛》1983年第5期；Ｖ·Ｓ·瓦狄斯、胡润之：《波兰危机与波罗的海地区的局势》，《当代国外社会主义问题》1984年第2期；Ю·В·勃罗姆列伊、王攸琪：《波罗的海沿岸地区诸民族》，《民族译丛》1984年第6期；寒放：《苏联波罗的海沿岸的三个共和国》，《世界知识》1987年第20期；潘企麟：《苏联波罗的海沿岸共和国的历史和民族概况》，《国际展望》1990年第5期；草全：《苏联波罗的海三国发生了什么事》，《世界知识》1990年第12期；钟志：《从国际法的观点看苏德条约与波罗的海沿岸国家的命运》，《今日苏联东欧》1990年第6期。

学位论文29篇（硕士论文28篇，博士论文1篇），会议文章3篇，报纸文章20篇，特色期刊文章20篇。①据中国国家图书馆的收藏数据，从1991年9月1日至2022年12月31日，以"波罗的海"为篇名的图书共25部。其中，有一部分是关于地理风光、旅游或文化文学的研究②；另一部分是关于波罗的海国家历史和国情概览的著作或译作③。

30多年来，中国学界对波罗的海国家的研究大体可分为三个阶段。

第一阶段从1991年中国同波罗的海三国建交至2004年波罗的海三国加入北约和欧盟前。这一阶段，中国学者关注的话题主要集中在波罗的海三国的政治经济转型④、地区合作与外交政策选择⑤、波罗的海三国独立进程及

---

① 1991年9月1日至2022年12月31日，从中国知网以"波罗的海"为篇名搜索共有文献682篇。然而，约260篇文献是讨论波罗的海干散货/运价指数、波罗的海（航运）交易所、波罗的海（国际）航运中心、波罗的海希瓦氏菌、波罗的海琥珀、波罗的海鲱鱼、波罗的海奥赛题以及"波罗的海明珠"项目等问题。它们有的也是波罗的海研究的组成部分，而且在学术界引用率较高，但不在本文重点讨论之列。

② 王国庆：《国庆商旅：环游波罗的海》，经济日报出版社，2012；墨刻编辑部编著《俄罗斯·波罗的海玩全攻略》，人民邮电出版社，2012；刘世扬、吴成鹏：《波罗的海北岸好时光——北欧俄罗斯风物记》，吉林文史出版社，2019；郑彼得等编著《波罗的海三国》，天地图书公司，2000；刘丹编《波罗的海三国》，新疆人民出版社，2009；郝淑霞、О. М. Мантач编著《独联体及波罗的海国家文化概观》，南开大学出版社，2009；苏瑞铭：《波罗的海的美丽与哀愁》，华成图书出版股份有限公司，2011；霁虹编《波罗的海的太阳》，凤凰出版社，2012。

③ 李兴汉编著《列国志·波罗的海三国》，社会科学文献出版社，2003；张明珠编《波罗的海三小国史》，三民书局，2004；[美] 凯文·奥康纳：《波罗的海三国史》，王加丰等译，中国大百科全书出版社，2009；[英] 阿兰·帕尔默：《波罗的海史》，胡志勇译，东方出版中心，2013；任飞：《波罗的海三国历史与当代政治经济》，经济科学出版社，2017；[立] 阿格达斯·萨克雷斯等：《波罗的海多式联运交通走廊》，王鹏等译，中国物资出版社，2012。

④ 邢广程：《波罗的海沿岸三国的独立与发展趋势》，《和平与发展》1991年第4期；李永全：《独联体和波罗的海各国政党介绍（三）》，《国际共运史研究》1992年第4期；朱晓中：《独立后的波罗的海三国经济》，《东欧中亚研究》1993年第3期；杰克·里尔登、保利斯·拉扎德、周岳峰：《波罗的海国家市场体制的发展》，《世界经济译丛》1994年第4期；白波：《波罗的海三国独立以来政治经济形势的回顾与展望》，《东欧中亚研究》1994年第5期；尤秀兰、任松：《波罗的海三国的经济改革》，《黑龙江财专学报》1995年第2期；郑士贵：《波罗的海沿岸各共和国在国家独立条件下的地区经济》，《管理科学文摘》1996年第6期；白波：《波罗的海国家近期局势述评》，《东欧中亚研究》1996年第2期。

⑤ 泉水：《波罗的海地区合作在崛起》，《世界知识》1992年第8期；吴平：《波罗的海国家加强合作》，《瞭望周刊》1992年第12期；泉水：《波罗的海区域合作的背后》，《世界知识》1997年第1期；武生：《波罗的海三国缘何组建联合海军》，《现代军事》1997年第6期；亚当·格阿兹德、周岳峰：《波兰与波罗的海地区的关系》，《今日前苏联东欧》1994年第5期；景晓：《俄罗斯新动向的试金石——波罗的海》，《今日东欧中亚》1996年第3期；丁晓星：《美俄争夺的新焦点——波罗的海三国》，《国际资料信息》1998年第3期；陈聪舒：《北约与俄罗斯在波罗的海地区的争夺》，《当代世界》1997年第9期；李允华：《俄罗斯与波罗的海三国：政策、问题与前景》，《东欧中亚研究》1995年第5期。

其原因①以及波罗的海国家民族和社会发展状况②。此外，学者们还就西方对波罗的海国家的援助、波罗的海三国家能否加入北约和欧盟等话题进行了讨论。③

第二阶段从2004年波罗的海三国加入北约和欧盟至2012年中国-中东欧国家合作机制启动前。这一阶段中国学界的波罗的海三国研究处于一个不冷不热的状态，每年有5~6篇文章发表。在这一阶段，波罗的海国家恢复独立已有10多年并且加入了北约和欧盟，学者们关注的话题主要是历史④、外交与防务⑤和社会经济发展问题。在社会经济发展问题上，学者们对波罗的海国家移民和语言政策⑥、商业贸易⑦、能

---

① 章满英：《波罗的海三国离心倾向的经济原因》，《当代世界社会主义问题》1991年第4期；谢清溪：《波罗的海三国独立的历史原因》，《世界历史》1992年第6期；李允华：《波罗的海三国独立后的民族问题及其发展趋向》，《东欧中亚研究》1994年第2期；杨跃英：《1985~1991年波罗的海三国独立运动的历史原因》，《苏州铁道师范学院学报》（社会科学版）2000年第2期；李兴汉：《波罗的海三国的独立与苏联解体》，《东欧中亚研究》2000年第3期；柳丰华：《北约东扩背景下的俄罗斯与波罗的海三国》，《东欧中亚研究》2001年第5期。

② 王文俐：《波罗的海三国铁路建立》，《铁道运输与经济》1992年第5期；毛康乐：《俄罗斯和波罗的海国家制药业一览》，《中国药业》1995年第11期。中国科学院地理科学与资源研究所早期创办的《AMBIO—人类环境杂志》1997年第7期刊发了十几篇关于波罗的海农业与环境发展的文章。

③ 王婷娣：《西方对波罗的海国家的援助》，《国际经济合作》1993年第4期；泉水：《波罗的海三国能首批加入北约吗？》，《世界知识》1997年第3期；丁晓星：《波罗的海三国融入西方路漫长》，《瞭望新闻周刊》1998年第4期；《环境问题仍是波罗的海国家加入欧盟的主要障碍》，《环境污染与防治》2003年第2期。

④ 李东：《波罗的海三国：再对俄罗斯翻"老账"》，《世界知识》2005年第12期；孔寒冰：《波罗的海国家之痛》，《世界知识》2010年第5期；韩克敌：《波罗的海三国独立与美苏交涉（1991）》，《俄罗斯中亚东欧研究》2010年第2期；陈爱茹：《波罗的海三国共产主义政党发展现状》，《党建》2010年第4期；付世明：《论波罗的海沿岸三国的苏化问题》，《广西师范大学学报》（哲学社会科学版）2010年第5期。当然，在此之前已经有相关历史主题的研究，参见谢清溪《从强硬到妥协——二战期间英、美在波罗的海三国问题上的对苏外交》，《史学月刊》1995年第2期。

⑤ 柳丰华：《艰难的睦邻之路——苏联解体以来的俄罗斯与波罗的海三国》，《俄罗斯中亚东欧研究》2008年第3期；何奇松：《试析波罗的海三国防务战略的演变》，《欧洲研究》2007年第2期。

⑥ 杨跃英：《波罗的海地区的俄罗斯移民问题及其影响》，《苏州科技学院学报》（社会科学版）2005年第1期；戴曼纯、刘润清：《波罗的海国家的语言政策与民族整合》，《俄罗斯中亚东欧研究》2010年第4期。

⑦ 潘广云：《俄罗斯与波罗的海三国：矛盾、摩擦、协调中的经贸关系》，《西伯利亚研究》2004年第6期；张聪明：《波罗的海三国的公司治理结构》，《俄罗斯中亚东欧市场》2009年第5期；李璐：《来自波罗的海的商业机会》，《进出口经理人》2012年第10期。

源基建①以及卫生②等进行了重点研究。另外，有关波罗的海海洋划界的经验得到了学者们的跟踪关注。③ 同时，该阶段还首次出现有关波罗的海研究的学位论文，主题聚焦历史上的波罗的海问题。④ 一定程度上讲，这意味着波罗的海国家和地区在中国学界受到越来越多的关注。

第三阶段是2012年中国-中东欧国家合作平台启动以来的10年。2012年中国-中东欧国家合作机制的启动，特别是2016年11月5日第五次中国-中东欧国家领导人会晤在拉脱维亚首都里加举行后，中国学者对波罗的海地区和国家的关注有一定程度的提升。这一阶段的特点是有关波罗的海研究的学术性增强、涉我性增多。从学术性层面看，这一阶段对波罗的海国家外交的研究突出运用联盟理论以及强调安全困境、小国外交等视角，学理性较强。⑤这一趋势和特点从该阶段撰写的学位论文也可见一斑。这一阶段有10多篇关于波罗的海地缘政治格局、波罗的海三国外交政策、民族认同、地区安全、"去俄罗斯化"等主题的学位论文。⑥从涉我的角度看，有关中国与波罗的海国家间关系与合作的文献日趋增多，

---

① 李毅：《波罗的海三国与波兰达成建设核电厂的原则性协议》，《国外核新闻》2007年第5期；《波罗的海三国就建维萨京核电站达成初步共识》，《国外核新闻》2013年第7期；波罗的海三国港口物流专家考察团：《波罗的海三国港口与物流发展综述》，《中国水运》2006年第3期；王佳海：《北海到波罗的海的航路分析》，《航海技术》2008年第S1期。

② 成凌志、王继杰：《波罗的海三国卫生政策的变化》，《国外医学》（卫生经济分册）2009年第3期。

③ 姜丽：《波罗的海划界实践对里海的启示》，《海洋信息》2007年第3期；李令华：《波罗的海国际海洋划界状况研究》，《海洋信息》2008年第1期。

④ 宁凡：《16~17世纪北海与波罗的海的国际贸易》，天津师范大学硕士学位论文，2007；李世剑：《条顿骑士团在波罗的海地区的征服》，河北师范大学硕士学位论文，2011。

⑤ 梁强：《"身份认同"与"安全两难"——加入北约和欧盟后波罗的海三国与俄罗斯的关系》，《俄罗斯中亚东欧研究》2012年第3期；曹鹏鹏：《联盟转型与小国追随战略评估——以波罗的海三国对北约追随战略为例》，《国际观察》2019年第2期；张艳璐：《小国对外战略的逻辑与偏好分析：以波罗的海三国为例——兼论波罗的海三国对华关系和政策的演变》，《俄罗斯东欧中亚研究》2019年第5期；王怡然：《波罗的海三国独立后的安全战略选择》，《长春大学学报》2020年第1期。

⑥ 陈吉司：《波罗的海地缘政治格局研究》，华中师范大学硕士学位论文，2014；冯云：《苏联对波罗的海三国的外交政策研究（1917~1945）》，江西师范大学硕士学位论文，2014；黄志涛：《冷战后波罗的海三国认同问题研究》，上海国际问题研究院硕士学位论文，2017；安会敏：《苏联时期波罗的海三国民族问题研究》，聊城大学硕士学位论文，2017；白静：《从民族主义角度审视苏联解体——以1991年波罗的海民族冲突为例》，上海师范大学硕士学位论文，2017；张涛：《冷战后波罗的海地区安全关系研究》，国防科技大学硕士学位论文，2017；向婧瑜：《波罗的海三省俄罗斯化研究（1855~1894）》，华中师范大学硕士学位论文，2020；钱琛：《冷战结束后波罗的海三国"去俄罗斯化"问题研究》，外交学院硕士学位论文，2020。

主题涉及产能合作、交通运输合作、人文交流以及共建"一带一路"等。[1]此外，有关波罗的海地区和国家历史、外交、安全、教育、海洋划界及环境治理的研究成果也层出不穷。[2]

对立陶宛、爱沙尼亚和拉脱维亚三个国家的具体研究情况加以归纳，可以发现，与对整体区域的研究特征大体相似，研究议题主要围绕历史、军事安全、民族问题、地缘政治和经贸发展等领域展开。当然，对每个国家又各有所侧重。比如，中国学者对爱沙尼亚关注较多的话题是语言立法、教育、经济转型、民族问题、对俄关系和汉语教学[3]；对拉脱维亚比较感兴趣的话题是养老改革、"非公

---

[1] 陈新、杨成玉：《中国与波罗的海沿线国家国际产能合作》，《欧亚经济》2017年第6期；林备战：《打造途经波罗的海的中欧丝绸之路通道》，《港口经济》2016年第11期；赵素娟：《敦豪快递携手拉脱维亚铁路公司推动波罗的海地区与中国贸易往来》，《邮政研究》2017年第6期；穆重怀、宋殿娇：《中国与波罗的海三国人文交流机制研究》，《侨园》2019年第11期；贾克芬：《孔子学院志愿者社会支持与跨文化适应的相关性研究——以波罗的海三国汉语教师志愿者为例》，辽宁大学硕士学位论文，2021；穆重怀：《波罗的海三国在中欧关系中的作用研究》，《侨园》2020年第3期；穆重怀：《中国与波罗的海三国合作策略分析》，《侨园》2020年第5期；穆重怀、宋殿娇：《双协议下的中国与波罗的海三国合作》，《侨园》2021年第1、Z1期；穆重怀：《"一带一路"倡议中的波罗的海三国》，《侨园》2017年第Z2期；丁宁：《"一带一路"倡议面向波罗的海国家的精准传播研究》，《对外传播》2019年第11期；〔法〕让·保罗·拉尔松、李东红主编《"一带一路"：当中国和欧洲邂逅在波罗的海》，清华大学出版社，2017。

[2] 徐隆彬：《苏联对波罗的海三国的吞并——基于〈苏联历史档案选编〉的考察》，《当代世界社会主义问题》2014年第4期；孟君：《俄罗斯帝国的边疆治理——以20世纪初俄罗斯帝国波罗的海边区为例》，《学术探索》2015年第5期；崔海智：《苏联对波罗的海地区政策的演变及其教训》，《华东师范大学学报》（哲学社会科学版）2016年第5期；贺梦娴：《从波罗的海三国独立看苏联民族分离主义》，《西伯利亚研究》2016年第5期；陈凤：《波罗的海三国的俄罗斯族政策演变分析》，《当代世界与社会主义》2018年第3期；胡杰：《一战初期英国的"波罗的海计划"》，《军事历史研究》2019年第1期；胡向春：《波罗的海三国安全防务与美俄角力》，《现代军事》2015年第4期；王怡然：《波罗的海三国独立后的安全战略选择》，《长春大学学报》2020年第1期；匡增军、蒋中亮：《俄罗斯与波罗的海邻国的海洋划界争端解决》，《俄罗斯东欧中亚研究》2013年第6期；郭雨晨、练梓菁：《波罗的海治理实践对跨界海洋空间规划的启示》，《中国海洋大学学报》（社会科学版）2022年第3期；刘丽、刘丹：《波罗的海大学联盟环境教育的特点与启示》，《教育与职业》2015年第25期；汪洋：《波罗的海环境问题治理及其对南海环境治理的启示》，《牡丹江大学学报》2014年第8期；李聆群：《南海环保合作路径探析：波罗的海的实践与启示》，《南洋问题研究》2018年第4期。

[3] 周庆生：《一种立法模式 两种政治结果——魁北克与爱沙尼亚语言立法比较》，《世界民族》1999年第2期；章君艳：《爱沙尼亚基础教育研究及其启示》，《世界教育信息》2017年第21期；刘进、林松月：《"一带一路"沿线国家的高等教育现状与发展趋势研究（十二）——以爱沙尼亚为例》，《世界教育信息》2018年第17期；顾尔伙、杨东：《爱沙尼亚劳动技术教育（转下页注）

民"问题、少数民族问题、中拉合作和汉语教学①；对立陶宛的研究主要聚焦法律、社会文化、教育与汉语教学以及体育特别是篮球等话题②。值得提及的是，2021年5月，立陶宛单方面宣布退出中国－中东欧国家合作机制。同年11月，立陶宛批准台湾当局在其首都设立所谓"驻立陶宛台湾代表处"，随即中方宣布与立陶宛的双边外交关系降为代办级。中立关系的波动特别是立陶宛采取相关政策的动机引发了学者们的关注。③

（接上页注③）课程整合及其启示》，《教育导刊》2021年第7期；龙云飞：《爱沙尼亚经济转型的经验与启示》，《俄罗斯中亚东欧研究》2010年第4期；马格努斯·费尔德曼、周艳辉：《资本主义多样性和爱沙尼亚的经济：自由市场经济体中的制度、增长与危机》，《国外理论动态》2015年第8期；彭枭：《民粹主义浪潮下中东欧国家俄裔的身份分析——以拉脱维亚和爱沙尼亚为例》，《世界民族》2022年第2期；张超：《爱沙尼亚民族问题探析》，《开封教育学院学报》2013年第3期；徐刚：《爱沙尼亚与俄罗斯关系变迁：基于国家建构的初步考察》，《俄罗斯学刊》2017年第6期；王璇：《爱沙尼亚中小学汉语教学初级阶段文化导入方法研究及课堂设计》，中国石油大学（华东）硕士学位论文，2018；黄梅：《爱沙尼亚塔林大学孔子学院汉语教学现状调查与研究》，湖南大学硕士学位论文，2021。

① 郑秉文、郭倩：《拉脱维亚"名义账户制"运行十年的政策评估——兼评三支柱体系的架构设计》，《俄罗斯中亚东欧研究》2006年第5期；郭林、邓海骏：《公共养老金个人账户制度嬗变的政治经济分析——来自新加坡、智利、瑞典和拉脱维亚的经验》，《经济学家》2013年第8期；苟利武：《拉脱维亚"非公民"问题成因、挑战与应对》，《历史教学问题》2021年第1期；苑生龙：《拉脱维亚总体形势及中拉共建"一带一路"的前景与建议》，《中国经贸导刊》2015年第27期；穆重怀、宋殿娇：《"一带一路"倡议中的中国与拉脱维亚》，《侨园》2018年第7期；于婧媛：《拉脱维亚汉语教学现状调查研究》，吉林大学硕士学位论文，2014；汤蕴新：《拉脱维亚高校中国文化体验课教学调查研究》，浙江科技学院硕士学位论文，2019；姚柳：《拉脱维亚初级汉语课堂管理案例分析》，西安石油大学硕士学位论文，2021；朱会平：《拉脱维亚汉语学习者跨文化交际中问题的研究与对策》，河北师范大学硕士学位论文，2020。

② 杨卫东、郭坤：《立陶宛〈能源法〉及其对我国能源立法的启示》，《华北电力大学学报》（社会科学版）2007年第2期；崔英楠：《俄罗斯与立陶宛等国政党法比较》，《俄罗斯中亚东欧研究》2008年第5期；戴腾：《认同视角下立陶宛语言教育政策》，北京外国语大学硕士学位论文，2019；王婧阳：《立陶宛汉语教学现状调查研究》，辽宁大学硕士学位论文，2015；杨丽冰：《立陶宛汉语教材使用情况研究》，四川外国语大学硕士学位论文，2017；陈锐：《立陶宛体育基本法特征及对我国〈体育法〉修改的启示》，《南京体育学院学报》（社会科学版）2015年第4期；李师蕾：《中国与立陶宛青少年竞技篮球人才培养方式比较研究》，北京体育大学硕士学位论文，2019；王豪：《立陶宛男篮强盛的因素分析及给中国的启示》，北京体育大学硕士学位论文，2020；张海玉：《2008~2016年奥运会立陶宛男篮挡拆配合运用特点研究》，北京体育大学硕士学位论文，2017；陶应军：《欧洲男子篮球技战术打法研究——以西班牙、希腊、立陶宛三强为例》，郑州大学硕士学位论文，2011。

③ 高云昊：《透视立陶宛在台湾问题上的闹剧》，《两岸关系》2021年第9期；钟厚涛：《有理、有力、有节的斗争——对立陶宛外交关系降级彰显我维护国家尊严与利益决心》，《两岸关系》2021年第12期；杨博文：《立陶宛力推冒进外交，到底为哪般？》，《世界知识》2021年第16期。

总的来看，波罗的海国家由于国家体量小、国际地位并不突出，中国学者对其关注和研究比较有限。近年来，随着立陶宛同中国关系的变动以及波罗的海三国相继单方面退出中国-中东欧国家合作机制①，相关研究少了很多。②同时，目前国内尚无一本以"波罗的海"为名称的期刊和皮书，未来有关波罗的海的区域特性、区域合作、三个国家内政外交及其比较、中国同波罗的海国家关系及影响因素等议题的研究有待加强。

---

① 爱沙尼亚和拉脱维亚于 2022 年 8 月退出。
② 从中国知网收录的论文情况看，2022 年以"立陶宛""爱沙尼亚"和"拉脱维亚"为篇名的所有文章仅 2 篇、6 篇和 7 篇。

第三章
中国的中东欧国别研究

过去 30 多年来，一方面中东欧国家的数目不断变动，另一方面中国决策界对于中东欧的定义也出现与时俱进的变化，中国学者对中东欧国别的研究自然会受此影响。出于研究的完整性考虑，本章不将波罗的海三国以及希腊的研究包括在内，只对其他中东欧十三国的研究情况进行总结归纳。国别选择的顺序主要是从北往南，这一顺序也大体反映了学者们对中东欧各国研究热度的排位。

第一节 波兰研究

在东欧国家中，波兰是第一个发生制度剧变的国家。1989 年初，波兰统一工人党实行政治多元化和工会多元化的方针；6 月，波兰团结工会在大选中获胜并随后成立其主导的政府；12 月，波兰议会通过宪法修正案，改国名为波兰共和国（简称波兰）。从这时起，中波关系进入新的历史时期，波兰成为中国国际问题研究的一个重要国别对象。然而，中国和波兰之间的交往至少可以追溯到 17 世纪甚至更早，进入 20 世纪以来两国和两国人民的交往又书写了诸多友好故事。[①]同样，中国人对波兰的关注和研究也早已有之。[②]

[①] 波兰耶稣会传教士卜弥格，原名米歇尔·博伊姆（Michel Boym，1612-1659）是系统地向欧洲介绍中医和中草药的第一人，同时也是第一个研究中医的欧洲人。抗战期间，维托尔·乌尔班诺维奇、沃基米日·什曼凯维奇等波兰军人参加盟国军队援华，傅拉都和戎格曼等医生参加国际援华医疗，为抗战的胜利谱写了中波友谊。新中国成立后，波兰是较早承认新中国的国家。1951 年成立的中波轮船公司是新中国第一家中外合资企业，至今运营良好。1953 年来华访问的马佐夫舍歌舞团是第一个访问新中国的外国演出团。这些故事在习近平于 2016 年 6 月 17 日在波兰《共和国报》发表题为《推动中波友谊航船全速前进》的署名文章中均有提及。

[②] 戊戌维新期间，康有为、梁启超分别写作《波兰分灭记》和《波兰灭亡记》，提醒国人，如果不变法维新，最终难免遭遇与波兰被瓜分一样的命运。民国初年，有中国学者翻译了关于波兰的（转下页注）

第三章　中国的中东欧国别研究

根据中国知网收录的论文情况，从 1990 年 1 月 1 日到 2022 年 12 月 31 日，以"波兰"为篇名的文章共计 4668 篇。① 其中学术期刊文章 3366 篇、学位论文 297 篇、会议文章 50 篇、报纸文章 569 篇、学术辑刊文章 46 篇、特色期刊文章 338 篇、成果文章 2 篇。另据中国国家图书馆的收藏检索，从 1990 年 1 月 1 日到 2022 年 12 月 31 日，以"波兰"为篇名的中文著作约 300 部，研究领域涵盖文学、历史、文化、军事、政治、经济等。无论从成果数量还是从研究涉及的学科门类来看，波兰研究的成果是中国中东欧国别研究中最为丰富的。

30 多年来，中国的波兰研究随着中波关系与国际局势的变化而变化。以 1997 年波兰总统亚历山大·克瓦希涅夫斯基（Aleksander Kwasniewski）访华、2004 年波兰加入欧盟以及 2012 年中国-中东欧国家合作机制开启为时间节点，可以将中国的波兰研究分为四个阶段。

第一阶段从 1990 年波兰开启转轨到 1997 年波兰总统访华。在此阶段，中国学界对波兰的研究集中在政治经济转轨问题上，相关的文章多以介绍和媒体报道为主。在这一阶段中国知网收录的中文文章中，超半数与波兰政治经济改革相关，其中又有超过 2/3 的文章聚焦波兰政治与经济体制新动态的介绍、报道、分析和对"休克疗法"的评价。也有不少学术文章关注波兰转轨开启的原因②、同其他转轨国家的比较研究③以及政局变化的分析④。另外，有关波兰历史特别是第二次世界大战期间的

（接上页注②）作品，参见朱世溱译《波兰遗恨录》，中华书局，1915。20 世纪 30 年代，有中国学者对波兰小说和教育进行了介绍。如，施蛰存选译《波兰短篇小说集（上下）》，商务印书馆，1936；张怀等编著《波兰教育》，商务印书馆，1937。冷战期间，有关波兰政治、经济、文学、历史等各领域的研究均非常多。以文学为例，从 1954 年到 2022 年仅有关波兰 19 世纪最伟大的诗人、革命家亚当·密茨凯维奇（Adam Mickiewicz）的著作及译作就近 20 部。

① 以"波兰"为篇名还会搜索到有关政治经济学家卡尔·波兰尼（Karl Polanyi）的论文 208 篇，本文未将其统计入内。

② 符润中：《波兰统一工人党丧权原因浅析》，《俄罗斯研究》1990 年第 2 期；王义祥：《波兰反对派是如何形成气候的》，《俄罗斯研究》1990 年第 2 期；许木兰：《波兰演变的经济根源》，《世界经济》1992 年第 10 期；郭增麟：《社会主义在波兰失败的原因及当前左派的主张》，《当代世界社会主义问题》1996 年第 1 期。

③ 孔田平：《从中央计划经济到市场经济——波兰与捷克和斯洛伐克转轨战略之比较》，《苏联东欧问题》1991 年第 6 期；刘宾：《波兰与俄罗斯经济改革比较及其启示》，《世界经济与政治》1995 年第 11 期；金淑清：《波兰和匈牙利经济转轨比较》，《今日东欧中亚》1996 年第 3 期；方行明：《波兰、俄罗斯金融改革的比较研究》，《外国经济与管理》1997 年第 11 期；许美征：《做法不同，成效亦不同——评波兰、捷克的投资基金与国有企业改革》，《国际经济评论》1997 年第 5 期。

④ 文成：《波兰团结工会的衰落——1989~1990 年波兰产业关系的演变》，《当代世界社会主义问题》1994 年第 3 期；郭增麟：《波兰左派执政的原因、背景与趋势》，《现代国际关系》1994 年第 10 期。

波兰、波兰战后文学与20世纪波兰文学的演变①也有不少研究。此外，还有大量文章对波兰的矿业、铁路、建筑、轻工业、地质学、农业、园林等领域进行了介绍。

第二阶段是从1997年波兰总统访华到2004年波兰加入欧盟。1997年，波兰总统克瓦希涅夫斯基对中国进行国事访问，这是38年来波兰国家元首第一次正式访问中国，开启了中波关系新篇章。在这一阶段，中国学界延续此前对波兰各领域的研究传统，并在此基础上对中波合作展开理论层面的探讨。从这一阶段中国知网收录的约800篇文章可见，学者们关注的领域和话题不断拓展。其中讨论最集中的话题有两个。其一，波兰转型至此逐步走出"休克疗法"的阵痛时期，改革成果初显，重新对波兰经济改革进行研究与反思成为学界关注的重点。② 其二，部分学者开始对波兰外交政策进行学术考察，尤其关注波兰与欧盟及北约的互动关系。③ 需要指出的是，受中波关系新发展的驱动，大量贸易经济类报纸与期刊开始关注和讨论波兰市场。④ 此外，这一阶段有关波兰文学、艺术、历史、农业、军工、矿业、体育等层面的介绍和研究也有不少。⑤

---

① 林洪亮：《密茨凯维奇》，重庆出版社，1990；《波兰二十世纪诗选》，易丽君译，上海译文出版社，1992；林洪亮：《波兰戏剧简史》，社会科学文献出版社，1995。

② 张婧：《波兰向市场经济转轨的措施、成果及启示》，《决策借鉴》1998年第2期；范新宇：《转轨国家经济发展道路的思考——以中国和波兰为例》，中国社会科学院研究生院博士学位论文，2001；张永广：《论析波兰经济转轨中的障碍性因素》，《东欧》1998年第2期；李瑶、王小燕：《试析经济转轨以后的波兰经济》，《今日东欧中亚》2000年第2期；郭增麟：《失误的政策导向——波兰在市场经济转轨中的若干教训》，《国际贸易》2002年第7期；严若森：《东欧国有企业私有化的社会经济效果及其启示——以捷克、波兰和匈牙利三国为考察的重点》，《东欧中亚研究》2002年第4期；金雁：《波兰经济转轨的成就、经验与教训》，《国际经济评论》2003年第2期。

③ 戚祖：《波兰新总理布泽克及其政策思想》，《现代国际关系》1998年第2期；郭增麟：《波兰加入欧盟的困难与前景》，《今日东欧中亚》2000年第3期；朱新光：《地缘政治与西方对波兰的外交战略》，《东欧中亚研究》2000年第6期；朱新光：《地缘政治与冷战后波兰新外交》，《当代世界与社会主义问题》2001年第3期；狄会深：《波兰新世纪初的对外战略》，《国际论坛》2003年第5期；李寒秋：《波兰对外战略转型剖析》，《国际展望》2004年第6期；孔田平：《波兰的欧盟政策与入盟谈判战略》，《欧洲研究》2004年第2期；杨烨：《欧盟东扩中"波兰现象"评析》，《俄罗斯中亚东欧研究》2004年第4期。

④ 报纸类有《中国贸易报》《中国经贸》《国际商报》等，期刊类有《国际经济合作》《管理世界》《东欧中亚市场研究》《对外经贸实务》等，除此之外《国际论坛》《当代世界》等非贸易经济类期刊也有部分文章关注到波兰市场。

⑤ 文学方面的著作有张振辉：《20世纪波兰文学史》，青岛出版社，1998；傅正明：《在波兰的废墟上——辛波丝卡的诗歌艺术与文化传统》，文化艺术出版社，1998；易丽君：《波兰文学》，外语教学与研究出版社，1999；易丽君：《波兰战后文学》，外语教学与研究出版社，2002；赵刚：《波兰文学中的自然与自然观》，外语教学与研究出版社，2007。

第三阶段是从 2004 年波兰加入欧盟到 2012 年中国-中东欧国家合作机制开启前。2004 年 5 月 1 日波兰同多个中东欧国家一起加入欧盟，波兰的角色和发展以及欧洲的地缘政治格局均进入新的时期。这一阶段的研究文献呈现四大特点：第一，报道与介绍性文章依旧不少，分布在农业、工业、教育、体育等领域；第二，在研究关注的学科门类中，工业经济的文献数量超过了政治学，主要领域包括化工工业、电力工业、轻工业、核工业等；第三，政治领域的研究从转型问题向外交①与政党政治②转移；第四，历史研究方面，有关波兰二战时期与社会主义时期的历史，尤其是冷战末期波兰与美国的"特殊关系"③得到格外关注。此外，列国志系列之《波兰》④发行，冷战结束后国内第一部波兰史专著——《波兰通史》⑤在 2006 年问世，有关中波轮船公司的多部著作出版⑥。

第四阶段是从 2012 年中国-中东欧国家合作机制启动以来的 10 年。2012 年 4 月，中国-中东欧国家合作在波兰华沙正式启动。这不仅意味着中波双边关系进入全新阶段，而且中国的波兰研究也进入一个蓬勃发展的时期。中国知网共收录了 2012 年至 2022 年有关波兰的中文文献约 1800 篇，呈现三个方面特点：第一，文献更加丰富，涵盖学科更广，哲学、法律等领域出现了专门研究；第二，

---

① 熊昊：《入盟三年后的波兰对欧盟共同外交政策的影响》，《欧洲研究》2007 年第 4 期；周伟：《浅谈冷战后波美关系》，《俄罗斯中亚东欧研究》2007 年第 4 期；赵艳霞：《冷战后波兰对俄罗斯的外交政策浅析》，《西伯利亚研究》2008 年第 3 期；熊昊：《空难事件后波兰对美欧俄政策走向》，《现代国际关系》2010 年第 4 期；郭洁：《近二十年波兰外交转型刍议》，《俄罗斯研究》2012 年第 1 期。

② 波澜：《波兰政坛缘何"左右易位"》，《当代世界》2005 年第 11 期；王志连、姬文刚：《波兰议会大选与左翼政党的浮沉》，《当代世界与社会主义》2005 年第 6 期；王志连、姬文刚：《从社民党到民左联党：波兰左翼政治力量演变的基本轨迹》，《当代世界社会主义问题》2006 年第 4 期；王志连、姬文刚：《波兰左翼政党发展演变探析》，《当代世界与社会主义》2006 年第 6 期；贺蕊玲：《波兰"共产主义后继党"的发展演变及启示》，《科学社会主义》2010 年第 1 期。

③ 赵艳霞：《波美特殊关系及其制约因素探析》，《天中学刊》2008 年第 3 期；杨友孙：《美国文化外交及其在波兰的运用》，《世界历史》2008 年第 3 期；张朝龙：《无形利刃刺破"铁幕"的思考——以 80 年代中后期美国对波兰的舆论战为例》，《理论导刊》2009 年第 5 期；杨友孙：《波兰演变的美国因素探析》，中国文史出版社，2005。

④ 高德平编著《列国志·波兰》，社会科学文献出版社，2005。

⑤ 刘祖熙：《波兰通史》，商务印书馆，2006。此前北京图书馆出版社还于 1988 年出版过郭增麟著的《波兰独立之路》。

⑥ 中波轮船股份公司编著《中波轮船股份公司发展史》，上海古籍出版社，2011；中波轮船股份公司编《我与中波：中波轮船股份公司 60 周年征文集》，上海古籍出版社，2011；周万勤：《中波轮船公司发展经营策略研究》，上海海事大学硕士学位论文，2005；詹国奇、杨宏文：《合资企业党组织如何开展党建工作——以中波轮船股份公司为例》，《探索与争鸣》2007 年第 12 期。

学术性明显提升，研究性文章数量增多，学位论文多达257篇，其中12篇为博士论文，245篇为硕士论文；第三，涉我研究增多，多学科交叉研究有了新的尝试。

具体来看，波兰外交研究较为丰富，除了双边关系、波兰外交政策实践，还特别从中等强国视角、外交思想溯源层面进行了研究。① 俄乌冲突爆发后，学者们对波兰外交战略、波乌关系等议题进行了跟踪研究。② 在国内政治层面，波兰转型、与欧盟的关系、民粹主义政治以及政党政治等相关问题也得到持续关注。③ 在

---

① 赵艳霞、唐更田：《21世纪初波兰的东方政策及其制约因素》，《俄罗斯学刊》2013年第3期；肖洋：《一个中欧小国的北极大外交：波兰北极战略的变与不变》，《太平洋学报》2015年第12期；茅银辉：《波兰对外关系的变化及中波关系的机遇与挑战》，《现代国际关系》2016年第6期；刘作奎：《波兰的外交政策走向与中波关系》，《当代世界》2016年第6期；刘作奎、鞠维伟：《中国-波兰外交政策论坛：进展、潜力与前瞻》，《欧洲研究》2016年第4期；陈春华：《波兰在欧盟影响力的发展趋势与决定因素》，《俄罗斯东欧中亚研究》2017年第3期；孔田平：《波兰在乌克兰危机中的行为及其根源》，《俄罗斯学刊》2018年第4期；姬文刚：《东欧剧变30年来波兰的外交与安全转型》，《山西大学学报》（哲学社会科学版）2019年第2期；高歌：《亲美疑欧：波兰外交的个性》，《世界知识》2019年第3期；王弘毅：《波兰的中等强国外交——身份定位、角色期望与外交偏好》，《俄罗斯研究》2020年第2期；王弘毅：《从能源到地缘：波兰积极推动"三海倡议"的背景、动因及影响》，《国别和区域研究》2020年第2期；王弘毅：《图斯克政府时期的波兰多元平衡外交研究（2007~2014）》，华东师范大学博士学位论文，2021。

② 宋黎磊：《"海间联邦"构想与波兰外交思想溯源》，《俄罗斯研究》2022年第6期；罗如娟：《波兰对乌克兰友好政策的特点》，《战略决策研究》2022年第1期；孔田平：《波兰举国应对乌克兰危机》，《世界知识》2022年第9期。

③ 李俊等：《波兰"新发展模式"解析》，《现代国际关系》2016年第6期；陈春华：《波兰在欧盟影响力的发展趋势与决定因素》，《俄罗斯东欧中亚研究》2017年第3期；姬文刚：《波兰的经济转型及社会发展：阶段、成就与挑战》，《欧亚经济》2018年第4期；孔田平：《从巴尔采罗维奇计划到莫拉维茨基计划——试析波兰经济转型范式和发展模式的变化》，《欧亚经济》2018年第4期；来庆立：《试析民族民粹主义政党的兴起与意识形态建构——以波兰法律与公正党为例》，《国外社会科学》2019年第5期；高歌：《匈牙利和波兰"欧洲化"道路的偏离》，《国外理论动态》2019年第10期；龙静：《波兰特别经济区的最新发展及中国对波投资的展望》，《欧亚经济》2019年第5期；项佐涛、李家懿：《认同政治与利益政治的双建构——波兰、匈牙利和捷克民粹主义政党的崛起》，《欧洲研究》2020年第4期；余南平、夏菁：《区域价值链视角下的中东欧国家经济转型——以波兰、匈牙利、捷克和斯洛伐克为分析对象》，《欧洲研究》2020年第1期；余元玲：《"一带一路"视角下欧盟波兰法治之争透视及其应对方法论》，《西南大学学报》（社会科学版）2020年第5期；韦冲霄：《领导人代际差异与左翼政党的变化——基于波兰民主左翼联盟党的分析》，《当代世界与社会主义》2022年第2期；龙静：《波兰的可持续发展进程及与中国的合作》，《欧亚经济》2022年第6期；刘敏茹：《转型国家的政党制度变迁——俄罗斯与波兰的比较分析》，中央编译出版社，2013；张笑夷、郑莉主编《波兰新马克思主义研究》，哈尔滨工程大学出版社，2019；李玉萍：《波兰民主左翼联盟研究》，南开大学出版社，2022。

历史研究上，学者们着重关注美国对波兰变革和政治的影响①，亦有部分学者从历史视角分析波兰的身份认同和民族性问题以及民族政策②。为了全方位了解波兰以及服务于中波关系与中国－中东欧国家合作的现实需求，这一阶段关于波兰综合国情③、语言④、中波轮船公司⑤以及文艺⑥等领域的介绍和对中波关系与两国务实合作⑦的研究层出不穷，对波兰文学特别是2018年诺贝尔文学奖得主奥

---

① 吕香芝、白建才：《冷战时期美国对波兰政策的特点》，《社会科学家》2012年第9期；吕香芝：《打开缺口：美国对波兰政策研究（1980~1989）》，陕西师范大学博士学位论文，2013；宋超：《美国对波兰剧变、转轨与发展的影响研究》，中共中央党校博士学位论文，2017；林清龙、林怀艺：《前波兰剧变中的境外宗教渗透因素剖析》，《西北民族大学学报》（哲学社会科学版）2018年第1期；谢晓烨：《里根时期美国对波兰的公共外交》，浙江大学硕士学位论文，2019。

② 刘祖熙：《俄罗斯政治文化与波兰政治文化的比较研究》，《史学集刊》2014年第1期；齐兴霞、李兴：《"波兰剧变"的再思考——从国家身份危机来看》，《江西社会科学》2016年第10期；张丽娟：《波兰和乌克兰关于历史记忆的冲突》，《俄罗斯研究》2018年第6期；孔田平：《波兰"拥抱西方"的历史根源》，《世界知识》2019年第5期；王弘毅、姬文刚：《波兰民族性的历史考察》，《历史教学问题》2020年第3期；杨友孙、卢文娟：《波兰西里西亚人争取族群地位问题评析》，《俄罗斯研究》2019年第2期；刘泓：《国际关系视域下的民族主义实践：以波兰的乌克兰人为例》，《世界民族》2021年第6期；杨友孙：《波兰反思反犹主义的进展与问题》，《学术界》2021年第7期。

③ 王俊主编《波兰》，东北师范大学出版社，2012；高德平编著《列国志·波兰》，社会科学文献出版社，2017；胡海鹏主编《波兰综观》，浙江大学出版社，2018；戴轶尘主编《"一带一路"国别研究报告·波兰卷》，中国社会科学出版社，2020；刘苏力主编《波兰概况》，世界知识出版社，2020。

④ 李艳红：《波兰的语言国情和语言政策研究》，辽宁大学出版社，2018。

⑤ 为纪念中波轮船公司成立70周年，公司组织编写了70年的70个故事。参见中波轮船股份公司编著《推动中波友谊航船全速前进》，上海书画出版社，2021。

⑥ 《世界电影》《电影文学》《当代电影》《小说评论》《中国戏剧》《艺术百家》《人民音乐》《音乐艺术（上海音乐学院学报）》《中国文艺评论》《中国比较文学》等重要文艺界期刊均载有与波兰文学、舞蹈、音乐、电影等相关的学术性文章。

⑦ 刘英等：《将中波合作打造为"一带一路"合作典范》，《中国投资》2016年第7期；赵洪宝：《"一带一路"和"16+1"合作框架下中波经贸关系研究》，《牡丹江师范学院学报》（哲学社会科学版）2017年第2期；姚乐：《"一带一路"背景下的中国－波兰经贸关系发展》，《海外投资与出口信贷》2018年第6期；王培文、Karolina Pawlak：《"一带一路"和"16+1"合作下中波农产品现状》，《中国集体经济》2019年第32期；梅冠群：《中国与波兰"一带一路"建设合作研究》，《海外投资与出口信贷》2020年第2期；龙静：《波兰的可持续发展进程及与中国的合作》，《欧亚经济》2022年第6期；张然：《中国－中东欧经贸合作研究——以中波贸易为例》，《中国商论》2022年第22期；刘露翌：《中波合作教学模式下波兰小学汉语课堂教师话语研究》，北京外国语大学硕士学位论文，2018；曹馨心：《线上中波教师合作教学探究——以克拉科夫孔子学院为例》，北京外国语大学硕士学位论文，2022。另外，有关波兰汉语教学、波兰孔子学院等方面的文章和学位论文近百篇，此处略去。

尔加·托卡尔丘克（Olga Tokarczuk）的研究更是接踵而至①。此外，也有学者运用田野调查的研究方法对波兰华商进行了研究。②

总的来说，30多年来中国从事波兰研究的机构和人员不断增多，成果日益丰富。截至2022年底，国内已有六所专门的波兰研究中心，分别为北京外国语大学波兰研究中心、北京第二外国语学院波兰研究中心、四川大学波兰与中东欧问题研究中心、西安外国语大学波兰研究中心、东北大学波兰研究中心、浙江大学宁波理工学院波兰研究中心。同时，波兰研究一直是中国社会科学院欧洲研究所和俄罗斯东欧中亚研究所以及北京外国语大学和华东师范大学等机构重点投入和关注的对象。从内容上看，随着波兰国情与国际形势的变化，30多年不同时期国内学者所关注的话题、重点与问题导向各有不同。时至今日，中国的波兰研究已初具规模，涵盖学科范围不断拓宽，研究兼具理论意义与现实价值，是中东欧国别研究的重要对象。然而必须承认的是，中国波兰研究的广度与深度有待提升的空间还很大。目前，中国波兰研究存在"机构多，综合研究人员少""成果多，优质成果不够"的局面，尚没有专门的研究刊物③，大量的研究人员不懂波兰语或较缺乏在波兰学习和工作的经历，不少懂波兰语的学者在学科知识上又显得不够，与区域国别学的综合交叉性研究有一定的距离。

---

① 译著约9本，〔波〕奥尔加·托卡尔丘克：《白天的房子，夜晚的房子》，易丽君、袁汉镕译，四川人民出版社，2017；〔波〕奥尔加·托卡尔丘克：《云游》，于是译，四川人民出版社，2019；〔波〕奥尔加·托卡尔丘克：《怪诞故事集》，李怡楠译，浙江文艺出版社，2020。自托卡尔丘克获得诺贝尔文学奖到2022年底不到3年的时间，有关托卡尔丘克研究的论文和学位论文就有44篇（此前似无一篇）。例如，栾天宇：《跨越边界的寻根者——诺贝尔文学奖获得者奥尔加·托卡尔丘克》，《当代外国文学》2019年第4期；高兴：《故事背后，或者溢出的意义——浅谈托卡尔丘克》，《外国文学动态研究》2020年第2期；赵刚：《以柔情和敏锐为静默的世界发声——读托卡尔丘克获奖演说》，《世界文学》2020年第2期；黄炜星：《论奥尔加·托卡尔丘克〈太古和其他的时间〉的文体实验》，《当代外国文学》2020年第3期；茅银辉、谢诗蕾：《魔幻现实主义视阈下的奥尔加·托卡尔丘克小说》，《广东外语外贸大学学报》2022年第1期；赵祯：《空间叙事视角下奥尔加·托卡尔丘克的作品解读》，北京外国语大学硕士学位论文，2021。

② 王弘毅、许志军、徐刚：《波兰华商的发展历程与转型之困——基于华沙中国城的田野调查》，《华侨华人历史研究》2022年第1期。

③ 2022年重庆交通大学组织出版的波兰蓝皮书是国内有关中东欧国别的第一本也是唯一一本皮书。参见黄承锋、余元玲主编《波兰发展报告（2021）》，社会科学文献出版社，2022。

第二节 匈牙利研究

1989年10月，匈牙利国会通过宪法修正案，规定国家实行多党制和市场经济，匈牙利人民共和国更名为匈牙利共和国。[①]

匈牙利自此正式开启转型进程。中国和匈牙利的关系进入全新时代，国内有关匈牙利的研究也开始转向。从中国知网收录的情况看，从1990年1月1日至2022年12月31日，以匈牙利为篇名搜索到的各类文章约2230篇。[②] 其中，学术期刊文章1572篇、学位论文91篇（硕士论文88篇、博士论文3篇）、会议文章19篇、报纸文章309篇、学术辑刊文章25篇、特色期刊文章213篇、成果文章1篇。另据中国国家图书馆收录数据，从1990年1月1日至2022年12月31日，以匈牙利为篇名的各类中文著作约有120部，其中以介绍匈牙利历史、语言教材、文学作品和音乐家及音乐作品的著作居多。值得提到的是，有关匈牙利的国别概况专著近10部，匈牙利通史、近现代史、重大历史事件和历史人物的也有10多部。[③]此外，关于匈牙利社会主义、转型、财政制度、教育政策、商务环境以及中匈关系等方面的研究著述亦有不少。[④]

---

① 2012年匈牙利共和国通过新宪法，更改国名为匈牙利。为叙述方便，本文统一使用简称"匈牙利"。
② 实际上，以匈牙利为篇名搜索相关的文章共计3106篇，还包括以"匈牙利法"或"匈牙利算法"为篇名和以"匈牙利狂想曲"或"匈牙利舞曲"为篇名的文章等。
③ 国别概况专著如田笛等编著《匈牙利》，军事谊文出版社，1994；王俊主编《匈牙利》，东北师范大学出版社，2012；李丹琳编著《列国志·匈牙利》，社会科学文献出版社，2018；李向阳总主编，廖佳、李宝奕编著《"一带一路"国别概览——匈牙利》，大连海事大学出版社，2018；宋黎磊主编《"一带一路"国别研究报告·匈牙利卷》，中国社会科学出版社，2019。匈牙利历史相关的著作有马玉琪：《匈牙利近现代史》，中国言实出版社，2021；郭洁：《匈牙利事件：美国的政策与反应》，上海人民出版社，2011；侯凤菁：《燃烧的多瑙河：匈牙利1956年时间真相》，新华出版社，2009；郭洁：《悲剧与困惑：纳吉与20世纪50年代的匈牙利》，国际教科文出版社，2007；胡舶：《冷战阴影下的匈牙利事件：大国的应策与互动》，中国社会科学出版社，2004；冯植生：《匈牙利文学史》，社会科学文献出版社，1995。
④ 纪军：《匈牙利市场社会主义之路》，中国社会科学出版社，2000；耿智等编译《匈牙利、斯洛伐克教育政策法规》，大连理工大学出版社，2020；财政部《财政制度国际比较》课题组编著《匈牙利财政制度》，中国财政经济出版社，1998。中匈关系方面的著述有陈新主编《匈牙利看"一带一路"和中国—中东欧合作》，李丹琳、马俊驰译，中国社会科学出版社，2017；陈新主编《匈牙利与人民币国际化》，中国社会科学出版社，2018；刘作奎等：《中国和匈牙利的全面战略伙伴关系》，中国社会科学出版社，2018；陈新、〔匈〕乌格罗什迪·马尔通主编《中国与匈牙利：变化世界中的双边关系70年》，中国社会科学出版社，2019。

归纳起来，30多年的中国匈牙利研究大体分为三个阶段。

第一阶段是从1990年匈牙利开启转型到2004年匈牙利加入欧盟前，特点是以介绍性研究为主。以中国知网收录的这一阶段学术期刊文章为参照，多数都是对匈牙利各领域发展、国家概况、人物及政府部门的介绍。开启转型的匈牙利各领域发展吸引了学者的关注，大量的介绍和研究聚焦到了匈牙利经济转轨[1]、私有化[2]以及具体的农业、工业、银行业、金融及教育等方面[3]。在人物方面，学者们重点对匈牙利经济学家雅诺什·科尔奈（János Kornai）[4]、社会主义时期领

---

[1] 关于匈牙利转轨的讨论著述有不少，涉及匈牙利转轨特点、阶段性总结、部门改革以及经验比较等文面，金雁：《从右派的"保守疗法"到左派的"休克补课"——匈牙利的经济转轨》，《国际经济评论》2002年第3期；秦晖：《"右派凯恩斯"反对"左派货币主义"？——论"匈牙利选择"》，《国际经济评论》2002年第3期；叶灼新：《匈牙利经济转轨的特点及问题》，《世界经济》1994年第4期；杨芳：《匈牙利转轨十年情况》，《国际资料信息》1999年第10期；苗华寿：《平稳的转向进程——匈牙利十年经济改革和转轨》，《国际贸易》2000年第4期；谭鹏万：《匈牙利转轨时期的银行业改革》，《外国经济与管理》2003年第6期；孔田平：《休克疗法与渐进改革——波兰与匈牙利经济转轨战略之比较》，《经济社会体制比较》1992年第4期；彭森、王海军：《匈牙利、波兰经济转轨的主要措施与基本格局》，《世界经济与政治》1993年第5期；陈新：《匈牙利、波兰经济转轨的现状与问题》，《经济学动态》1993年第10期；金淑清：《波兰和匈牙利经济转轨比较》，《今日东欧中亚》1996年第3期。

[2] 这一阶段对于匈牙利私有化的论文有32篇，其中中共中央党校的纪军老师有8篇。例如，《匈牙利的私有化政策及实践》，《党校科研信息》1993年第1期；《匈牙利国有经济的私有化》，《高校理论战线》1993年第3期；《匈牙利私有化后果严重》，《当代思潮》2000年第5期；《谁是匈牙利私有化的受益者》，《内部文稿》2001年第6期，等等。此外，郑士贵老师在《管理科学文摘》登载了6篇关于匈牙利私有化的介绍，如《匈牙利企业私有化问题》，《管理科学文摘》1994年第9期；《匈牙利私有化的新阶段》，《管理科学文摘》1996年第9期，等等。

[3] 中国农业科学院的王文玺老师对匈牙利的农业、农业研究机构等有数篇介绍性文章。关于匈牙利工业的文章有惠元：《匈牙利工业生产概况》，《全球科技经济瞭望》1995年第3期；阎国刚：《今日匈牙利汽车工业》，《汽车与安全》2001年第10期。其他还有张明梁：《匈牙利银行体系及其改革》，《浙江金融》1995年第10期；何德旭、李昭、解利利、吴波龙：《匈牙利金融：最新变化及启示》，《财贸经济》2003年第3期；李淑红、李新元：《匈牙利高等教育中的体育教育及其启示》，《世界教育信息》2003年第12期；等等。

[4] 论文共有22篇，陈甬军：《过渡经济的本质与中国经济改革的走向——对科尔奈和萨克斯教授的批评》，《中国经济问题》2000年第6期；陈甬军、徐强：《过渡经济的本质与中国经济改革的基本性质——与科尔奈和萨克斯教授的讨论》，《改革》2002年第4期；李海屏、刘星彦：《科尔内"人口经济"模型与中国经济增长方式转变》，《人口与经济》1998年第5期，等等。同时，科尔奈的《增长、短缺与效率》《走向自由经济之路》《转轨中的福利、选择和一致性》等著作相继被翻译。需要提到的是，早在20世纪80年代，科尔奈的《科尔奈经济改革理论》《理想与现实》等著作就已经被译介到中国。

导人卡达尔·亚诺什（Kádár János）[①]等进行了详细介绍和研究。此外，匈牙利文学和语言[②]、匈牙利历史[③]等话题也有不少研究作品。这一阶段只有一篇关于匈牙利事件的硕士学位论文。[④]这一阶段的专著主要是对匈牙利财政制度和文学史等方面的讨论。

第二阶段是从2004年匈牙利加入欧盟到2012年中国-中东欧国家合作机制启动前，特点是实证性、涉我性研究大大增多。在实证性研究中，有政府、企业、学术等各领域的访问和考察报告发表。[⑤]在涉我研究中，对匈牙利各行业各

[①] 阚思静：《论卡达尔的经济改革与外部环境》，《世界历史》1993年第2期；阚思静：《卡达尔执政失败原因析》，《国际共运史研究》1993年第2期。

[②] 北京外国语大学匈牙利语专业龚坤余教授的作品最多，如论文《战后匈牙利文学漫说》，《国际论坛》1990年第1、2、3、4期；《匈牙利民俗学史话》，《国际论坛》1991年第4期；著作《匈牙利语教程》，外语教学与研究出版社，1998；等等。需要提到的是，在之前和之后，龚坤余教授还有大量关于匈牙利语的著作问世，如《匈汉会话手册》《匈牙利语应用文》《匈汉汉匈翻译教程》等。

[③] 其中，匈牙利事件受到较多关注，不少研究都对匈牙利事件的外部联系进行了讨论。时殷弘：《匈牙利事件和美国的政策》，《南京大学学报》（哲学·人文科学·社会科学）1998年第1期；胡舶：《美国在匈牙利事件中的态度与政策》，《陕西师范大学学报》（哲学社会科学版）2001年第3期；李华：《赫鲁晓夫与1956年匈牙利事件》，《南京社会科学》2000年第2期。此外，李震对匈牙利人的变迁、中国人在匈牙利等话题也进行了研究。参见李震《对匈牙利人起源与迁移的见解》，《国际论坛》1991年第3期；《中国人在匈牙利》，《东欧》1994年第2期。

[④] 刘贺青：《自由欧洲电台与匈牙利事件》，陕西师范大学硕士学位论文，2003。

[⑤] 例如，张响贤：《俄罗斯、捷克、匈牙利三国不同类型保险公司考察报告》，《保险研究》2010年第7期；人力资源和社会保障部失业保险考察团：《匈牙利失业保险考察报告（节选）》，《中国就业》2010年第6期；"促进形成合理的居民收入分配机制研究"课题组、常兴华、徐振斌：《波兰、匈牙利等国收入分配现状与政策的考察报告》，《经济研究参考》2010年第25期；海南省访问匈牙利、瑞典和芬兰代表团：《交流经验 扩大合作——海南省代表团访问匈牙利瑞典芬兰情况的报告》，《海南人大》2010年第1期；魏从杰、华兆增、姚新青、虞同文：《挪威、匈牙利公共交通考察》，《交通与运输》2009年第1期；邱玮、杨铁军、郭战平：《俄罗斯和匈牙利——社会福利、社会救助考察纪实》，《社会福利》2008年第2期；农业部农机化考察团、丁翔文、张培增：《赴俄罗斯和匈牙利农业机械化考察报告》，《农机科技推广》2007年第11期；李林、刘惠玲：《匈牙利国际引导式教育学院的考察报告》，《中国康复理论与实践》2006年第10期；廖明、葛志立：《俄罗斯、匈牙利、捷克经济转轨的经验与教训》，《俄罗斯中亚东欧市场》2004年第2期；樊喜斌：《匈牙利林业考察报告》，《绿色中国》2004年第5期；卫Ⅷ项目考察团：《1990~2001年匈牙利的卫生改革及对我国的启示——经济转型国家卫生改革经验报告》，《中国卫生经济》2005年第7期；乔玉山：《加大对外交流 促进祖国医学发展——考察俄罗斯、波兰、匈牙利中医药纪实》，《中医药导报》2011年第10期；牟桂云：《发展中的俄罗斯和匈牙利档案工作——俄罗斯和匈牙利档案工作考察见闻》，《兰台世界》2011年第29期；王杰：《关于瑞士、匈牙利统计工作的考察报告》，《统计科学与实践》2011年第10期。

领域的经验及其对我启示①、匈牙利的政治发展特别是大选②进行了跟踪研究。以中国知网收录这一阶段的学术期刊文章为参照，研究主要集中在匈牙利投资市场、税收政策、教育改革、林业、畜牧业等。需要提到的是，匈牙利事件仍然是有关匈牙利历史研究的重点话题，不断有著述问世。③

此外，从学位论文的角度看，这一阶段的研究涉及政治学、历史学、经济学和国际关系等领域。在30篇硕士学位论文中，除了有15篇关于李斯特或《匈牙利狂想曲》和4篇关于匈牙利语或匈牙利汉语学习的论文，其他多是关于匈牙利转型、匈牙利左翼政党、匈牙利金融危机、匈牙利事件以及匈牙利华人的研究。④在

---

① 张德启：《匈牙利高等教育院校认证的特点与启示》，《复旦教育论坛》2009年第4期；刘亚、张曙东、黄亭亭：《匈牙利汇率制度改革与启示》，《广东金融学院学报》2009年第3期；林翊、张燕梅、林卿：《匈牙利农民土地权益保护及其启示》，《哈尔滨商业大学学报》（社会科学版）2009年第2期；林卿、林翊、王荧、Gombas Katalin：《匈牙利土地管理制度及其对中国的借鉴》，《东南学术》2009年第2期；林翊、冯秀萍、林卿：《匈牙利农地变革对我国农地规模经营的启示》，《现代农业科技》2008年第18期；魏真：《俄罗斯、匈牙利的教育财政改革及其对我国的启示》，《赣南师范学院学报》2008年第4期；周琼：《匈牙利存款保险制度研究及其借鉴意义》，《科技创业月刊》2007年第6期；宋远升：《匈牙利新刑事诉讼法典及相关立法的反思与借鉴》，《犯罪研究》2006年第1期；赖海榕：《乡村治理的国际比较——德国、匈牙利和印度经验对中国的启示》，《经济社会体制比较》2006年第1期；金雁：《匈牙利产权改革启示录》，《产权导刊》2005年第10期；童生海：《匈牙利大学英语教育模式及其借鉴意义》，《青海师范大学学报》（哲学社会科学版）2005年第4期；周放生：《俄罗斯、匈牙利国有资产管理体制之鉴》，《上海国资》2004年第10期；李淑红：《匈牙利高校体育教育举措及其启示》，《体育学刊》2004年第3期；刘承礼：《匈牙利乡村治理的模式解读与经验借鉴——基于乡村公共品提供机制的研究》，《经济社会体制比较》2006年第1期。

② 刘聚：《左翼溃败 右翼独大——2010年匈牙利议会大选初析》，《当代世界》2010年第6期；孔寒冰：《匈牙利议会大选侧记》，《世界知识》2010年第10期；高歌：《2006年匈牙利、捷克、斯洛伐克议会选举与左翼政党的发展》，《当代世界社会主义问题》2007年第2期。

③ 著作见前引注。论文则主要是关于匈牙利事件的档案及匈牙利事件的外部联系，例如，李锐：《关于匈牙利事件的档案文献》，《冷战国际史研究》2006年第1期；胡舶：《苏伊士运河战争爆发前后英国对匈牙利事件的反应与政策》，《历史教学问题》2007年第1期；胡舶：《苏联对匈牙利事件"政治干预"的个案研究》，《史学理论研究》2012年第4期。

④ 夏海斌：《中东欧国家转型的外部约束研究——以波兰、捷克、匈牙利为例》，华东师范大学硕士学位论文，2010；凌伯韬：《政党国家体制的变迁与演进——基于中国与匈牙利国家转型的比较研究》，复旦大学硕士学位论文，2010；黄俊红：《金融危机背景下对匈牙利有偿私有化的利弊评析》，华东师范大学硕士学位论文，2011；石巍：《匈牙利、波兰、俄罗斯银行体制改革的比较研究》，吉林大学硕士学位论文，2005；申云兰：《剧变以来匈牙利左翼政党发展演变研究》，山西大学硕士学位论文，2007；杨冬冬：《自由欧洲电台与1956年匈牙利事件》，福建师范大学硕士学位论文，2009；刘彩芳：《论1956年匈牙利的"中立"》，陕西师范大学硕士学位论文，2009；晏卿：《旅居匈牙利布达佩斯华人的文化适应和身份认同冲突研究》，上海外国语大学硕士学位论文，2009。

专著方面，这一阶段有关匈牙利音乐、国情、历史、文学和法律方面的研究增多。

第三阶段是从2012年中国-中东欧国家合作机制启动以后的10年，特点是研究的领域更趋多元，研究的学术性显著增强，研究的涉我特点更加突出。在中国知网以匈牙利为篇名进行搜索，这一阶段的学术期刊文章中，有关中匈关系及各领域合作的研究占一定比重[1]、欧尔班及其执政方式[2]、匈牙利政党政治和民粹主义[3]、匈牙利经济[4]、匈牙利外交[5]、匈牙利民族问题[6]、匈牙利事件

---

[1] 李晓红、刘欣:《新自由制度主义视野下的中国——匈牙利合作问题探析》,《华北理工大学学报》(社会科学版) 2019年第5期；王雪彤等:《"一带一路"背景下的中国和匈牙利关系》,《华北理工大学学报》(社会科学版) 2020年第4期；佟若琳、谷双、赵若羽:《"一带一路"背景下中国文化典籍在匈牙利的传播研究》,《华北理工大学学报》(社会科学版) 2022年第4期；王帅臣、张亚娇、李惠子:《"一带一路"倡议下中国和匈牙利高等教育合作交流的现状及潜力》,《华北理工大学学报》(社会科学版) 2022年第5期。此外,有关匈牙利汉语教学与合作的文献较多,不一一列出。

[2] 刘作奎:《匈牙利欧尔班总理演讲综述》,《欧洲研究》2014年第1期；孔田平:《欧尔班经济学与经济转轨的可逆性——匈牙利经济转轨的政治经济学分析》,《欧亚经济》2016年第6期；贺婷:《欧尔班政府的经济政策及其前景》,《欧亚经济》2017年第3期；贺婷:《"欧尔班现象"初探》,《俄罗斯学刊》2017年第6期；李家懿:《非"神"非"魔"的民粹主义——"欧尔班现象"的社会转型视角分析》,《党政研究》2019年第4期。

[3] 张莉:《民族主义与民粹主义:意识形态的构建还是政治策略的选择——以匈牙利民族民粹主义政党尤比克党为例》,《国外社会科学》2018年第2期；贺婷:《匈牙利的"民主倒退"与欧盟的应对》,《俄罗斯学刊》2019年第3期；张佳威、高奇琦:《匈牙利国家治理体系重建研究:基于政党制度化的视角》,《国际论坛》2019年第6期；蒲雨薇、朱晓中:《从2019年匈牙利欧洲议会选举看欧洲右翼民粹主义的发展原因及前景》,《欧洲语言文化研究》2020年第2期；马骏驰:《制度、组织与激励——论匈牙利"非自由的民主"》,《欧洲研究》2020年第4期；项佐涛、李家懿:《认同政治与利益政治的双建构——波兰、匈牙利和捷克民粹主义政党的崛起》,《欧洲研究》2020年第4期；黄丹琼:《匈牙利民粹主义政治极化》,《现代国际关系》2022年第4期。

[4] 马骏驰:《匈牙利经济中的国家干预主义崛起——以匈牙利银行业为例》,《欧亚经济》2018年第1期；余南平、夏菁:《区域价值链视角下的中东欧国家经济转型——以波兰、匈牙利、捷克和斯洛伐克为分析对象》,《欧洲研究》2020年第1期；马骏驰:《中国-中东欧国家合作中的"债务陷阱论"辨析——以中国在黑山、北马其顿和匈牙利的基建项目为例》,《欧亚经济》2021年第5期。

[5] 高歌:《匈牙利和波兰"欧洲化"道路的偏离》,《国外理论动态》2019年第10期；杨友孙:《新冠肺炎疫情背景下波兰、匈牙利对"欧洲化"的偏离——基于欧盟理事会决策的分析》,《区域与全球发展》2021年第6期；宋黎磊:《匈牙利"向东开放"外交政策评析》,《俄罗斯学刊》2022年第4期。

[6] 何山华:《中东欧国家少数民族语言教育政策取向比较——以捷克、斯洛伐克和匈牙利为例》,《民族教育研究》2019年第1期；杨友孙、曾一丹:《冷战结束后匈牙利民族文化自治制度初探》,《比较政治学研究》2020年第2期；曾繁怡、朱晓中:《罗马尼亚特兰西瓦尼亚地区跨境匈牙利人问题浅析》,《欧洲语言文化研究》2021年第1期；唐笑笑:《试论匈牙利民族的基督教化及影响》,《经济社会史评论》2022年第2期。

和匈牙利剧变①等话题受到的关注较多。值得注意的是，这一阶段有一些匈牙利学者开始在中国学术期刊发表关于匈牙利文化艺术等方面的文章。②

这一阶段，有关匈牙利研究的学位论文和专著情况也大体呈现这些特征。在学位论文中，有近一半与匈牙利汉语教学、孔子学院相关，有约1/4聚焦《匈牙利狂想曲》《匈牙利幻想曲》《匈牙利舞曲》，其他则主要集中于对匈牙利转型、政党政治、民粹主义、福利制度、匈中关系、少数民族保护、难民政策、外交政策和重大历史事件等领域。③过去30多年仅有的3篇博士论文均出自这一阶段，分别是对匈牙利住房市场、匈牙利圆桌会议以及匈牙利少数民族语言权利的

---

① 胡舶：《苏联对匈牙利事件"政治干预"的个案研究》，《史学理论研究》2012年第4期；胡舶：《中国对匈牙利事件的反应、对策及其影响》，《陕西师范大学学报》（哲学社会科学版）2013年第4期；赵继珂、邓峰：《论匈牙利事件冲击下的美国之音改革》，《安徽史学》2013年第6期；周兵：《毛泽东与匈牙利事件后的意识形态论争》，《现代哲学》2014年第4期；刘名望：《印度在1956年匈牙利事件中的政策探究》，《苏州科技学院学报》（社会科学版）2016年第2期；刘名望：《万隆精神与国家利益的碰撞：印度在1956年匈牙利事件中的政策探究》，《湖南工程学院学报》（社会科学版）2016年第3期。在匈牙利剧变的研究中，有关圆桌谈判的研究得到了特别重视。郇浴日：《东欧剧变的国际背景新探——以匈牙利剧变的国际条件为例》，《当代世界与社会主义》2017年第1期；郇浴日：《1989年匈牙利圆桌谈判研究》，《俄罗斯东欧中亚研究》2017年第3期；郇浴日：《转型时期匈牙利新闻传媒体制变革研究——以1989年圆桌谈判的相关进程为例》，《社会科学》2019年第6期；郇浴日：《转型时期匈牙利刑事法律修订圆桌谈判研究》，《华东师范大学学报》（哲学社会科学版）2020年第4期；郇浴日：《匈牙利选举制度的圆桌谈判渊源》，《比较政治学研究》2020年第2期；郇浴日：《匈牙利1989年宪法修订圆桌谈判研究》，《社会科学》2020年第11期。

② 如〔匈〕汤玛斯·雅谢、黄觉：《匈牙利的和世界的：贝拉·平特的戏剧》，《戏剧（中央戏剧学院学报）》2013年第3期；〔匈〕亚诺什·塔、邓雪晨：《匈牙利非物质文化遗产的档案化、可视化和数字化》，《民间文化论坛》2018年第5期。

③ 如李昕：《匈牙利高等教育质量保障研究》，兰州大学硕士学位论文，2015；曹彦语：《当代匈牙利民粹主义初探》，外交学院硕士学位论文，2019；徐晓庭：《民粹主义视角下匈牙利欧尔班政府的外交政策研究》，华东师范大学硕士学位论文，2020；孙霖：《国际国内政治互动视角下匈牙利青民盟的崛起与激进化》，上海外国语大学硕士学位论文，2021；Meczó Csenge：《"一带一路"倡议背景下的中国和匈牙利关系研究》，北京外国语大学硕士学位论文，2021；冷珍：《匈牙利少数民族保护机制及经验启示》，江西财经大学硕士学位论文，2016；Virag Katies：《浅析匈牙利难民问题及其对欧匈关系的影响》，上海外国语大学硕士学位论文，2018；王鹏：《匈牙利欧尔班政府与欧盟涉华决策研究》，华中师范大学硕士学位论文，2022；张祖琦：《非对称关注视角下欧尔班时期匈牙利的平衡外交研究》，四川外国语大学硕士学位论文，2022；叶予民：《匈牙利邻国政策中的民族统一主义探析》，华东师范大学硕士学位论文，2022；刘刚：《匈牙利事件——中苏关系演变的转折点》，曲阜师范大学硕士学位论文，2014。

研究。①这一阶段出版的约40本专著中，有关匈牙利国情概况、历史、法律、语言特别是中匈关系的研究比较多。

大体来看，在早期的研究中，来自中国社会科学院俄罗斯东欧中亚研究所和北京外国语大学欧洲语言文化学院的成果较多。2012年中国-中东欧国家合作机制启动以来，有关匈牙利研究的来源机构日益增多，研究人员也较为多元，研究的广度和深度亦有所增加。诚然，国内尚无一本专门研究匈牙利的期刊或皮书，有关匈牙利性、欧尔班现象、匈牙利与欧盟关系、匈牙利与其周边国家关系、"一带一路"背景下的中匈关系等议题的研究仍有待进一步强化。

第三节　捷克研究

中国的捷克研究从中国对捷克斯洛伐克的研究沿袭而来，可以追溯到20世纪50年代甚至更早。② 后来，中国学者对捷克斯洛伐克工农业发展、基础科学、生物医药、文艺活动等方面开展了介绍性研究。③ 1993年1月1日，捷克共和国成为独立主权国家后，捷克也成为中国国际问题学界一个独立的国别研究对象，中国学者开始对捷克展开系统性研究。

根据中国知网收录的论文情况，从1993年1月1日至2022年12月31日，以"捷克"为篇名搜索共有相关成果2238篇。其中，学术期刊文章1488篇、学位论文104篇（硕士论文99篇、博士论文5篇）、会议文章24篇、报纸文章354篇、学术辑刊文章25篇、特色期刊文章240篇、成果文章3篇。另据中国国

---

① 王可：《"住有所居"的比较研究与思考——以波兰、捷克、匈牙利为对象的分析》，南开大学博士学位论文，2012；邵浴日：《通过谈判的革命——匈牙利圆桌会议谈判始末（1989～1990）》，华东师范大学博士学位论文，2015；何山华：《中东欧转型国家语言权利与小族语言保护研究——以捷克、斯洛伐克和匈牙利为例》，北京外国语大学博士学位论文，2015。

② 20世纪20年代《教育与职业》刊发了《捷克职业学生统计》《捷克斯拉夫之职工教育》《捷克斯洛维克之职业教育》等文章。从1936年到新中国成立前，《世界知识》持续对"捷克沦亡""捷克新生"等话题进行了介绍。

③ 例如，法克拉弗·柯柏斯基、周慧：《捷克斯洛伐克新文化》，《世界知识》1951年第23期；科搭特科、林松年：《捷克斯洛伐克的国营农场》，《中国农垦》1953年第2期；薛愚：《捷克斯洛伐克的药学教育》，《中国药学杂志》1954年第1期；B.雷沙伟、郭玉璞：《捷克斯洛伐克畜牧业的寄生虫学问题》，《中国畜牧兽医杂志》1955年第4期；邵杰克：《捷克斯洛伐克数学家卡杰托夫的巨大成就》，《数学进展》1957年第1期。

家图书馆收藏数据，截至2022年12月31日，以"捷克"为篇名的相关中文著作约有37部。这些著作涵盖了捷克国家思想、法律法规、经济贸易、历史文化、戏剧文学、大国外交、捷汉语言对比等方面。以"捷克"作为关键词进行搜索，有关捷克文学家米兰·昆德拉的文学作品及翻译研究共有文献468篇，且几乎其所有作品均有中译本。①米兰·昆德拉本人多次获得世界级奖项，其文学成就令世人赞叹。②

归纳起来，30年来中国对捷克的研究大体分为三个阶段。

第一阶段是从1993年捷克独立到2004年捷克加入欧盟前，特点是以介绍性研究为主。中国知网收录这一阶段的研究成果合计约700篇，大多数为研究捷克国家结构演变③、介绍捷克工业装置实践操作④与其他各领域发展状况的文献。独立后捷克各领域的发展引起了学者的关注，大量的介绍和研究主要聚焦以下四个方面：捷克经济，包括贸易投资、企业私有化与对外关系；捷克社会保障体系，例如具体的税法制度、就业渠道、住房改革等⑤；捷克教育，涵盖教育思想、职业教育体

---

① 《人，一座广阔的花园》《独白》《最后一个五月》《纪念保尔·哈斯》等诗集，《玩笑》《生活在别处》《不能承受的生命之轻》《笑忘录》等小说作品，《小说的医术》《被遗忘的遗嘱》等文论均有中文译本。
② 1964年获得捷克斯洛伐克国家奖；1985年获得耶路撒冷文学奖；1987年获奥地利国家欧洲文学奖；1995年捷克政府决定将国家最高奖项之一——功勋奖授予米兰·昆德拉；2020年获得卡夫卡文学奖；2011年，米兰·昆德拉入选七星文库，成为当时唯一在世入选作家。
③ 例如，高晓川：《捷克和斯洛伐克联邦分裂的原因及其影响》，《世界经济与政治》1993年第5期；万世荣：《捷克和斯洛伐克联邦共和国解体的缘由和影响》，《国际问题研究》1993年第2期；杨成胜：《民族矛盾与捷克和斯洛伐克的分裂》，《民族论坛》1993年第2期；刘辉、詹真荣：《民族问题与捷克斯洛伐克的分裂》，《社会主义研究》1993年第4期；傅艳：《分裂以后的捷克和斯洛伐克》，《中共中央党校学报》1993年第21期。
④ 例如，朱念：《捷克制3坐标落地（卧式）镗铣床数控装置的国产化改造》，《装备机械》1993年第4期；林博义：《降低捷克喷气织机边疵的实践》，《棉纺织技术》1993年第12期；王军、朱栋华、王波：《捷克SKODA大型落地镗铣床建议数控设计》，《机械设计与制造》1994年第1期。
⑤ 金淑清与郑士贵两位学者在捷克经济与社会保障领域产出众多。金淑清：《捷克市场经济中的金融业改革》，《今日东欧中亚》1995年第1期；金淑清：《捷克社会保障制度的改革》，《东欧》1995年第2期；金淑清：《捷克的税制改革》，《今日东欧中亚》1995年第4期；金淑清：《捷克的税制改革及今后的走势》，《东欧》1995年第3期；金淑清：《捷克实行住房制度改革》，《东欧》1996年第2期；金淑清：《捷克金融体制改革的回顾及进一步深化的措施》，《东欧》1997年第2期。郑士贵：《银行系统作用在捷克经济改革中的变化》，《管理科学文摘》1995年第12期；郑士贵：《捷克和斯洛伐克经济发展的比较数据》，《管理科学文摘》1996年第6期；郑士贵：《捷克从事塑料再生的新企业》，《管理科学文摘》1996年第9期；郑士贵：《捷克私有化的成果》，《管理科学文摘》1996年第10期。

系、高等教育及中学教育[1]；捷克文学，包括文学评论、儿童文学以及叙事诗等。[2]还有一些学者对捷克旅游业、民间习俗、捷克足球与铁路发展史等进行了研究。值得一提的是，在此阶段已有相关报纸记载中捷友好关系[3]，捷克的汉学研究也开始起步。[4] 1999 年，第一部翻译和研究捷克文学作品的专著——《捷克文学》[5]——问世，但此书篇幅有限，更侧重作品概述和欣赏，文学评论和分析深度有待加强。

第二阶段是从 2004 年捷克加入欧盟到 2012 年中国-中东欧国家合作机制启动前，特点仍以介绍性研究为主，应用性研究逐步增加。以中国知网收录这一阶段的文献为参照，有很大一部分期刊文章与报纸文献对捷克政坛与捷克入盟后经济发展展开分析。[6]还有一部分文章对捷克的百姓生活[7]、城市建筑[8]、音乐体育[9]、动画电

---

[1] 金淑清：《捷克私立学校的发展》，《世界教育信息》1994 年第 2 期；金淑清：《1990 年以来捷克私立学校和教会学校的发展》，《东欧》1995 年第 1 期；金淑清：《捷克兴办第一所双语教学私立高中》，《世界教育信息》1995 年第 4 期；高清华：《捷克高等农业教育一瞥》，《世界农业》1994 年第 1 期；李社教：《论捷克夸美纽斯的道德教育思想》，《河南大学学报》（社会科学版）2000 年第 4 期；付杰英、刘铁雷：《捷克共和国职业技术教育探析》，《中国职业技术教育》2003 年第 32 期。

[2] 北京外国语大学欧洲语言文化学院教授李梅在此领域的研究成果最多。

[3] 《我们对中国市场充满信心》，《光明日报》2004 年 4 月 21 日；《胡锦涛与捷克总统会谈》，《人民日报》2004 年 4 月 23 日。

[4] 徐宗才：《捷克汉学家》（共 8 篇），分载于《中国文化研究》1995 年至 1997 年；姚宁：《捷克汉学简史及现状》，《国际汉学》2000 年第 2 期；刘学敏、孟国：《捷克的汉学研究和汉语教学》，《世界汉语教学》2001 年第 3 期。

[5] 李梅、杨春：《捷克文学》，外语教学与研究出版社，1999。

[6] 例如，《捷克政坛起波澜》，《光明日报》2004 年 6 月 29 日；《欧盟新成员捷克共和国》，《国际商报》2005 年 1 月 16 日；《捷克新政府能否坚持一个月》，《光明日报》2006 年 9 月 5 日；《捷克总统再次任命新政府》，《人民日报》2007 年 1 月 10 日；陈江生、周文彬：《捷克经济转轨的历程与反思》，《中共石家庄市委党校学报》2006 年第 3 期；庄起善、王健：《金融业的稳健与吸引外资——对波兰、捷克、匈牙利三国的实证研究》，《复旦学报》（社会科学版）2006 年第 3 期；王志连、姬文刚：《捷克政党政治演变的基本特点》，《当代世界社会主义问题》2008 年第 1 期；宋静：《冷战后捷克政党体制嬗变与政党沉浮》，《天津行政学院学报》2012 年第 14 期。

[7] 《捷克电子报纸读者增长迅速》，《光明日报》2004 年 7 月 28 日；《入盟后的捷克百姓生活扫描》，《光明日报》2004 年 7 月 30 日；《捷克百姓的"信息生活"》，《光明日报》2004 年 9 月 29 日。

[8] 《世界建筑》2009 年第 4 期发表了一组共 25 篇关于捷克建筑的文章。

[9] 落叶：《捷克网球：不能承受的轻与重》，《网球》2007 年第 3 期；王蓓：《二十世纪捷克作曲家哈巴与微分音音乐的创作特征简析》，《黄河之声》2012 年第 18 期；葛蔚英：《朴实的捷克音乐家德沃夏克》，《音乐爱好者》2011 年第 8 期。

影①与玻璃水晶制品②等进行了介绍。这一阶段的学术研究聚焦在捷克入盟后的政治制度、经济发展、社会政策等领域。③这一阶段出版了10多本专著，虽大多为国情概览和史料汇编④，但在数量上已显示出对捷克研究的重视程度日益增强。第一本系统介绍捷克国情的专著——《列国志·捷克》（第1版）2005年问世。⑤

第三阶段是2012年中国-中东欧国家合作启动以来的10年，特点是学术性研究越来越强，且研究的领域更趋多元。以中国知网为参照，这一阶段的学术文献中学位论文占近1/10。介绍性文章仍占一定比重，主要集中于对其国家领导人、建筑及音乐的介绍。⑥学术性文章将研究方向聚焦在捷克经济转型进程与政党演变上。⑦自2012年中国-中东欧合作与2013年"一带一路"倡议启动后，学

---

① 张文东、王东：《暖暖的阳光——捷克动画大师提尔罗瓜动画短篇评析》，《吉林艺术学院学报》2006年第3期；西涓：《"这个世界充满了痛苦"——观看美国、捷克彩色电影〈安妮日记〉》，《家庭影院技术》2008年第6期；《捷克：鼹鼠背后的全民动画情结》，《华夏时报》2010年6月19日。

② 薛吕：《战后捷克的玻璃艺术》，《上海工艺美术》2006年第2期；侯隽：《捷克水晶的时尚与传奇》，《中国经济周刊》2011年第40期。

③ 姜琍：《捷克与斯洛伐克政治、经济和外交转型比较》，《欧洲研究》2010年第1期；姜琍：《捷克与斯洛伐克加入欧元区：战略选择与实际结果》，《俄罗斯中亚东欧研究》2012年第5期；郭鹏：《转型期捷克福利体系改革及对中国的启示》，《当代经济管理》2011年第1期；丁宜：《捷克科学家发明出新型抗癌药物》，《医药经济报》2007年5月25日。

④ 谢培屏编《战后遣送旅外华侨回国史料汇编——澳洲·苏联·罗马尼亚·捷克篇》，国史馆，2007；蒋承俊：《捷克文学史》，上海外语教育出版社，2006；叶书宗、刘明华：《回眸"布拉格之春"：1968年苏军入侵捷克斯洛伐克揭秘》，社会科学文献出版社，2001；周力行：《捷克史：波希米亚的传奇》，三民书局，2008。

⑤ 陈广嗣、姜琍主编《列国志·捷克》（第1版），社会科学文献出版社，2005。

⑥ 《泽曼：敢做敢说的捷克总统》，《中国外汇》2015年第17期；王莉：《捷克总统泽曼》，《国际研究参考》2021年第1期；喻添旧：《捷克：卡夫卡的城堡之旅》，《中国三峡》2014年第11期；黄涛：《美丽的捷克首都布拉格著名广场》，《城市观察》2015年第2期；《音乐爱好者》2012年至2021年共刊载10篇与捷克音乐相关的文章。

⑦ 中国社会科学院俄罗斯东欧中亚研究所的姜琍老师相关研究最多。姜琍：《民族心理与民族联邦制国家的解体——以捷克斯洛伐克联邦为例》，《俄罗斯东欧中亚研究》2014年第4期；《"入盟"后捷克经济第二次走出衰退迈向复苏》，《欧亚经济》2014年第5期；姜琍：《入盟十年对中欧维谢格拉德集团经济发展的影响——以捷克为例》，《俄罗斯学刊》2014年第6期；姜琍：《捷克议会众议院选举几大看点》，《世界知识》2017年第22期；姜琍：《从议会大选和总统选举看捷克内政外交走向》，《当代世界》2018年第3期；姜琍：《捷克和摩拉维亚共产党在捷克政党政治中地位的变化及原因分析》，《当代世界》2018年第11期；姜琍：《捷克欧洲怀疑主义探析》，《国外理论动态》2020年第2期；姜琍：《捷克和摩拉维亚共产党取得的成功及面临的挑战》，《世界社会主义研究》2021年第8期；姜琍：《欧盟绿色和数字化转型与捷克第二次经济转型构想》，《欧亚经济》2022年第2期。

者们将研究视角转向中捷双边关系、中捷经贸和金融等各领域的合作。① 在近90篇学位论文中,从政治、经贸与人文交流角度研究中捷合作的文章占比很大,这说明捷克研究已得到越来越多专业研究人员和青年学子的青睐。这一阶段出版的捷克研究专著多达20余部,除国情概览①,有关国家间经贸合作②与教育思想研究③的专著占很大比例。2021年,《列国志·捷克》(第二版)问世。与第一版相比,新版著作增加了捷克名胜古迹、著名城市和建筑艺术等特色资源的介绍,增加了国民生活、社会保障、医疗卫生和环境保护的章节内容。需要提到的是,同样作为国情概览著作,《列国志·捷克》与《别样的国度:捷克》两书侧重点不同:前书编者将更多笔墨用在介绍捷克的历史、政治、经济、社会、文化与军事外交上,数据分析较多;而后书编者更侧重于介绍捷克自然景观与人文风俗,图文并茂,叙述风格诙谐,深入浅出,通俗易懂。《"一带一路"框架下浙江与捷克经贸合作发展报告》是目前国内唯一聚焦地方合作的捷克研究年度报告。

---

① 姜珊:《"16+1"合作和"一带一路"框架内的中捷经贸合作:现状和前景》,《欧亚经济》2016年第6期;苑生龙:《捷克经济形势及中捷合作展望》,《中国经贸导刊》2016年第15期,张永军等:《捷克:中东欧"16+1"合作重要示范国》,《中国投资》2016年第6期;〔捷〕鲁道夫·弗斯特、梁卿:《中国在中东欧:"1+16"与捷克经验》,《国际社会科学杂志(中文版)》2016年第2期;刘作奎:《捷克外交政策的转变与中捷关系的前景》,《当代世界》2016年第5期;杜娟:《"一带一路"背景下的中捷贸易》,《学术交流》2016年第12期;沈子傲:《"一带一路"共建中的中国与捷克贸易合作研究》,《商场现代化》2016年第21期;马克卿:《"一带一路"为中捷合作带来新机遇》,《中国投资》2017年第5期;张海燕、郑亚莉:《"一带一路"框架下产业合作的关联扩散效应分析——以中捷产业合作为例》,《浙江学刊》2018年第5期;任凤珍、钱越:《中捷民间友好关系史研究》,《河北地质大学学报》2018年第5期;徐刚、张传玮:《中捷关系进入"多事之秋"》,《世界知识》2019年第23期;姜珊:《"17+1合作"框架下中捷经贸合作:机遇与挑战》,《海外投资与出口信贷》2020年第2期;徐冯璐:《中捷金融特色化合作研究》,《现代商业》2021年第15期;程鉴冰:《中国中东欧合作背景下的中捷贸易》,《现代商贸工业》2022年第15期。此外,有关中捷友谊农场、中捷产业园的研究和报道也有不少,此处不一一列举。
① 霍玉珍主编《别样的国度:捷克》,山东教育出版社,2020;姜珊编著《列国志·捷克》(第2版),社会科学文献出版社,2021。
② 例如,刘作奎等:《中国与捷克的战略伙伴关系:现状、前景、问题及对策》,中国社会科学出版社,2016;中国银行股份有限公司、社会科学文献出版社《文化中行·"一带一路"国别文化手册——捷克》,社会科学文献出版社,2016;刘仿强等主编《"一带一路"框架下浙江与捷克经贸合作发展报告-2021》,浙江大学出版社,2022。
③ 例如,李尚卫、李宝文主编《中捷特殊教育教师培养体系比较研究》,人民出版社,2019;赵海峰编《捷克新马克思主义研究》,哈尔滨工程大学出版社,2019。

总的来看，30年来中国学者对于捷克的研究不断向"多、深、广"的趋势发展。特别是2012年中国-中东欧国家合作机制启动后，有关捷克研究的机构[①]日益增多，研究人员也较为多元。不过到目前为止，国内尚无专门进行捷克研究的学术期刊或皮书，有关捷克的政治制度、产业结构、能源转型与数字经济、中捷关系发展等议题的研究也有待进一步强化。

第四节 斯洛伐克研究

中国学界的斯洛伐克研究最早应追溯至20世纪50年代，系捷克斯洛伐克研究的一部分。新中国成立后，中国学界对处于社会主义阵营的捷克斯洛伐克的人民民主制度的巩固、经济技术的发展（尤其是工业医药行业）、文化事业的推进以及中捷（斯）双边交流给予了较多关注。[②] 20世纪80年代末期90年代初期，随着捷克斯洛伐克内部民族矛盾日益突出，中国学界开始将斯洛伐克作为独立的研究对象，溯源历史，追踪现状，关注捷克斯洛伐克波诡云谲的政治局势。[③] 1993年1月1日，捷克斯洛伐克联邦解体，斯洛伐克正式成为独立主权国家。自此，斯洛伐克成为中国国际问题研究中一个独立研究的对象。

根据中国知网收录的论文情况，从1993年1月1日到2022年12月31日，以"斯洛伐克"为篇名搜索的中文文献有600余篇。其中，学术期刊文章近400篇、学位论文30余篇。另据中国国家图书馆收藏数据，同时期内以"斯洛伐克"为研究对象的中文著作有14部，内容涉及其国情历史、转轨发展、法律法规等，其中关于斯洛伐克语教学的教材与词典有4本。值得关注的是，关于斯洛

[①] 截至2022年底，全国共有两家专门从事捷克研究的科研机构，分别为2015年成立的河北地质大学捷克研究中心和2017年成立的浙江金融职业学院捷克研究中心。

[②] 例如，法克拉弗·柯柏斯基、周慧：《捷克斯洛伐克新文化》，《世界知识》1951年第23期；《捷克斯洛伐克"二月革命"：捷稜叛徒集团》，《世界知识》1951年第49期；商福家：《捷克斯洛伐克共和国社会主义建设新力量》，《人民教育》1953年第2期；维嘉：《捷克斯洛伐克人民从胜利走向胜利》，《世界知识》1954年第14期；罗谨端：《真诚的友谊，精湛的技术——记捷克斯洛伐克专家对我们的帮助》，《世界知识》1955年第14期；周邦元：《捷克斯洛伐克的药学》，《中国药学杂志》1957年第6期；黄元鏛、朱宝复：《捷克斯洛伐克水力发电建设事业》，《水力发电》1958年第2期等。

[③] 例如，赵锦元：《斯洛伐克人不再属于第三世界》，《中国民族》1988年第7期；程玉海：《一个被遗忘的苏维埃共和国——斯洛伐克苏维埃共和国的历史和意义》，《国际共运史研究》1990年第1期；程玉海：《1919年的斯洛伐克共和国》，《教学与研究》1990年第4期。

伐克知名汉学家马立安·高利克（Marián Gálik）的研究以及出版的其著作中文译本的数量相对丰硕。①

归纳来看，30年来中国的斯洛伐克研究大体分为三个阶段。

第一阶段是从1993年斯洛伐克独立至2004年正式加入欧盟前。这一阶段中国学者主要聚焦三个层面：一是持续关注独立后斯洛伐克国内政治形势的发展，主要包括国内领导人的更迭、国内政党力量的演变，尤其是左翼政党的发展②；二是关注斯洛伐克的经济转轨措施以及取得的效果③，同时也涉猎斯洛伐克的税收、投资、外贸、保险等具体经济政策④；三是追踪斯洛伐克工业各行业的发展态势，尤其关注核能产业、化学工业和交通产业⑤。也有部分学者介绍了斯洛伐

---

① 关于高利克的研究包括杨玉英：《马立安·高利克的汉学研究》，学苑出版社，2015。高利克著作的中译版包括：《中西文学关系的里程碑》，伍晓明、张文定等译，北京大学出版社，1990；《中国现代文学批评发生史》，陈圣生译，社会科学文献出版社，1997；《捷克和斯洛伐克汉学研究》，李玲译，学苑出版社，2009；《茅盾与中国现代文学批评》，杨玉英译，花木兰文化出版社。此外，含有高利克研究内容的著作还有：刘燕主编《从歌德、尼采到里尔克：中德跨文化交流研究》，福建教育出版社，2017；刘燕编译《翻译与影响》，社会科学文献出版社，2018。

② 例如，杜德峰：《捷克和斯洛伐克联邦共和国分成两个国家的情况简介》，《国际研究参考》1993年第1期；任戚：《斯洛伐克独立后的首届总统》，《现代国际关系》1993年第3期；鑫泉：《捷克共和国和斯洛伐克共和国的国家体制》，《国际论坛》1993年第2期；陈广嗣：《斯洛伐克共和国总统——米哈尔·科瓦齐》，《东欧中亚研究》1993年第3期；陈广嗣：《斯洛伐克共和国》，《东欧中亚研究》1993年第6期；王志明：《斯洛伐克民主派党威望的提高及其原因》，《政党与当代世界》1994年第2期；伍戈：《捷克和斯洛伐克社会中的政治派别》，《国际观察》1994年第2期；南杰：《斯洛伐克麦恰尔政府为何倒台》，《政党与当代世界》1994年第5期；陈发奋：《心载凌云志 实干梦成真——斯洛伐克新总统鲁道夫·舒斯特》，《当代世界》1997年第7期。

③ 李斌：《捷克斯洛伐克的反垄断化和竞争的发展》，《管理科学文摘》1994年第5期；舒笙：《斯洛伐克：经济形势渐趋好转，改革可望深入》，《国际展望》1994年第19期；金淑清：《斯洛伐克的经济体制转轨：内容、成果和问题》，《东欧》1997年第3期。

④ 《斯洛伐克修正消费税法案》，《税务》1995年第4期；伍戈：《斯洛伐克的私有化》，《国际观察》1995年第4期；浦田秀次郎、小滨裕久、林晶：《斯洛伐克的市场经济化及中小企业》，《国际社会与经济》1995年第9期；韩玉荣：《1995年斯洛伐克经济发展主要趋势》，《东欧中亚市场研究》1996年第4期；高歌：《斯洛伐克经济改革和吸引外资的一般情况》，《东欧中亚市场研究》1996年第4期；山草：《斯洛伐克：迈向市场经济道路上取得巨大进步》，《世界贸易组织动态与研究》1996年第8期；杜吟棠、王秀杰：《斯洛伐克土地私有化与合作制改制》，《中国农村经济》2002年第3期。

⑤ 胡舜媛：《斯洛伐克将成为西方的"核殖民地"》，《国外核新闻》1994年第7期；《斯洛伐克核电公司将私有化》，《国外核新闻》1994年第11期；勃·施莫格内洛娃、人禾：《斯洛伐克共和国的军事工业问题》，《东欧》1994年第4期；苏涛：《斯洛伐克战斗部改进火箭（转下页注）

克的历史、法律、地理、文学、音乐等情况。此外，值得一提的是，随着斯洛伐克与中国双边合作的推进，关于中斯经贸、文化、教育领域合作交流①的文献以及斯洛伐克汉学研究②的文献有所增加。这一阶段尽管中国学术界的斯洛伐克研究仍以介绍性为主，但关注的主题更趋广泛，人文主题的研究内容明显增加，研究内容更趋系统性、深入性和精细性，例如《东欧中亚市场研究》1996年第7期就以斯洛伐克为主题，发表了25篇系统介绍斯洛伐克经济转轨情况的文章，涉及国家预算、投资政策、农业政策、税收政策、产业部门、主要外贸伙伴等。《东欧》从1995年第1期接续7期连载了万世荣撰写的《斯洛伐克简史》。1995年第3、4期连载了蒋承俊撰写的《捷克和斯洛伐克战后小说概述》。《中国文化研究》1997年第3、4期连载了徐宗才撰写的《斯洛伐克汉学家》。

第二阶段是从2004年斯洛伐克加入欧盟到2012年中国-中东欧国家合作机制启动前。这一阶段的研究成果数量与上一个阶段相比有所回落，但对于斯洛伐克研究的深度进一步推进，尤其是历史研究有所突破。主要的研究主题如下：一是继续关注入盟后斯洛伐克国内政治局势，即重大选举情况、政党政治走向、政治现象与思潮、斯洛伐克的民族性格等。③在分析斯洛伐克的政治现象时，学者

（接上页注⑤）弹效能》，《弹箭技术》1996年第1期；徐世福：《斯洛伐克铁路》，《东欧》1998年第1期；苏明：《斯洛伐克制造内燃机车》，《国外内燃机车》1998年第1期；张大伟：《斯洛伐克工业技术政策》，《全球科技经济瞭望》2000年第1期。

① 弗拉基米尔·克利莫、李丹琳：《斯洛伐克和中国的经贸合作》，《东欧中亚市场研究》1996年第7期；王鹏、安巍：《斯洛伐克国家舞蹈团访华演出》，《东欧》1998年第3期。

② 黑山：《〈红楼梦〉的斯洛伐克文翻译》，《红楼梦学刊》1997年第4期；胡文彬：《天涯若比邻——斯洛伐克文〈红楼梦〉述评》，《天津外国语学院学报》1999年第1期；叶蓉：《汉学与汉语教学在斯洛伐克》，《世界汉语教学》2003年第1期。

③ 姜琍：《人物志斯洛伐克新总统伊万·卡什帕罗维奇》，《俄罗斯中亚东欧研究》2004年第5期；姜琍：《斯洛伐克共和国新总理罗伯特·菲措》，《俄罗斯中亚东欧研究》2006年第6期；高歌：《2006年匈牙利、捷克、斯洛伐克议会选举与左翼政党的发展》，《当代世界社会主义问题》2007年第2期；姜琍：《转型时期斯洛伐克民粹主义探析》，《俄罗斯中亚东欧研究》2008年第1期；王志连、姬文刚：《斯洛伐克民主左派党发展演变初探》，《当代世界与社会主义》2009年第3期；王志连、姬文刚：《捷克与斯洛伐克共产主义后继党发展演变比较研究》，《科学社会主义》2009年第3期；古莉亚：《斯洛伐克政党的欧洲化》，《当代世界社会主义问题》2009年第4期；姜琍：《捷克与斯洛伐克政治、经济和外交转型比较》，《欧洲研究》2010年第1期；孔寒冰：《斯洛伐克人的心结》，《世界知识》2011年第12期。

们更多关注其"欧洲化"特点以及欧盟对其的政治影响力。① 二是开始深入研究斯洛伐克历史,尤其是冷战时期的历史以及斯洛伐克历史上的重大事件,如签订《慕尼黑协定》、"布拉格之春"等。② 三是关注中斯文化、经济关系,以及斯洛伐克汉学研究③、斯洛伐克的经贸投资政策等④。换个角度讲,这一阶段关于(捷克)斯洛伐克历史研究的成果增多,并主要集中在二战史、冷战史方面。同时,研究成果的学术性显著增强。这一点从在这一时期出现了 10 余篇以(捷克)斯洛伐克为主题的硕士论文以及 1 篇博士论文可见一斑,学位论文的主题主要集中在历史领域。此外,中国国内第一本系统介绍斯洛伐克国情的著作——《列国志·斯洛伐克》于 2006 年出版。⑤

第三阶段是 2012 年中国-中东欧国家合作机制启动以来的 10 年。这一阶段对于斯洛伐克的关注和研究又有所增多,关注的领域主要有三个:一是斯洛伐克的政治和经济转型⑥;二是冷战史,主要涉及 1948 年捷共"二月革命"、

---

① 郭翠萍:《论冷战后斯洛伐克政党竞争的特征》,《当代世界与社会主义》2011 年第 5 期;周忠丽:《20 世纪 90 年代以来斯洛伐克的欧洲化与政治转型》,《国际论坛》2011 年第 6 期;周忠丽:《欧盟制约性与斯洛伐克的政治转型》,《世界经济与政治论坛》2011 年第 6 期。

② 高建红:《论苏联入侵捷克斯洛伐克对国际关系的影响》,《井冈山师范学院学报》2005 年第 1 期;舒建中:《美国在关贸总协定机制下的对捷政策(1948~1951)》,《西南大学学报》(人文社会科学版)2006 年第 1 期;徐鹏堂、严鹏:《捷共丧失执政地位的原因及后果——访中国原驻捷克斯洛伐克大使严鹏》,《上海党史与党建》2006 年第 3 期;吕雪峰:《"贝奈斯公式"与 1943 年苏捷条约——兼论战后苏联对中东欧政策的缘起》,《俄罗斯研究》2007 年第 3 期;郭翠萍:《胡萨克执政时期"持不同政见者运动"探微》,《理论探索》2008 年第 5 期;郭翠萍:《前捷克斯洛伐克"七七宪章"运动的发展及影响》,《当代世界社会主义问题》2008 年第 3 期;周志花:《论 1945~1946 年美国对捷克斯洛伐克的经济援助》,《首都师范大学学报》(社会科学版)2009 年第 S1 期;张文成:《东德、布拉格之春和苏联社会主义模式的终结》,《国外理论动态》2009 年第 3 期;周小熙:《1939 年德国入侵捷克斯洛伐克对苏联外交政策的影响》,《黑龙江史志》2009 年第 5 期;张洁:《从冷战全局重新看待"布拉格之春"的结果》,《文学界》(理论版)2010 年第 4 期;刘霏:《布拉格之春述评》,《学理论》2011 年第 19 期。

③ 鲍彦敏:《多瑙河畔的红学家——记斯洛伐克文〈红楼梦〉翻译家黑山女士》,《红楼梦学刊》2007 年第 5 期;马乌安·高利克、赵俊生:《孔子和儒学在波希米亚和斯洛伐克的接受》,《中国文化研究》2008 年第 3 期;赵燕平、何培忠、崔玉军:《当代斯洛伐克的中国研究》,《国外社会科学》2011 年第 4 期。

④ 《斯洛伐克投资与经贸风险分析报告》,《国际融资》2007 年第 8 期。

⑤ 姜琍:《列国志·斯洛伐克》,社会科学文献出版社,2006。

⑥ 姜琍:《欧盟的条件性对中东欧国家政治转型的影响——以斯洛伐克为例》,《国外理论动态》2014 年第 7 期;〔捷〕弗拉基米尔·戈涅茨、邵文实:《"中欧"的重新确立与回归欧洲——斯洛伐克和捷克的想法与概念(1989—2004—2014)》,《国际社会科学杂志》(中文版)2016 年第 2 期;余南平、夏菁:《区域价值链视角下的中东欧国家经济转型——以波兰、匈牙利、捷克和斯洛伐克为分析对象》,《欧洲研究》2020 年第 1 期。

1989年"天鹅绒革命"①；三是斯洛伐克汉学研究②。值得注意的是，随着斯洛伐克2009年加入欧元区以及2010年欧债危机的爆发，中国学者开始关注斯洛伐克加入欧元区后的利弊得失。③ 从研究特点上看，这一阶段的研究主题更趋广泛和丰富。除了前述三个重点关注领域，有关斯洛伐克教育、艺术、体育、能源市场、投资外贸、基础设施建设等全方位、宽领域的介绍性文章数量明显增加。④ 同时，研究的学术性显著增强，这一阶段共有37篇硕士论文和博士论文，涉及政治、经济、历史、教育、新闻传播、电影艺术、文学、语言学、对外汉语教学、中斯合作等领域。此外，研究的涉我性显著增强，服务于"一带一路"建设和中国-中东欧国家合作的应用对策型研究数量增多。除了相关学术论文，《"一带一路"国别概览——斯洛伐克》《斯洛伐克看"一带一路"和中国-中东欧国家合作》两部专著也于2018年和2019年相继出版。⑤

总的来说，30年来的中国斯洛伐克研究主要集中在政治经济转型、历史研究和汉学研究三个领域。中国斯洛伐克的研究内容在不断深化，主题不断拓展，

---

① 吕雪峰：《本土革命与外部因素——苏联与1948年捷克斯洛伐克二月事件》，《苏州科技学院学报》（社会科学版）2012年第1期；郑非：《"天鹅绒分离"二十年——捷克斯洛伐克国家分裂的经验与教训》，《开放时代》2013年第1期；姜琍：《试论转型进程对捷克斯洛伐克联邦解体的影响》，《俄罗斯东欧中亚研究》2013年第5期；侯立、董小川：《苏联入侵捷克斯洛伐克与英美等西方国家的反应》，《历史教学问题》2014年第2期；姜琍：《民族心理与民族联邦制国家的解体——以捷克斯洛伐克联邦为例》，《俄罗斯东欧中亚研究》2014年第4期；王波：《二战时期"波捷联邦"计划的产生、失败及影响》，《历史教学问题》2015年第2期；龚建伟：《浅析波兰与捷克斯洛伐克之间的切欣争端问题》，《开封教育学院学报》2016年第12期；高晓川：《1989年捷克斯洛伐克天鹅绒革命中的民意压力与捷共妥协》，《当代世界与社会主义》2018年第1期。
② 唐均：《〈红楼梦〉斯洛伐克翻译手稿论》，《红楼梦学刊》2014年第2期；张传玮：《20世纪齐白石艺术在捷克斯洛伐克的传播》，《国际汉学》2021年第3期；南力丹、〔斯洛伐克〕黑山：《斯洛伐克汉学家黑山女士谈中国文化》，《国际汉学》2022年第2期。
③ 姜琍：《斯洛伐克加入欧元区的利弊得失：政治和经济分析》，《俄罗斯学刊》2012年第1期。
④ 孟可：《斯洛伐克立法满足大学生特殊教育需求》，《世界教育信息》2016年第5期；查苏娜：《浅析早期捷克斯洛伐克动画的黑色幽默》，《艺术科技》2014年第10期；袁丹：《斯洛伐克投资环境与投资项目介绍》，《国际工程与劳务》2015年第4期；刘进、杨莉：《"一带一路"沿线国家的高等教育现状与发展趋势研究（七）——以斯洛伐克为例》，《世界教育信息》2018年第12期；姜琍：《"16+1"合作和"一带一路"框架内的中国与斯洛伐克经贸合作》，《欧亚经济》2019年第3期。
⑤ 章丽群编著《斯洛伐克》，大连海事大学出版社，2018；陈新主编《斯洛伐克看"一带一路"和中国-中东欧国家合作》，中国社会科学出版社，2019。

学术性也日趋深厚。然而不能忽视的是，国内目前专门从事斯洛伐克研究的机构和研究人员仍相对较少，尚无专门研究斯洛伐克的期刊或皮书，有关斯洛伐克语言教学教材、文学艺术、对外政策、经济结构、中斯关系发展等课题的研究还需要进一步增强。

第五节　罗马尼亚研究

1989年12月22日，齐奥塞斯库政权被推翻，罗马尼亚救国阵线委员会接管国家一切权力，罗马尼亚社会主义共和国改国名为罗马尼亚。随着罗马尼亚开启转型进程，中国和罗马尼亚的关系进入一个全新的时期，区域国别学意义上的罗马尼亚研究真正开启。根据中国知网收录的论文情况，从1990年1月1日至2022年12月31日，以"罗马尼亚"为篇名搜索到的中文文章共计1596篇。[①] 其中，学术期刊文章982篇、学位论文97篇（硕士论文96篇、博士论文1篇）、会议文章20篇、报纸文章290篇、学术辑刊文章27篇、特色期刊文章177篇、成果文章3篇。另据中国国家图书馆收藏的数据，从1990年1月1日至2022年12月31日，以罗马尼亚为篇名的各类中文著作约有120部，其中以罗马尼亚语言教材、词典以及文学专著和译作居多。

归纳起来，30多年的中国罗马尼亚研究大体分为三个阶段。

第一阶段是从1990年罗马尼亚开启转型到2004年中罗建立全面友好合作伙伴关系前，特点是以介绍性研究为主。以中国知网收录这一阶段的学术期刊文章为参照，多数都是对罗马尼亚各领域发展、国家概况、人物及政府部门的介绍。开启转型的罗马尼亚各领域发展吸引了学者的关注，大量的介绍和研究聚焦罗马尼亚经济问题，包括经济转轨、私有化以及具体的工业、农业、税收与投资等方面。[②] 在人物方面，学者们注意到了罗马尼亚社会主义共和国党和国家的最高领

[①] 另外，以"齐奥塞斯库"为篇名搜索各类中文文章26篇（其中6篇与罗马尼亚篇名重复），以"伊利埃斯库"为篇名搜索各类中文文章15篇（其中10篇与罗马尼亚篇名重复）。

[②] 中国社会科学院俄罗斯东欧中亚研究所的王义祥老师和李秀环老师的相关研究较多。王义祥：《动乱后的罗马尼亚工会》，《今日苏联东欧》1990年第5期；《罗马尼亚的移民浪潮》，《今日苏联东欧》1991年第1期；《罗马尼亚关于私有化的争论》，《今日苏联东欧》1991年第2期；（转下页注）

导人尼古拉·齐奥塞斯库（Nicolae Ceausesc）和转型后第一位总统扬·伊利埃斯库（Ion Iliescu）。①此外，罗马尼亚文学、民族问题、教育政策以及政治转型等主题也受到学者们的重视。②与这一阶段出现大量文章相反的是，专著只有9部。除了一部关于罗马尼亚历史的研究专著③，其他专著几乎都集中在语言和文学领域。④

第二阶段是从2004年中罗建立全面友好合作伙伴关系到2012年中国-中东欧国家合作机制启动前，特点仍是以介绍性研究为主，但更加精细、专业并注重涉我性。以中国知网收录这一阶段的学术期刊文章为参照，研究主要集中在罗马尼亚投资市场、税收政策、教育改革、林业和畜牧业发展状况、社会保障以及科

（接上页注②）《罗马尼亚的经济与价格改革》，《今日前苏联东欧》1993年第2期；《罗马尼亚的经济转轨：预测与现实》，《今日东欧中亚》1996年第6期。李秀环：《罗马尼亚的私有化措施及问题》，《东欧中亚研究》1992年第2期；《罗马尼亚的投资环境及引进外资情况》，《东欧中亚研究》1993年第5期；《罗马尼亚农业经济结构发生重大变化》，《东欧中亚研究》1994年第2期；《罗马尼亚吸引资的情况》，《东欧中亚市场研究》1996年第3期；《罗马尼亚共和国外国投资法》，《东欧中亚市场研究》1997年第11期；《罗马尼亚的经济情况和经济环境》，《东欧中亚市场研究》1999年第11期。

① 在中国知网，以齐奥塞斯库为篇名搜索的26篇文章中有14篇发表在这一阶段，以伊利埃斯库为篇名搜索的15篇文章中有12篇发表在这一时段。

② 文学领域的重要文章主要来自北京外国语大学罗马尼亚语专家冯志臣教授，如《罗马尼亚民间文学中的动物形象》，《国际论坛》1990年第1期；《罗马尼亚民间文学中的神灵、鬼怪与奇人》，《国际论坛》1990年第3期；《罗马尼亚民间文学中的日月星辰》，《国际论坛》1991年第2期；《罗马尼亚习俗诗》，《国际论坛》1992年第1期；《罗马尼亚的无产阶级文学》，《国际论坛》1993年第1期；《罗马尼亚当代文学》，《东欧》1996年第1期；《罗马尼亚封建时期文学》，《东欧》1998年第2期；《罗马尼亚1867~1918年文学》，《东欧》1998年第4期。民族问题方面的重要文章有王义祥：《罗马尼亚的茨冈人问题》，《今日东欧中亚》1996年第4期；周明德：《罗马尼亚的茨冈人问题》，《今日前苏联东欧》1993年第5期；郭庆云、李玉珠：《罗马尼亚的民族关系与民族政策初析》，《苏联东欧问题》1991年第4期；黄陵渝：《罗马尼亚的穆斯林》，《中国穆斯林》1991年第3期。教育政策的重要文章有李文兵：《90年代的罗马尼亚高等教育改革》，《比较教育研究》2002年第10期；丁超：《罗马尼亚教育法》，《东欧》1996年第3期；丁超：《罗马尼亚教育简况》，《东欧》1995年第2期。有关政治转型的重要文章有赵磊：《斗转星移，中左力量重掌政权——罗马尼亚2000年大选结果剖析》，《当代世界》2000年第12期；马晴燕：《罗马尼亚转轨十年情况》，《国际资料信息》1999年第10期；王义祥：《罗马尼亚政局的演变》，《今日苏联东欧》1991年第6期。

③ 周旭东：《夹缝中的罗马尼亚》，中国社会科学出版社，2003。

④ 例如，杨顺禧：《罗马尼亚语语法》，外语教学与研究出版社，1993；冯志臣：《罗马尼亚文学》，外语教学与研究出版社，1999；冯志臣、丁超编《新编大学罗马尼亚语》（全4册），外语教学与研究出版社，2002；冯志臣编《罗马尼亚文学教程》，外语教学与研究出版社，2002。

研等层面。①需要提到的是，2004年6月，中国国家主席胡锦涛访问罗马尼亚期间同罗马尼亚总统伊利埃斯库宣布建立中罗全面友好合作关系。两国关系的提质升级推动两国各层次、各领域的交流交往增多，有关研究、报道、访谈也显著增多。②受此影响，有关中罗关系的历史与现实话题受到重视。③此外，罗马尼亚于2007年成为欧盟成员国后，有关罗马尼亚入盟以及入盟后的相关问题研究得到广泛关注。④从专著的角度看，这一阶段关于罗马尼亚的专著有10多部。虽然专

---

① 王南楠：《罗马尼亚投资政策解析》，《进出口经理人》2010年第4期；杨秀青：《罗马尼亚企业税收政策及其未来变化》，《时代经贸》2006年第10期；刘宝存、肖甦：《罗马尼亚教育的转型改革与发展趋势》，《当代教育科学》2004年第3期；王亚明、李青、王赛：《罗马尼亚林业发展及对我国林业建设的启示》，《林业经济》2010年第4期；张振兴、孔琳、刘现武：《罗马尼亚畜牧业发展状况》，《世界农业》2011年第10期；尹志远、施朝阳：《罗马尼亚养老保险制度俯瞰》，《中国社会保障》2009年第8期；司洪文等：《罗马尼亚与波兰的农业及农业科研》，《世界农业》2005年第6期；张传坤、侯丽霞、李忠德、曲士松：《罗马尼亚蔬菜科研与生产对我们的启示》，《安徽农业科学》2007年第12期。

② 李巨川：《心会跟爱一起走——中国青年代表团访问罗马尼亚散记》，《世界知识》2004年第23期；赵静：《中罗合作前景广阔——罗马尼亚总理讷斯塔塞访谈录》，《当代世界》2004年第3期；王海京：《罗马尼亚总理纳斯塔塞访谈中国是我们强有力的伙伴》，《瞭望新闻周刊》2004年第8期；李璐：《中罗合作升温——访罗马尼亚驻中国大使馆商务参赞Sorin TOADER》，《进出口经理人》2010年第4期。

③ 蒋本良：《1966年随周总理访问罗马尼亚》，《百年潮》2006年第9期；蒋本良：《胡耀邦同罗马尼亚领导人的几次会谈》，《百年潮》2007年第9期；刘勇：《罗马尼亚渠道与中美关系的解冻》，《中国青年政治学院学报》2005年第3期；刘勇：《罗马尼亚经验与中国改革开放的起步》，《中国青年政治学院学报》2010年第5期。另外，有关对中罗关系做出贡献的罗马尼亚汉学家、外交家罗明夫妇的研究也不少，如，丁超：《半个世纪的汉学历程——罗马尼亚汉学家罗明夫妇访谈录》，《国际汉学》2004年第2期；王子立：《我愿为中罗间架一座友谊之桥——访罗马尼亚前驻华大使、著名汉学专家罗明先生》，《国际人才交流》2010年第11期；孔寒冰：《罗明：罗马尼亚人的中国传奇》，《世界知识》2011年第19期。此外，对罗马尼亚历史问题研究也有不少成果，如，周旭东：《论罗马尼亚投向纳粹德国的外交抉择》，《历史教学问题》2004年第4期；周旭东：《论二十世纪三十年代中期罗马尼亚外交政策转向的国际国内因素》，《历史教学问题》2005年第3期；周旭东：《论第二次世界大战前罗马尼亚的平衡外交》，《史学集刊》2005年第2期；夏纪媛：《1958年苏联从罗马尼亚撤军始末》，《俄罗斯研究》2010年第6期。

④ 张胜玉、关晓铭：《欧洲联盟第五次扩大的完成——罗马尼亚与保加利亚的入盟及其影响》，《法制与社会》2009年第29期；阿曼尼亚·安德罗尼斯库、彭惊：《法律和行政管理视角下的罗马尼亚公务员——融入欧盟中的罗马尼亚公务员制度分析》，《成都行政学院学报》2011年第3期。政党政治和政治转型的文章有龚远：《对华友好的罗马尼亚国家自由党》，《当代世界》2006年第4期；李停、项佐涛：《罗马尼亚民主党"右转"及其原因分析》，《当代世界社会主义问题》2008年第2期；霍淑红：《罗马尼亚社会民主党的政治转型及其前景分析》，《国际论坛》2010年第1期。

著的数量并不多，但研究的深度和广度在拓展，即除了文学、语言领域的专著继续出版，有关罗马尼亚国情、历史和法律等方面的专著也相继问世。①

第三阶段是从2012年中国-中东欧国家合作机制启动以来的10年，特点是研究的领域更趋多元，研究的学术性显著增强，研究的涉我特点更加突出。在中国知网以罗马尼亚为篇名进行搜索，这一阶段共有316篇学术期刊文章和86篇学位论文。其中，中罗关系及各领域合作的研究占了较大比重②，罗马尼亚入盟后的考察与评估③、教育和语言政策④、电影和出版⑤、

---

① 李秀环编著《列国志·罗马尼亚》，社会科学文献出版社，2006；洪茂雄：《罗马尼亚史：在列强夹缝中求发展的国家》，三民书局，2008；〔英〕尼古拉·克莱伯：《罗马尼亚史》，李腾译，东方出版中心，2010；刘勇：《百年中罗关系史》，时事出版社，2009；《罗马尼亚刑法典》，王秀梅、邱陵译，中国人民公安大学出版社，2007。

② 何易：《罗马尼亚利用FDI的现状及中国企业的投资机遇》，《北方经贸》2014年第3期；钱孟轩、倪善芹、于汶加、刘仁华：《中国-罗马尼亚产能合作前景分析》，《中国矿业》2017年第3期；康永兴、杨旖旎、严昌宇、穆娜娜：《中国-罗马尼亚农业合作开发前景分析》，《安徽农业科学》2019年第4期；张梦婷：《中国与罗马尼亚双边货物贸易关系研究》，《商场现代化》2019年第9期；黄亚茜：《罗马尼亚执法体制与中罗警务合作》，《欧亚人文研究（中俄文）》2021年第2期。

③ 鲍宏铮：《罗马尼亚和保加利亚应对欧盟合作与核查机制比较研究》，《俄罗斯学刊》2014年第1期；曲岩：《中东欧国家吸收欧盟基金及绩效——以罗马尼亚为例》，《欧亚经济》2015年第1期；曲岩：《从欧盟四份报告看罗马尼亚宏观经济变化》，《欧亚经济》2017年第3期；高歌：《入盟十年：保加利亚和罗马尼亚的政治不稳定》，《俄罗斯东欧中亚研究》2017年第5期；曲岩：《"规范性力量欧洲"的理念与实践：以罗马尼亚入盟为例》，《俄罗斯东欧中亚研究》2017年第5期；鞠豪：《罗马尼亚的欧洲化水平评估——基于规范性和认知性要素的分析》，《俄罗斯东欧中亚研究》2018年第4期；曲岩：《罗马尼亚入盟后反腐败实践评析》，《俄罗斯学刊》2018年第4期。

④ 娜日苏、乌云特娜：《罗马尼亚"导师制"对我国农村教师培训的启示》，《民族教育研究》2012年第2期；任彤彤、吕云震：《近三十年罗马尼亚高等教育治理模式研究》，《黑龙江高教教育》2020年第10期；董希骁：《国家语言能力视阈下的罗马尼亚通用语言国际拓展》，《外语研究》2021年第1期；曹瑞红、李立：《罗马尼亚中文教育发展现状及优化路径》，《世界教育信息》2022年第3期。

⑤ 伊万娜·乌里卡鲁、谢小红、王鹤翔：《资本与电影——罗马尼亚当代电影融资机制剖析》，《当代电影》2017年第8期；谭慧、何媛：《罗马尼亚电影在中国（1953～1963）》，《大众文艺》2018年第15期；沙扬：《纤毫毕现 笑而不语——对当代罗马尼亚电影的一种观察》，《世界电影》2021年第4期；高臻：《现实议题、电影叙述与现实隐喻：从〈医者仁心〉看罗马尼亚电影新浪潮的发展方向》，《电影评介》2021年第20期；崔斌箴：《"一带一路"倡议背景下的罗马尼亚出版业》，《出版参考》2017年第8期；董希骁：《罗马尼亚出版状况及中罗出版合作展望》，《科技与出版》2020年第1期；何明星、董希骁：《罗马尼亚图书出版业的变迁、教训与启示》，《中国出版》2021年第1期。

华侨华人①等话题也受到较多关注。值得注意的是，罗马尼亚学者在中国学术期刊发表中罗关系等方面文章亦有不少。② 学位论文和专著的情况也大体呈现这些特征。30 年来，以罗马尼亚为篇名的学位论文总共 97 篇，而有 86 篇来自这一时段，其中有 44 篇与罗马尼亚汉语教学相关，有 14 篇聚焦巴托克的罗马尼亚舞曲，其他主要集中在中罗关系、罗马尼亚外交、罗马尼亚历史等领域。这一阶段出版的 20 多部专著中，有关罗马尼亚国情、语言文学、中文教育、历史以及中罗关系③的内容比较多。诚然，有关罗马尼亚各行业、各领域介绍的专著也有一些，主要包括名胜景点、宗教场所、住宅、建筑等。

总的来说，在早期的研究中，来自中国社会科学院俄罗斯东欧中亚研究所和北京外国语大学欧洲语言文化学院的成果较多，有些学者对罗马尼亚相关问题进行了持续的跟踪，有些学者一辈子专门从事罗马尼亚某一领域的研究。自 2004 年中罗建立全面友好合作伙伴关系特别是 2012 年中国-中东欧国家合作机制启动以来，有关罗马尼亚研究的来源机构日益增多，研究人员也较为多元，研究的广度和深度亦有所增加。总的来讲，30 多年来的中国的罗马尼亚研究不断向"多、深、广"的趋势发展。另外需要提到的是，国内尚无一本专门研究罗马尼亚的期刊或皮书，有关罗马尼亚政治稳定性、罗马尼亚加入申根和欧元区、罗马尼亚和摩尔多瓦及周边国家的关系、"一带一路"背景下中罗关系等议题的研究还有待进一步强化。

---

① 李明欢：《罗马尼亚中国新移民研究：新华商与新市场》，《华侨华人历史研究》2013 年第 4 期；陈校、张寒：《海外中国劳工群体利益表达的困境、冲突与解决——以罗马尼亚中国工人劳务纠纷为例》，《东南亚研究》2014 年第 3 期。
② 萨尔米扎·彭恰、尤利亚·莫妮卡·奥埃赫列亚-欣卡伊、李丹琳：《近 10 年罗马尼亚与中国贸易的主要趋势》，《俄罗斯中亚东欧市场》2013 年第 5 期；萨尔米扎·彭恰、尤利亚·莫妮卡·奥埃赫列亚-欣卡伊、李丹琳：《中国投资试水中东欧国家——以罗马尼亚为例》，《欧亚经济》2014 年第 5 期；萨尔米扎·彭恰、尤利娅·莫妮卡·厄勒-欣卡伊、王永磊：《罗马尼亚——中国与中东欧关系的战略伙伴》，《国际社会科学杂志（中文版）》2016 年第 2 期。此外，还有罗马尼亚学者在中文期刊发表罗马尼亚转型研究的成果，如 Bac Dorin Paul、任云飞：《中欧大背景下的罗马尼亚转型研究》，《广州社会主义学院学报》2012 年第 3 期。
③ 孔寒冰：《寒冰访罗明》，上海人民出版社，2013；孔寒冰编著《中罗两国的桥梁：罗马尼亚前驻华大使罗明和汉学家萨安娜口述》，北京大学出版社，2016。

第六节 保加利亚研究

保加利亚与中国于1949年10月4日正式建立外交关系，是世界上第二个同新中国建交的国家。中国的保加利亚研究大体与两国建交同步。①冷战期间，中国学界对保加利亚语言文学、历史文化、政治经济、工农业发展、民俗等各个方面进行了介绍和研究。② 20世纪80年代末90年代初保加利亚开启转型后，区域国别学意义上的保加利亚研究正式出现。根据中国知网收录的论文情况，从1990年1月1日到2022年12月31日以"保加利亚"为篇名搜索共有相关成果1080篇。③ 其中学术期刊文章733篇、硕士学位论文74篇、博士学位论文1篇、会议文章7篇、报纸文章185篇、学术辑刊文章11篇、特色期刊文章69篇。另据中国国家图书馆的收藏，这一时段与保加利亚相关的专著及译著共约70部。

归纳起来，30多年来的中国保加利亚研究大致分为三个阶段。

第一阶段是从保加利亚1990年开启转型到2007年加入欧盟前，特点是以介绍性文章为主，学术性研究为辅。中国知网收录这一阶段的研究成果中约有3/4为介绍性文章，聚焦保加利亚的工农业发展④、体育活动⑤、旅游业⑥、人

---

① 新中国成立前，在中国知网上只有两篇关于保加利亚的文章。参见石啸冲《新生欧洲介绍：保加利亚》，《世界知识》1946年第1期；史炼：《新民主的保加利亚》，《世界知识》1947年第1期。
② 例如，沃罗布沃夫、李世杰：《人民民主保加利亚的历史问题》，《历史教学》1951年第7期；鲁·阿夫拉莫夫、李庶：《保加利亚文化的发展》，《世界知识》1955年第9期；张紫洞：《保加利亚人民共和国的药学事业》，《中国药学杂志》1956年第5期；余志和：《季米特洛夫和新闻工作》，《新闻战线》1982年第6期；张颖：《保加利亚经济体制改革理论的新发展》，《世界经济》1984年第3期；杨燕杰：《保加利亚的高等教育、科学研究事业和它们之间的协作》，《国际论坛》1987年第2期；樊石：《玫瑰飘香话友情——访保加利亚作协副主席古利亚什基》，《世界文学》1987年第4期；刘知白：《保加利亚民俗面面观》，《国际论坛》1989年第1期；金丕良：《保加利亚人口自然增长率首次为负增长》，《国际论坛》1991年第2期。
③ 以"保加利亚"为篇名搜索共有1452篇研究成果，其中包含372篇"保加利亚乳杆菌"及相关研究，不列入统计。
④ 叶兴乾：《保加利亚的葡萄和葡萄酒》，《世界农业》1992年第6期；许国雄：《保加利亚农业发展状况》，《农业经济》1993年第3期；葛志强：《保加利亚轻纺工业转轨的现状》，《东欧》1998年第1期；王拥军：《俄罗斯与保加利亚矿冶技术现状综述》，《有色金属（矿山部分）》2001年第5期。
⑤ 郑玉霞：《浅析保加利亚、独联体和我国艺术体操的发展》，《鞍山师范学院学报》1994年第3期；夏芳蕾：《保加利亚体育的发展及近年来取得的主要成就》，《东欧》1997年第3期。
⑥ 例如，马东辉：《参观保加利亚国家历史博物馆》，《东欧》1996年第3期；林温霜：《保加利亚旅游业一瞥》，《东欧》1997年第1期。

物传记[1]等多个领域。同时，针对保加利亚政治动态[2]、经济转轨[3]和入盟历程[4]的学术性研究约有 200 篇。根据中国国家图书馆的搜索数据，该阶段已经出现 17 部专著[5]、译著[6]和有关语言教学书籍[7]。其中，保加利亚著名作家埃林·彼林（Elin Pelin）和伊凡·伐佐夫（Ivan Vazov）的作品至今已拥有多种汉语译本，可见其在保国及世界文坛的地位。

第二阶段是从 2007 年保加利亚入盟到 2012 年中国-中东欧国家合作机制启动前，这一阶段的保加利亚研究显示出更加全面、精细和专业的特点。以中国知网收录这一阶段的文献为参照，涉及领域还包括轻工业手工业发展[8]、体育（尤其是足球）[9]、园艺[10]等。在政治经济领域，关于保加利亚的成果仍然是以介绍性

---

[1] 周宝义：《一位保加利亚医生的中国情结——访国际反法西斯战士甘扬道》，《东欧》1995 年第 4 期；肖江：《保加利亚总统彼·斯托扬诺夫》，《东欧中亚研究》1999 年第 5 期。

[2] 侯元杰：《保加利亚社会党几度沉浮》，《当代世界》1997 年第 5 期；宋言奇：《保加利亚社会党执政失败原因及今后走向分析》，《东欧》1998 年第 2 期；谢学敏：《保加利亚总统易人的背后》，《瞭望新闻周刊》1996 年第 49 期。

[3] 葛志强：《保加利亚经济状况的回顾与展望》，《东欧》1994 年第 2 期；郑士贵：《保加利亚工业生产合作社的发展》，《管理科学文摘》1996 年第 5 期；金雁：《评匈牙利、罗马尼亚、保加利亚的"休克补课"》，《科技智囊》1998 年第 10 期；严实：《保加利亚的私有化》，《今日东欧中亚》1998 年第 4 期。

[4] 伍浩松：《立陶宛、斯洛伐克可以加入欧盟，保加利亚仍存在问题》，《国外核新闻》1999 年第 12 期；林温霜：《它们离欧盟有多远——从保加利亚说起》，《世界知识》2000 年第 23 期。

[5] 陈九瑛：《重轭下的悲歌：保加利亚爱国诗歌研究》，社会科学文献出版社，1996；杨玉芳编辑、李绍明审定《保加利亚》，中国地图出版社，2002；余志和、马细谱编著《保加利亚概览》，世界知识出版社，2004。

[6] 〔保〕埃林·彼林：《比比扬奇遇记》，韦苇译，湖南少年儿童出版社，2009；〔保〕加贝等：《白色的长椅——保加利亚二十世纪诗选》，杨燕杰译，上海译文出版社，1996；〔保〕尼古拉·海托夫：《野性故事》，余志和等译，新华出版社，2002。

[7] 刘知白编著《汉保保汉翻译教程》，外语教学与研究出版社，1999；葛志强编《保汉会话手册》，外语教学与研究出版社，1999；陈瑛、林温霜编著《保加利亚语听力教程》，外语教学与研究出版社，2004。

[8] 郭春花：《加入欧盟后保加利亚服装企业迈出新步伐》，《纺织服装周刊》2007 年第 37 期；谢学敏：《保加利亚食用油价格大幅上涨》，《中国食品质量报》2010 年 8 月 28 日。

[9] 李昂扬：《白鹿巷盛开保加利亚玫瑰》，《足球俱乐部》2007 年第 17 期；杨健：《不败保加利亚苦涩绿玫瑰》，《足球俱乐部》2009 年第 8 期。

[10] 尚自烨：《保加利亚尖椒栽培技术》，《农技服务》2008 年第 25 期；孙建勇：《保加利亚大马士革玫瑰扦插技术》，《现代农村科技》2009 年第 16 期；孙兰英：《保加利亚树莓引种试验初报》，《中国农技推广》2008 年第 7 期。

文章（尤其是媒体文章）为主，主要涉及领导人会面①和能源建设②两个方面。此外，学术性研究关注的话题有所拓展，包括外交③、反腐④、政党⑤、经济改革⑥等多个领域。同时，这一阶段出版23本相关著作⑦，其中杨燕杰主编的《保加利亚语汉语词典》是中国第一部保加利亚语汉语双语工具书，它的出版成为两国文化交流史上的一件大事，为两国各领域交往和学术研究解决了基础性难题。

第三阶段是2012年中国-中东欧国家合作机制启动以来的10年。在中国-中东欧国家合作和共建"一带一路"实践中，中保关系全面发展，相关研究不断增多。2019年7月，保加利亚总统鲁门·拉德夫（Rumen Radev）访问中国之际，两国关系正式提升为战略伙伴关系。在此背景下，我国的保加利亚研究更加成熟，呈现学术性研究增多、研究人员增多、研究课题增多的特点。中国知网收录的这一阶段成果中，大约有150篇学术期刊文章、59篇学位论文、20篇媒体文章。其中，媒体文章大多为介绍性内容，2/3以上都是偏农商领域。⑧学位论文多数为硕士学位论文，且关于汉语海外传播的研究达到了50篇以上⑨，这表明随着中保关系的发展，中国文化在保加利亚的传播越来越受到重视。除此之外，其他学位

---

① 王莉：《习近平会见保加利亚总理鲍里索夫》，《人民日报》2009年10月16日；孙妍：《李盛霖会见保加利亚客人》，《中国交通报》2010年10月28日。
② 张炎：《欧盟委员会通过延长对保加利亚核电厂财政支持的提案》，《国外核新闻》2009年第11期；武浩松：《保加利亚政府决定将原计划建于贝勒尼的核电机组转移至科兹洛杜伊》，《国外核新闻》2012年第4期。
③ 孔寒冰：《保加利亚：对苏联的感情不一般》，《世界知识》2010年第22期。
④ 普拉门·K.格奥尔基耶夫、郑静东：《东南欧的腐败网络：保加利亚视角》，《公共行政评论》2010年第2期。
⑤ 夏纪媛：《保加利亚社会党2009年大选失利的原因》，《国际关系学院学报》2010年第2期。
⑥ 马娅·克利亚、李鹏：《中国和保加利亚的中产阶级发展模式》，《江苏社会科学》2008年第5期。
⑦ 其中较有代表性的如马细谱：《保加利亚史》，中国社会科学出版社，2011；〔保〕安吉尔·瓦根施泰因：《别了，上海》，余志和译，作家出版社，2012。
⑧ 汪仲启：《保加利亚愿成为中国企业通向欧洲的门户》，《社会科学报》2014年1月23日；田晓军：《保加利亚鼓励绿色出行》，《经济日报》2021年10月25日；蔡淳：《保加利亚：平衡生态保护与旅游经济》，《经济日报》2022年12月18日。
⑨ 乔燕妮：《保加利亚汉语学习者语音习得偏误分析》，西安外国语大学硕士学位论文，2012；吴秀平：《普罗夫迪夫中学兴趣班汉语教学案例分析》，北京外国语大学硕士学位论文，2016；夏悦：《赴保加利亚汉语志愿者跨文化交际案例研究》，北京外国语大学硕士学位论文，2016；喻璠玛：《保语版〈快乐汉语〉和〈汉语乐园〉比较研究》，四川外国语大学硕士学位论文，2021。

第三章　中国的中东欧国别研究　079

论文主要涉及国际关系[1]、文学[2]、历史[3]、政治经济[4]、媒体[5]等领域。相较之下，该时段的学术论文涉及范围更加广泛，除了延续以前的政治经济转型及入盟研究[6]，对于保加利亚法律和商务环境[7]的关注也显著增加，这在一定程度上反映了中国-中东欧国家合作和"一带一路"倡议提出以来中保两国经贸关系的积极发展。此外，根据中国国家图书馆的收藏，这一阶段共有33部与保加利亚相关的专著及译著出版，其中包括埃林·彼林、伊凡·伐佐夫、兹德拉夫科·伊蒂莫娃（Zdravka Evdimova）等著名作家作品的中译本及保国诗歌翻译选集[8]，还包括对象国概况[9]、

---

[1] 巩毅:《"入盟"以来的保加利亚与俄罗斯关系探析（2007~2019）》，外交学院硕士学位论文，2022。

[2] 詹彦怡:《传统乡村审美在佩特洛夫小说中的存在与破除——以〈猎狼〉〈长浪〉和〈生之前，死以后〉为例》，北京外国语大学硕士学位论文，2021；刘昌晶:《〈红楼梦〉保加利亚文译本生活文化负载词的翻译方法与策略探析》，北京外国语大学硕士学位论文，2021。

[3] 蔡佳余:《古代保加利亚和拜占庭的关系研究（5~10世纪）》，广西师范大学硕士学位论文，2013；张静怡:《拜占庭征服保加利亚研究（10~12世纪）》，华中师范大学硕士学位论文，2018。

[4] 陈琳:《保加利亚的穆斯林》，陕西师范大学硕士学位论文，2012；陈巧:《保加利亚人口国际迁移现状研究（2007~2015）》，北京外国语大学硕士学位论文，2017；马力:《保加利亚"非斯大林化"时期的政治变动（1953~1962）——以高层更替和监狱政策为线索》，华东师范大学硕士学位论文，2017；李泓翰:《保加利亚天然气政策转向研究（冷战后—2016年）》，华东师范大学硕士学位论文，2020。

[5] 顾芳:《从保加利亚民众眼中的中国形象看如何进一步提升CRI在保加利亚的传播能力》，北京外国语大学硕士学位论文，2020。

[6] 赵彩燕:《保加利亚的政治转型与民族和解》，《当代世界社会主义问题》2016年第1期；马细谱:《非政府组织是保加利亚政局不稳的推手》，《世界社会主义研究》2017年第4期；高歌:《入盟十年：保加利亚和罗马尼亚的政治不稳定》，《俄罗斯东欧中亚研究》2017年第5期；徐刚:《马其顿与保加利亚关系开启新征程》，《世界知识》2018年第5期；马细谱:《保加利亚社会转型与人口危机》，《国外理论动态》2020年第3期。

[7] 颜武:《保加利亚反腐败蹒跚前行》，《先锋队》2018年第12期；田晓军:《中保农业投资合作机会不断涌现》，《粮食科技与经济》2018年第7期；郑众、Nikolay Tsenkov、王晓波:《保加利亚投资指南》，《中国投资》2018年第21期；李菊丹:《"一带一路"倡议下保加利亚知识产权保护制度研究》，《法学杂志》2018年第12期；潘非:《保加利亚宪法改革及当前宪政制度概述》，《西部学刊》2019年第21期；姜珂:《"17+1合作"和"一带一路"框架内中国与保加利亚经贸合作》，《欧亚经济》2020年第2期。

[8] 〔保〕埃林·彼林原著，李琳编译《扬·比比扬历险记》，浙江摄影出版社，2017；〔保〕兹德拉夫科·伊蒂莫娃等:《佩尔尼克故事集》，胡永评译，宁波出版社，2019；陈九瑛、刘知白编译《保加利亚诗选》，作家出版社有限公司，2019；〔保〕伊凡·伐佐夫:《伊凡·伐佐夫短篇小说选集》，余志和译，成都时代出版社，2022。

[9] 汪波编著《保加利亚》，大连海事大学出版社，2018；余志和、马细谱、谢少敏:《玫瑰之国保加利亚》，世界知识出版社，2019。

政治①、教育②、文学③、经济④等方面的研究专著。由于国内保加利亚语教学的发展，相关的教学成果和词典⑤也迅速增多。

总的来说，北京外国语大学和中国社会科学院等机构的学者为保加利亚研究打下了坚实的基础，一些老年学者仍然在致力于相关学术研究，成果丰硕。近年来，有关保加利亚研究的来源机构逐渐多元化，来自各大高校、研究所、媒体等机构的研究人员也迅速增多。但需要提到的是，国内尚无一本公开出版的专门研究保加利亚的期刊或皮书，有关保加利亚的政治经济制度、保加利亚内部民族关系以及跨界保加利亚族、保加利亚与大国关系、"一带一路"背景下的中保关系等议题的研究也有待进一步强化。

第七节　斯洛文尼亚研究

2022 年是中国和斯洛文尼亚建交 30 周年。1992 年 4 月 27 日，中国承认斯洛文尼亚的独立主权地位。⑥同年 5 月 12 日，两国签署建交公报，正式建立外交关系。从此，斯洛文尼亚成为中国国际问题学界一个独立的国别研究对象。不过有意思的是，有关斯洛文尼亚的学术观察则要更早一些。早在 20 世纪 80 年代和 90 年代初，有关南斯拉夫斯洛文尼亚共和国的一些介绍和翻译研究已经出现⑦，

---

① 沈志华总主编，项佐涛、拉雅主编《东欧各国社会制度转型档案文献编目：第二卷·保加利亚篇》，社会科学文献出版社，2019。
② 王颖、王伟业：《音乐教育视野下的保加利亚瓦里梅左夫家族音乐研究》，山东人民出版社，2015；张德祥、李枭鹰主编，柳方怡编译《罗马尼亚、阿尔巴尼亚、保加利亚教育政策法规》，大连理工大学出版社，2020。
③ 陈瑛：《文化转型期的中国和保加利亚的儿童文学》，外语教学与研究出版社，2012；陈九瑛：《东欧戏剧史·保加利亚卷》，北京联合出版公司，2018。
④ 王玲、车生泉：《保加利亚乡村振兴研究》，上海交通大学出版社，2019。
⑤ 丁浩主编《汉语保加利亚语分类词典》，商务印书馆，2013；北京外国语大学汉语国际推广多语种基地组编《汉语小词典·保加利亚版》，外语教学与研究出版社，2017；张春明等编译《外教社保加利亚语英语汉语图解词典》，上海外语教育出版社，2018。
⑥ 1991 年 6 月 25 日，斯洛文尼亚宣布脱离南斯拉夫独立。
⑦ 例如，《南斯拉夫斯洛文尼亚共和国宪法摘选》，《民族译丛》1981 年第 1 期；冯锡友：《斯洛文尼亚社会主义共和国宪法序言部分：基本原则》，《民族译丛》1981 年第 1 期；刘育斋：《分层顶煤冒落综采法开采斯洛文尼亚褐煤》，《陕煤科技》1983 年第 2 期；刘敦诗：《南斯拉夫联邦斯洛文尼亚共和国妇幼保健工作概况》，《国外医学（社会医学分册）》1985 年第 2 期；高立：《南斯拉夫斯洛文尼亚旅游岩洞中的氡》，《国外核新闻》1987 年第 1 期；斯拉维卡·卡维奇、黄光裕、王勋利：《斯洛文尼亚森林的自主管理》，《国外林业》1991 年第 2 期；埃拉·乌（转下页注）

对于1991年的斯洛文尼亚独立也有了较早的分析①。

真正意义上的学术研究大体与中斯建交同步。根据中国知网收录的论文情况，从1992年5月建交到2022年12月31日以"斯洛文尼亚"为篇名搜索到的中文文献共计409篇。其中，学术期刊文章238篇、学位论文20篇（硕士论文19篇、博士论文1篇）、会议文章7篇、报纸文章105篇、学术辑刊文章1篇、特色期刊文章38篇。另据中国国家图书馆收录数据，截至2022年12月31日，以斯洛文尼亚为名的各类中文著作仅6部。值得关注的是，有关斯洛文尼亚思想家斯拉沃热·齐泽克（Slavoj Žižek）的研究和译作则让人叹为观止，共有论文330余篇，且几乎其所有作品均有中译本。②无怪乎齐泽克被出版界誉为"卢布尔雅那巨人"③。

归纳起来，30年的中国斯洛文尼亚研究大体分为三个阶段。

第一阶段是从1992年中斯建交到2004年斯洛文尼亚加盟入约前，特点是以介绍性研究为主。以中国知网收录这一阶段的学术期刊文章为参照，2/3以上的文章都是对斯洛文尼亚各领域发展、国家概况、人物及政府部门的介绍。独立后斯洛文尼亚各领域的发展吸引了学者的关注，大量的介绍和研究聚焦到了斯洛文尼亚经济，包括具体的税法、企业、投资与对外关系等方面。④在人物方面，学者们注意到了斯洛文尼亚共和国的首任总统米兰·库

（接上页注⑦）尔瑞·安太诺、史大胜：《南斯拉夫斯洛文尼亚双语制基础教育》，《民族教育研究》1991年第4期。

① 参见高远《斯洛文尼亚为什么要独立？》，《今日前苏联东欧》1992年第2期。
② 如"当代激进思想家译丛"的《延迟的否定》《无身体的器官》，"新世界思想译丛"的《意识形态的崇高客体》，以及"地铁上的哲学"丛书的《事件》，等等。
③ 参见佘江涛《被误用和利用的集权主义概念——读斯拉沃热·齐泽克〈有人说过集权主义吗？〉》，《博览群书》2005年第5期。
④ 中国社会科学院俄罗斯东欧中亚研究所的汪丽敏老师和农村发展研究所的张元红老师相关研究最多。前者的研究有《斯洛文尼亚共和国的经济发展》，《经济学动态》1993年第1期；《转轨中的斯洛文尼亚经济》，《世界经济》1995年第1期；《斯洛文尼亚的企业结构改造》，《世界经济》1996年第1期；《斯洛文尼亚1996年的经济发展趋势和1997年展望》，《东欧中亚市场研究》1997年第2期。后者的研究有：《斯洛文尼亚政府收支投资以及金融市场走势》，《东欧中亚市场研究》1997年第2期；《斯洛文尼亚工业能源及交通通信部门的发展走势》，《东欧中亚市场研究》1997年第2期；《斯洛文尼亚物价工资及劳动力市场的变化情况》《斯洛文尼亚外贸及对外经济关系的发展格局》，《东欧中亚市场研究》1997年第2期。

昌和一生致力于追求国家独立的杰出雕塑家伊万·梅什特洛维奇。①此外，还有学者对斯洛文尼亚民族独立、民族工作以及入盟谈判进行了学术讨论。②

第二阶段是从 2004 年斯洛文尼亚加盟入约到 2012 年中国-中东欧国家合作机制启动前，特点仍是以介绍性研究为主，但更加精细、专业。以中国知网收录这一阶段的学术期刊文章为参照，有关斯洛文尼亚桥梁、图书馆、酒店、大学教学楼和居民住宅等建筑③以及水利水电事业和管理④的介绍就有 21 篇，其他有关斯洛文尼亚喀斯特生态⑤和人物⑥的描述也有不少。此外，还有学者对斯洛文尼亚加入欧元区、斯洛文尼亚语、斯洛文尼亚男篮以及斯洛文尼亚利用外资能力等进行了学术研究⑦，第一本以斯洛文尼亚为主题的著作《列国志·斯洛文尼亚》⑧于 2006 年问世。

第三阶段是 2012 年中国-中东欧国家合作机制启动以来的 10 年，特点是由

---

① 《斯洛文尼亚总统——库昌：大裂变中的重要人物》，《世界知识》1992 年第 18 期；章永勇：《斯洛文尼亚共和国总统——米兰·库昌》，《东欧中亚研究》1994 年第 1 期；河流：《斯洛文尼亚杰出的雕塑家——伊万·梅什特洛维奇》，《国际论坛》1992 年第 2 期。

② 胡若飞、徐惠良：《简论斯洛文尼亚的民族独立问题》，《今日东欧中亚》1995 年第 3 期；张海洋：《在开放中守护传统——斯洛文尼亚的民族和民族工作》，《世界民族》2001 年第 6 期；汪丽敏：《斯洛文尼亚的入盟谈判》，《东欧中亚市场研究》2002 年第 3 期。

③ 《世界建筑》2007 年第 9 期发表了一组 14 篇关于斯洛文尼亚建筑的文章。

④ 《水利水电快报》2009 年第 6~9 期共发表了 5 篇关于斯洛文尼亚水电蕴藏与开发、水电站改造和水资源管理的文章。另外，《水利水电快报》2006 年第 9 期和《小水电》2009 年第 1 期各有 1 篇有关文章。

⑤ 黎道洪、Boris Sket：《斯洛文尼亚和中国贵州喀斯特洞穴动物群的比较研究》，《中国岩溶》2005 年第 1 期；刘宏、刘国才：《斯洛文尼亚喀斯特生态环境与农业》，《云南地理环境研究》2005 年第 S1 期；刘宏：《云南省地理研究所赴斯洛文尼亚进行喀斯特合作研究》，《云南地理环境研究》2005 年第 4 期。

⑥ 万书辉：《齐泽克：来自斯洛文尼亚的国际学术明星》，《中国图书评论》2006 年第 1 期；张子清：《跨文化的艺术追求——试论斯洛文尼亚著名诗人托马斯·萨拉蒙的诗歌创作》，《外国文学》2010 年第 5 期；方振宁：《波德莱卡：斯洛文尼亚的骄傲》，《东方艺术》2011 年第 3 期。

⑦ 关雪凌、王晓静：《斯洛文尼亚率先进入欧元区的进程、原因与影响》，《俄罗斯中亚东欧研究》2007 年第 3 期；Igor Zagar、安靖：《斯洛文尼亚语中的逻辑因素——作为时态与体态的施行性》，《辽宁工业大学学报》（社会科学版）2008 年第 5 期；牛小犇：《中国男篮潜在对手斯洛文尼亚队的得分能力研究》，《河南师范大学学报》（自然科学版）2011 年第 2 期；闫昱欣：《2007 欧洲男子篮球锦标赛斯洛文尼亚队进攻技术特点的研究》，武汉体育学院硕士学位论文，2008；克罗吉：《东南欧六个国家利用 FDI 能力比较研究——阿尔巴尼亚，克罗地亚，F.Y.R.O.M，黑山，斯洛文尼亚，波斯尼亚和黑塞哥维那》，东华大学 2011 年博士学位论文。

⑧ 汪丽敏编著《列国志·斯洛文尼亚》，社会科学文献出版社，2006。

介绍性研究向学术性研究转变，关注的学者越来越多，研究的领域更趋多元。以中国知网为参照，这一阶段共有94篇学术期刊文章和18篇学位论文。介绍性文章20余篇，仍占有一定比重，主要集中在国家领导人和建筑上。[1]学术论文的分布较为广泛，对斯洛文尼亚政治转型和发展[2]、对外关系[3]以及其与克罗地亚的边界争端[4]受到特别关注。同时，中国和中东欧国家林业合作协调机制2016年在斯洛文尼亚成立后，学者们对斯洛文尼亚绿色发展进行了一些研究。[5]在18篇硕士学位论文中，有关卢布尔雅那大学孔子学院及汉语教学的有8篇，关于斯洛文尼亚男篮的有5篇。前者主要是中斯关系的不断发展所致，后者则与斯洛文尼亚男篮获得2017年欧锦赛冠军有关。学位论文的增多在很大程度上意味着斯洛文尼亚研究的下沉，得到越来越多专业研究人员和青年学子的关照。特别值得提到的是，根据中国国家图书馆的收录，这一阶段共有5部关于斯洛

---

[1] 李俊：《斯洛文尼亚新任总理雅奈兹·扬沙》，《国际资料信息》2012年第3期；李俊：《斯洛文尼亚新总统帕霍尔》，《国际研究参考》2013年第3期；李俊：《斯洛文尼亚新总理布拉图舍克》，《国际研究参考》2013年第8期。此外，《世界建筑导报》2017年第5期和第6期、2019年第2期共有6篇介绍斯洛文尼亚建筑的文章。

[2] 何海根：《公民社会与斯洛文尼亚的政治转型》，《当代世界社会主义问题》2014年第1期；赵司空：《近年来中东欧一些国家社会抗议运动与左翼运动的新特点——以斯洛文尼亚和保加利亚为例》，《当代世界与社会主义》2015年第5期；马塔乌斯·托姆西奇、莱亚·普利琼、曲云英：《意大利和斯洛文尼亚基于个人的政治：领导力个性化的比较案例》，《国际社会科学杂志（中文版）》2016年第2期；高阳：《斯洛文尼亚国民评议会的设置及对我国的启示》，《法制博览》2017年第1期；姜婧：《斯洛文尼亚左翼联盟的发展及评析》，《国外社会科学》2018年第1期；何海根：《党的领导作用是如何被削弱的？——斯洛文尼亚共盟在政治变革中的角色及其原因》，《科学社会主义》2018年第1期；徐刚：《从第九届议会大选看斯洛文尼亚政党政治变化》，《当代世界》2018年第8期；徐凤江：《政府危机在斯洛文尼亚成为"常态"》，《世界知识》2020年第10期；孔田平：《欧盟新任轮值主席国斯洛文尼亚：政治在转向》，《世界知识》2021年第19期；孔田平：《斯洛文尼亚右翼民粹政党在大选中落败》，《世界知识》2022年第13期。

[3] 塔马斯·马杜拉、马骏驰：《德国对中国—中东欧国家关系的影响——以斯洛文尼亚和黑山两国为例》，《欧洲研究》2015年第6期；马悟、达沃尔·伍切科夫斯基、波斯蒂安·乌多维奇、鞠维伟：《从社会文化认同的角度看西巴尔干国家对华发展经贸投资关系的态度——以斯洛文尼亚和黑山两国为例》，《欧洲研究》2015年第6期。

[4] 朱利江：《国际仲裁协议的效力终止问题——斯洛文尼亚与克罗地亚领土海域争端仲裁案评析》，《边界与海洋研究》2017年第2期；高健军：《"克罗地亚/斯洛文尼亚仲裁案"中的海洋划界问题》，《边界与海洋研究》2018年第3期。

[5] 毛文：《绿色之国：斯洛文尼亚》，《东方文化周刊》2017年第24期；孙睿霖等：《斯洛文尼亚国家慢行绿道网络建设与实践》，《中国城市林业》2017年第5期。

文尼亚的概况和人物的专著/译著相继出版。①这些出版物虽然大多仍是普及性的概览或翻译作品，但至少在数量上显露出斯洛文尼亚研究更加被重视的趋势。

总的来说，在早期的研究中，中国社会科学院俄罗斯东欧中亚研究所有不少从事斯洛文尼亚相关问题的研究专家，特别是汪丽敏老师不仅撰写了数篇关于斯洛文尼亚转型和入盟前准备的论文，而且撰写了国内第一部关于斯洛文尼亚的专著。自斯洛文尼亚入盟迄今，有关斯洛文尼亚研究的来源机构日益增多，研究人员也较为多元。总的来讲，30年来的中国斯洛文尼亚研究不断向"多、深、广"的趋势发展。另外需要提到的是，国内尚无一本专门研究斯洛文尼亚的期刊或皮书，有关斯洛文尼亚的政治稳定性、斯洛文尼亚的经济转型与发展、斯洛文尼亚与克罗地亚边界争端、"一带一路"背景下的中斯关系等议题的研究也有待进一步强化。

第八节　克罗地亚研究

2022年是中国与克罗地亚共和国建交30周年。1991年6月25日，克罗地亚议会根据全民公决结果通过决议，宣布脱离南斯拉夫独立。1992年5月13日，中克建交。从此，克罗地亚成为中国国际问题研究的一个国别对象。诚然，在南斯拉夫联邦时期，中国学界就已出现对克罗地亚的介绍性文章。② 根据中国知网收录的论文情况，自1992年5月至2022年12月31日，以"克罗地亚"为篇名搜索到的中文文献共计570篇，其中学术期刊文章为274篇、学位论文16

---

① 《斯洛文尼亚共和国刑法典》，王立志译，中国人民公安大学出版社，2012；《经济合作与发展组织经济调查·斯洛文尼亚2011》，侯бреж、孙迎春译，国家行政学院出版社，2013；〔斯洛文尼亚〕米加：《斯洛文尼亚在中国的文化使者——刘松龄》，朱晓珂、褚龙飞译，大象出版社，2015；王春岩、董玮、尚宇红编著《斯洛文尼亚》，大连海事大学出版社，2018；张德祥、李枭鹰主编，李洋帆等编译《克罗地亚、斯洛文尼亚、波黑、黑山、北马其顿教育政策法规》，大连理工大学出版社，2020。

② 拉·阿伏捷伊切夫、瓦·包德林、文蔚：《南斯拉夫的六个共和国》，《世界知识》1956年第19期；郑恩波：《当代克罗地亚文学概述》，《国外文学》1985年第2期；范家驹：《南斯拉夫克罗地亚科学艺术院院长谈该院的组织机构简况》，《现代外国哲学社会科学文摘》1982年第5期；姜志华：《南斯拉夫克罗地亚共和国到本世纪末牛的选育及发展计划》，《国外畜牧学（草食家畜）》1984年第6期。

篇、会议文章14篇、报纸文章193篇、特色期刊文章65篇、学术辑刊文章8篇。另据中国国家图书馆的收藏数据，截至2022年12月31日，涉及克罗地亚的各类中文著作、译作约70部。20世纪90年代至2013年前后，有关克罗地亚的图书主要为语言类工具书和教材，内容聚焦于语言学习。此后，介绍性图书重点转向历史、地理、政治文化等综合领域，研究类图书主要聚焦克罗地亚教育政策、法律法规、农业发展、旅游资源及身份认同等领域。同时，克罗地亚童话故事与小说、诗集、绘本等的中译本也开始出现。

从1992年中克建交到2022年底，中国的克罗地亚研究大致分为三个阶段：第一个阶段为1992年中克建交至1999年科索沃战争结束；第二个阶段为2000年至2013年，即克罗地亚政局稳定并提出加入欧盟的战略目标至正式加入欧盟；第三个阶段为加入欧盟后以及中克共建"一带一路"的阶段。

具体讲，在第一阶段，由于在原南斯拉夫地区发生了从1991年持续到1995年的克罗地亚独立战争、1992年至1995年的波黑内战以及1999年的科索沃战争，相关研究聚焦与该国相关的原南斯拉夫内部民族纠纷问题。《世界知识》《当代世界社会主义问题》《东欧中亚研究》《世界经济与政治》是相关研究文章发表的主要阵地。这一阶段，学者主要探析了克罗地亚战争爆发的原因，克罗地亚独立的进程，并探讨了南斯拉夫民族问题对克罗地亚政治的严重影响和经验教训。[1]同时，有关克罗地亚经济、财税等各领域的介绍性文章[2]相继问世。克罗地亚战争结束后，学者们对克罗地亚的改革、转型也有一定的研究。[3]

在第二阶段，克罗地亚内政外交的显著变化主导了研究的方向。一是2000

---

[1] 徐坤明：《克罗地亚为何烽烟再起》，《世界知识》1993年第4期；曹荣飞：《克罗地亚战火重起前南地区局势趋紧》，《当代世界》1995年第10期；徐坤明：《克罗地亚战火为何重燃》，《瞭望新闻周刊》1995年第22期；张世满：《试析克罗地亚走向独立的历史进程》，《世界历史》1997年第4期；张世满：《试析南斯拉夫联邦时期的"克罗地亚问题"》，《东欧中亚研究》1997年第4期。

[2] 许万明：《克罗地亚共和国简介》，《东欧中亚研究》1993年第4期；汪丽敏：《1993年克罗地亚经济形势评述》，《东欧中亚研究》1994年第2期；汪丽敏：《克罗地亚的中央银行及其货币政策》，《东欧中亚研究》1996年第5期；潘小松译《克罗地亚当代抒情诗》，《博览群书》1999年第1期；王敏辉：《克罗地亚尤戈俱乐部水球队情况分析与探讨》，《游泳》1999年第6期。需要提及的是，汪丽敏老师对克罗地亚商会、政府、各部门和主要机构通信录等进行了介绍，在此不一一列举。

[3] 汪丽敏：《斯洛文尼亚、克罗地亚财政税收体制改革》，《世界经济与政治》1995年第5期；朱行巧：《克罗地亚经济转轨的现状及存在的问题》，《世界经济》1996年第11期。

年克罗地亚开启左右翼轮流执政以及从半总统制向议会内阁制的转变,这之后克罗地亚国内政局趋于稳定,加入欧盟成为其国家战略目标。二是中克交往日益增加,2005年两国建立了全面合作伙伴关系。① 这一阶段,学者们对克罗地亚农业、经济、旅游、习俗、教育、新闻业以及汉语教学等议题关注较多。② 有关克罗地亚融入欧洲一体化的议题则成为学界关注的重点。③ 一批国情和语言学习工具书相继出版,如《列国志·克罗地亚》《克罗地亚共和国刑法典》《每日汉语——克罗地亚语》《汉语图解词典——克罗地亚语版》《汉语克罗地亚语分类词典》④ 等。

第三阶段是从2013年克罗地亚加入欧盟至2022年底,中国学界呈现研究更趋学术化及相关领域学者数量逐渐增加的特点与趋势。这一阶段,除对克罗地亚音乐、舞蹈、体育、语言文学、戏剧影视、传统文化、工业经济、农业经济、旅游业等各方面

---

① 2000年6月时任全国人大常委会委员长李鹏、2002年11月时任中国国务院副总理李岚清访问克罗地亚;2002年5月时任克罗地亚共和国总统斯捷潘·梅西奇应邀对华访问;2008年8月时任国务院副总理李克强会见了来华出席北京残奥会开幕式的克罗地亚副总理科索尔;2009年6月时任国家主席胡锦涛访问克罗地亚。

② 董晓霞、汤松:《克罗地亚农产品供销体系的变迁》,《世界农业》2005年第2期;屈万忠等:《克罗地亚三气田开采腐蚀性气体之经验》,《国外油田工程》2006年第1期;左娅:《克罗地亚旅游业的发展与现状》,《俄罗斯中亚东欧市场》2007年第11期;辛岭、胡景丽:《克罗地亚农业现状及其与中国的合作》,《世界农业》2008年第7期;左娅:《克罗地亚的节日风俗》,《俄罗斯中亚东欧市场》2009年第6期;张宁:《克罗地亚萨格勒布大学的教学特色对我国高校教育改革的启示》,《世界教育信息》2006年第8期;马广永、胡子祥:《克罗地亚高等教育评估中的学生参与研究——以博洛尼亚进程为背景》,《外国教育研究》2011年第4期;顾钢:《克罗地亚电视业变革的启示》,《新闻界》2012年第1期;郝小明:《克罗地亚汉语教学概况及资源建设》,《国际汉语》2012年第1期;刘涛:《克罗地亚萨格勒布大学汉语教学的现状与对策研究》,《云南师范大学学报》(对外汉语教学与研究版)2012年第5期。

③ 斯尼萨·派特尼克、付强、仁晓霞:《欧洲一体化进程中克罗地亚法律制度与法律教育的演化》,《法学家》2000年第4期;左娅:《克罗地亚与欧洲一体化》,《欧洲研究》2006年第4期;赵嘉政:《克罗地亚入盟缘何遇冷》,《光明日报》2011年5月16日;白伊维:《欧洲主义与民族主义的较量:克罗地亚社民党的演变》,《当代世界与社会主义》2013年第3期;孔刚:《克罗地亚:欧盟扩大的巴尔干"试验田"?》,《世界知识》2013年第12期。

④ 左娅编著《列国志·克罗地亚》,社会科学文献出版社,2007;《克罗地亚共和国刑法典》,王立志译,中国人民公安大学出版社,2011;王庚年、许琳主编《每日汉语·克罗地亚语》,中国国际广播出版社,2010;吴月梅编著《汉语图解词典——克罗地亚语版》,商务印书馆,2010;曲慧斌编著《汉语克罗地亚语分类词典》,商务印书馆,2013。

的介绍，有关克罗地亚入盟的影响及与其他国家入盟进程比较[1]、克罗地亚政治转型与民主化进程[2]，以及克罗地亚教育、邻国关系、外交和中克关系等领域[3]的研究不断深入。研究的学术性还可从学位论文的增长看出。这一阶段的学位论文共有 15 篇，而此前总共只有 1 篇学位论文。[4] 这些学位论文的主题聚焦克罗地亚汉语教学、体育、欧洲化以及中克关系等。[5]从培养单位看，不仅仅局限于语言类院校，而且拓展至各种综合类院校。以 2022 年中国知网收录的 5 篇硕士学位论文为例，学位授予单位分别为西北大学、浙江科技学院（2023 年 11 月 30 日更名为浙江科技大学）、西南科技大学、上海师范大学、商务部国际贸易经济合作研究院。此外，这一时期的专著主要集中在文学领域，尤其以诗歌研究较为突出[6]，克罗地亚与塞尔维亚欧洲化进程比较和克罗地亚国情概览是为数不多的研究性著作。[7]

---

[1] 左娅：《克罗地亚入盟及其对西巴尔干国家的启示》，《俄罗斯东欧中亚研究》2013 年第 6 期；贺刚：《身份进化与欧洲化进程——克罗地亚和塞尔维亚两国入盟进程比较研究》，《欧洲研究》2015 年第 1 期；胡勇：《"欧洲梦"与"欧洲化"：克罗地亚加入欧盟及其影响》，《国际论坛》2015 年第 6 期。

[2] 徐刚、徐恒祎：《克罗地亚第七届总统选举评析》，《国际研究参考》2020 年第 7 期；徐刚：《中东欧国家政治转型的比较与评估——以克罗地亚民主化进程为例》，《欧洲研究》2021 年第 4 期。

[3] 吴素梅、严立东：《中国和克罗地亚高校师生互动现状比较研究——基于对上海对外经贸大学和克罗地亚萨格勒布大学的调查》，《教育探索》2015 年第 7 期；魏明：《克罗地亚职业教育现状与发展趋势》，《深圳职业技术学院学报》2018 年第 1 期；朱利江：《国际仲裁协议的效力终止问题——斯洛文尼亚与克罗地亚领土海域争端仲裁案评析》，《边界与海洋研究》2017 年第 2 期；高健军：《"克罗地亚/斯洛文尼亚仲裁案"中的海洋划界问题》，《边界与海洋研究》2018 年第 3 期；刘海泉：《克罗地亚入盟后的机遇与挑战和中国"一带一路"战略》，《上海对外经贸大学学报》2015 年第 3 期；徐卫伟等：《武术在克罗地亚的发展、问题与路径选择》，《北京体育大学学报》2018 年第 3 期；李博英、尹海涛：《"一带一路"倡议下中国与克罗地亚贸易投资合作研究》，《人文地理》2022 年第 2 期。

[4] 克罗吉：《东南欧六个国家利用 FDI 能力比较研究》，东华大学博士学位论文，2011。

[5] 如朱薇燕：《克罗地亚汉语成人学习者语言态度调查与成人教育研究》，西南交通大学硕士学位论文，2018；郭鸽：《克罗地亚萨格勒布大学孔子学院汉语教学现状调查研究》，黑龙江大学硕士学位论文，2019；李锋：《克罗地亚优秀篮球运动员培养模式研究》，北京体育大学硕士学位论文，2019；林杉：《克罗地亚与中国男子青少年篮球竞赛体系的对比研究》，北京体育大学硕士学位论文，2020；徐恒祎：《论克罗地亚〈晚报〉对中国形象的建构》，广东外语外贸大学硕士学位论文，2020；贺刚：《自传体叙述与身份进化的动力：克罗地亚与塞尔维亚的欧洲化进程比较研究》，外交学院博士学位论文，2015。

[6] 〔克〕布尔利奇·马祖拉尼奇等：《克罗地亚古代神话故事集》，徐秋晨译，内蒙古人民出版社，2018；〔克〕埃尔文·亚希奇编《克罗地亚现当代诗歌选集》，彭裕超、洪羽青译，作家出版社，2020；彭裕超编译《克罗地亚诗选》，作家出版社，2022。

[7] 贺刚：《叙述、身份与欧洲化的逻辑：克罗地亚与塞尔维亚的欧洲化进程比较研究》，世界知识出版社，2018；吴素梅、顾佳丽编著《克罗地亚》，大连海事大学出版社，2019。

总的来说,中克建交30年来,中国的克罗地亚研究随着克罗地亚内政外交情况的变化而变化,研究的学术性不断增强。不过,需要承认的是,国内尚无关于克罗地亚的学术期刊、皮书或其他公开出版物,与克罗地亚相关的国别与区域问题研究数量总体仍较少,诸如克罗地亚民主化、克罗地亚与周边国家关系、克罗地亚与中国关系等议题的研究有待于学界进一步开拓。

第九节 塞尔维亚研究

1991年,南斯拉夫社会主义联邦共和国开始解体。1992年,塞尔维亚与黑山组成南斯拉夫联盟共和国。2003年2月3日,南联盟更名为塞尔维亚和黑山。2006年6月3日,黑山宣布独立。同年6月5日,塞尔维亚宣布继承塞黑的国际法主体地位。从研究来看,塞尔维亚成为中国国国际问题学界一个独立的国别研究对象主要是在2003年南联盟更名后。然而,中国人对塞尔维亚的关注与研究早已有之。①

根据中国知网收录的论文情况,从2003年2月3日至2022年12月31日,以"塞尔维亚"为篇名检索的中文文献共有616篇,其中学术期刊论文303篇、学位论文49篇(博士论文4篇、硕士论文45篇)、会议文章11篇、报纸文章174篇、学术辑刊文章14篇和特色期刊文章65篇。另据中国国家图书馆的收藏数据,以"塞尔维亚"为篇名的中文著作约50部,多数是关于塞尔维亚或塞尔维亚作家的文学作品及译作②,还有几本关于塞尔维亚国情概览的专著③,有关

---

① 晚清时期,一些仁人志士走出国门,游历欧美,并著书立说。其中,康有为从1898年9月28日到1913年12月1日的16年游历中,抵达了包括塞尔维亚在内的多个东欧国家。参见康有为著、李冰涛校注《欧洲十一国游记》,社会科学文献出版社,2007。梁启超也曾游历欧洲,虽未曾到过东欧国家,但对塞尔维亚等国家给予了较大关注。他在为《丽韩十家文抄》一书作序时提出了新的亡国论并以塞尔维亚为例论述了一个国家民族文化传统的重要性。此外,民国时期也有对塞尔维亚的介绍文章,参见程其保《塞尔维亚风物记》,《清华大学学报》(自然科学版)1915年。

② 这里只列举一些代表性作品如,彭裕超:《塞尔维亚诗选》,作家出版社,2019;〔塞尔维亚〕米洛拉德·帕维奇:《哈扎尔辞典》,南山、戴骢、石枕川译,上海译文出版社,1998;〔塞尔维亚〕拉德米拉·斯坦科维奇等:《永远的"瓦尔特"》,彭裕超译,人民出版社,2017;〔塞尔维亚〕弗拉迪尔米·皮什塔洛:《特斯拉传:万物皆我》,钱坤强译,中译出版社,2022。

③ 章永勇编著《列国志·塞尔维亚和黑山》,社会科学文献出版社,2006;刘海泉编著《塞尔维亚》,大连海事大学出版社,2018。

塞尔维亚法律、投资、教育、历史以及欧洲化等领域的介绍和研究也有一些①。此外，有关塞尔维亚语的教材和词典亦有不少。②

归纳起来，20 年的中国塞尔维亚研究大体可分为两个阶段。

第一阶段是从 2003 年南联盟更名为塞尔维亚和黑山到 2012 年中国-中东欧国家合作机制启动前，特点是以时事报道和介绍性文章为主，并在两个重要的时间节点即 2008 年科索沃单方面宣布"独立"和 2012 年塞尔维亚大选时涌现一批研究成果。以中国知网收录以"塞尔维亚"为篇名的学术期刊论文为参照，这一阶段的介绍和研究主要涉及塞尔维亚政治③、经济和投资环境④、民族问题和种族冲突⑤、军事和工农业⑥

---

① 《塞尔维亚共和国刑法典》，王立志译，中国人民公安大学出版社，2011；中国国际贸易促进委员会法律事务部、中国经济信息社编著《"一带一路"国别法律研究——第四辑——塞尔维亚》，新华出版社，2018；王玉平等编译《塞尔维亚教育政策法规》，大连理工大学出版社，2020；闫国庆、徐侠民主编《塞尔维亚投资经商有问有答》，中国商务出版社，2022；刘海云、刘国云：《中国与塞尔维亚税收差异及境外投资风险管理研究》，中国社会科学出版社，2019；罗昶：《塞尔维亚大学女校长》，中国传媒大学出版社，2014；高歌：《东欧两国议会》，中国财政经济出版社，2005；阎京生、刘怡：《塞尔维亚的轮回：近世的南斯拉夫与战争》，中国华侨出版社，2011；〔英〕哈罗德·坦珀利：《塞尔维亚史：困扰巴尔干半岛一千五百年的火药桶》，张浩译，华文出版社，2020；贺刚：《叙述、身份与欧洲化的逻辑：克罗地亚与塞尔维亚的欧洲化进程比较研究》，世界知识出版社，2018。

② 王庚年、许琳主编《每日汉语——塞尔维亚语》，中国国际广播出版社，2009；杨琳主编《塞尔维亚语汉语·汉语塞尔维亚语精编词典》，军事谊文出版社，2017；胡唯玲、杨琳主编《塞尔维亚语汉语·汉语塞尔维亚语简明外交词典》，军事谊文出版社，2017；曲慧斌、〔塞尔维亚〕科萨拉·茨维特维奇编著《塞尔维亚语阅读教程》，旅游教育出版社，2022。

③ 樊春菊、李俊：《从黑塞"分家"说开去》，《国际资料信息》2006 年第 7 期；刘作奎：《欧盟对塞尔维亚和黑山政策评析——从"联盟"到"双轨"》，《欧洲研究》2007 年第 2 期；朱晓中：《从南斯拉夫联邦到塞尔维亚——析南斯拉夫的不断"裂变"》，《当代世界》2008 年第 4 期；甄鹏：《塞尔维亚 2008 年大选与社会党党政策的转变》，《当代世界社会主义问题》2009 年第 1 期；甄鹏：《塞尔维亚大选与塞社会党的复兴》，《当代世界》2012 年第 10 期。

④ 许万明：《塞尔维亚和黑山共和国近两年经济形势及投资环境》，《俄罗斯中亚东欧市场》2003 年第 6 期；左娅：《金融危机中的塞尔维亚经济》，《俄罗斯中亚东欧市场》2009 年第 11 期。

⑤ 岳燕霞：《塞尔维亚和格鲁吉亚两国民族冲突国际化的地缘历史条件比较》，《天府新论》2009 年第 4 期；德拉干·西苗诺维奇、李丽娜：《塞尔维亚人的"集体罪责"及其批判》，《俄罗斯中亚东欧研究》2010 年第 1 期；赵秉志、蒋娜：《国家刑事责任的理论依据与司法认定——以塞尔维亚共和国被诉种族灭绝罪的案件为样本》，《政法论坛》2010 年第 2 期。

⑥ 阿马德奥·沃特金斯、何积惠：《告别"科索沃伤疤"，为海外派兵做准备 神秘的塞黑特种部队》，《国际展望》2004 年第 4 期；卫洁如、陈英硕：《塞尔维亚的两种红外制导面空导弹已投入市场》，《飞航导弹》2009 年第 3 期；辛岭：《塞尔维亚农业科技发展及其与中国的合作》，《俄罗斯中亚东欧市场》2008 年第 9 期；湛轩业：《2008 年塞尔维亚的砖瓦工业》，《砖瓦世界》2009 年第 11 期。

以及文化出版①等。2008年科索沃单方面宣布"独立"引发学者的广泛兴趣和研究,大量著述问世。②此外,学者们对塞尔维亚总理佐兰·金吉奇和伊维察·达契奇、总统斯洛博丹·米洛舍维奇和托米斯拉夫·尼科利奇以及科索沃"总统"阿蒂费特·亚希亚加、"总理"哈希姆·萨奇等政治人物给予了特别关注。③这一时期,以"塞尔维亚"为篇名的学位论文只有一篇,而且是在华留学的塞尔维亚学者所作。④但是,有关科索沃问题的学位论文多达16篇,且首次出现博士学位论文。⑤

---

① 香江波:《塞尔维亚出版概况》,《出版参考》2006年第33期;桑德拉、龙艳:《论Asanaginica在塑造塞尔维亚妇女社会地位中的作用》,《社科纵横》(新理论版)2011年第2期;傅新原:《个人经验·民族历史——塞尔维亚导演库斯图里卡纪录片的双重主题》,《电影评介》2010年第7期;王佳:《马拉多纳的另类解读——简评塞尔维亚导演库斯图里卡的纪录片〈马拉多纳〉》,《中国电视(纪录)》2010年第10期。

② 刘会宝:《科索沃独立的根源、动因及困境》,《俄罗斯研究》2008年第2期;张健:《科索沃"独立"问题探析》,《现代国际关系》2008年第3期;孔寒冰:《科索沃独立的制约因素和国际影响》,《学习月刊》2008年第5期;余民才:《科索沃"独立"的国际法透视》,《现代国际关系》2008年第5期;甄鹏:《科索沃独立的法律困境》,《当代世界》2009年第10期;甄鹏:《国际法院科索沃案例的进程和意义》,《当代世界》2010年第8期;赵琪:《科索沃独立的国际法分析——兼论民族自决权》,《民族学刊》2010年第2期。此外,有关科索沃独立的学位论文有5篇,路辉:《美国克林顿政府科索沃政策评析——兼评科索沃单方面宣布独立》,外交学院硕士学位论文,2008;熊海博:《论人民自决与科索沃独立问题》,复旦大学硕士学位论文,2010;赵静敏:《从科索沃独立看美俄欧在巴尔干地区的争夺》,新疆大学硕士学位论文,2011;沈琳:《"科索沃宣布独立"案的国际法分析》,外交学院硕士学位论文,2011;朱慧:《国际法院咨询意见背景下科索沃独立合法性置疑》,哈尔滨工业大学硕士学位论文,2012。

③ 李俊:《塞尔维亚:究竟谁杀了金吉奇》,《世界知识》2003年第10期;李俊:《塞尔维亚新总理伊维察·达契奇》,《国际资料信息》2012年第9期;李俊:《塞尔维亚新总统尼科利奇》,《国际资料信息》2012年第7期;樊春菊:《科索沃"总统"亚希亚加》,《国际资料信息》2011年第6期;张竹力:《萨奇:传奇的科索沃"总理"》,《共产党员》2008年第6期。有关米洛舍维奇的文章较多,不一一列举。如,贺鉴:《论战后的国际干预——以米洛舍维奇事件为例》,《当代世界与社会主义》2005年第3期;金重远:《评米洛舍维奇的历史命运》,《探索与争鸣》2006年第4期;高放:《米洛舍维奇:"巴尔干屠夫"或"塞族民族英雄"——兼与金重远教授商榷》,《探索与争鸣》2006年第9期;高放:《大民族主义是南斯拉夫分崩离析的重要内因——我对米洛舍维奇的盖棺之论》,《探索》2006年第6期。

④ 巴必奇·马尔科:《塞尔维亚新闻业的转型研究》,南京师范大学硕士学位论文,2007。

⑤ 章远:《宗教功能单位与地区暴力冲突——以科索沃冲突中的德卡尼修道院和希南帕夏清真寺为个案(1999~2009)》,复旦大学博士学位论文,2009;翟金鸣:《科索沃危机后的欧盟西巴尔干战略》,山东大学硕士学位论文,2007;熊海博:《论人民自决与科索沃独立问题》,复旦大学硕士学位论文,2010。

第二阶段是 2012 年中国-中东欧国家合作机制启动以来的 10 年。其中，2016 年中塞建立全面战略伙伴关系又是一个重要事件和标志。从中国知网收录这一阶段的学术期刊论文看，随着中国-中东欧国家合作和"一带一路"倡议的提出，学者们尤其重视经贸投资、工程建设等中塞务实合作及双边关系的研究，而且中塞学者联合研究与发表的论文显著增多。[1] 同时，有关塞尔维亚政治家[2]、内政外交[3]、历史[4]、

---

[1] 布拉尼斯拉夫·乔尔杰维奇、严嘉琦：《中国和欧盟在"一带一路"战略框架下的政策协调：现状及前景——塞尔维亚的视角》，《欧洲研究》2015 年第 6 期；马尔克·尼科利奇、计奕：《中东欧国家和塞尔维亚对中国"一带一路"倡议的观点和立场——地缘政治视角》，《欧洲研究》2015 年第 6 期；高潮：《"一带一路"建设中塞尔维亚的投资机遇》，《中国对外贸易》2016 年第 2 期；日瓦丁·约万诺维奇、和丽伟：《中国与塞尔维亚拓展合作》，《中国投资》2016 年第 6 期；阿加莎·克拉茨、德拉甘·帕夫利切维奇、李丽：《从贝尔格莱德到布达佩斯"经过"北京：中国投资欧洲的个案研究》，《国外社会科学文摘》2017 年第 3 期；德拉甘·帕夫利切维奇、邹袆：《从中国视角看中国-塞尔维亚关系中的地缘经济》，《国外社会科学文摘》2017 年第 5 期；崔杰：《匈塞铁路建设的影响与启示》，《国际经济合作》2017 年第 12 期；李璎珞：《"一带一路"视野下的中塞合作》，《高校马克思主义理论研究》2018 年第 4 期；祁欣、杨超、张丹、叶欣：《中塞经贸合作的领域、风险及建议》，《国际经济合作》2018 年第 8 期；苑浩畅：《"一带一路"背景下中国对塞尔维亚投资面临的问题及完善路径》，《对外经贸实务》2019 年第 4 期；中国进出口银行战略规划部课题组：《塞尔维亚国别特点和中塞双边合作建议》，《海外投资与出口信贷》2020 年第 1 期；高晨翔、温大严、吴婷：《世界遗产申报视野下的塞尔维亚遗产治理——基于中塞巴契申遗合作的思考》，《中国文化遗产》2020 年第 3 期；南江：《浅析 2006~2019 年中国与塞尔维亚贸易和投资合作》，《欧亚经济》2020 年第 5 期；徐凤江：《中塞关系：机遇与干扰因素》，《世界知识》2020 年第 22 期；辛越优：《"一带一路"倡议下中国与塞尔维亚高等教育合作的现状评析和策略选择》，《黑龙江高教研究》2021 年第 11 期；王冰：《"双碳"背景下的中国-塞尔维亚钢铁合作：挑战与对策》，《区域与全球发展》2022 年第 3 期；陈新主编《塞尔维亚看"一带一路"和中国-中东欧国家合作》，中国社会科学出版社，2019。

[2] 李俊：《塞尔维亚新任总理武契奇》，《国际研究参考》2014 年第 9 期；《亚历山大·武契奇：连任塞尔维亚总统》，《中国外汇》2020 年第 13 期。

[3] 甄鹏：《塞尔维亚 2014 年大选与政坛大洗牌》，《当代世界》2014 年第 6 期；陈旸、吴楠、李俊：《塞尔维亚转型困境及前景》，《现代国际关系》2016 年第 6 期；刘作奎：《塞尔维亚国内形势、外交政策走向与中塞关系》，《当代世界》2016 年第 9 期；南江：《俄罗斯在塞尔维亚的战略布局与俄塞关系》，《河北经贸大学学报》（综合版）2019 年第 2 期；徐凤江：《黑山与塞尔维亚相互驱逐大使的背后》，《世界知识》2021 年第 2 期；《塞尔维亚主要政党党的标志概观》，《当代世界》2022 年第 6 期。

[4] 黄艳红：《记忆建构与民族主义：近代塞尔维亚历史中的科索沃传奇》，《世界历史》2019 年第 5 期；洪羽青：《浪漫派和批判派的碰撞与融合——塞尔维亚民族史学构建（1873~1940 年）》，《史学理论研究》2022 年第 5 期。

经贸投资[1]、教育文化[2]、媒体艺术[3]以及产业行业[4]等领域的研究也有不少。另外，学者们持续对科索沃问题特别是科索沃政局以及塞科关系正常化的进程[5]给予关注。此外，从学位论文的情况来看，这一阶段共有38篇。其中，有关塞

---

[1] 曹帅英：《塞尔维亚新政府经济政策评析》，《俄罗斯中亚东欧市场》2013年第4期；张梅：《塞尔维亚：贸易与投资空间巨大》，《中国投资》2014年第3期；左娅：《塞尔维亚接受国际援助的回顾及发展趋势》，《欧亚经济》2014年第5期；博扬·茨韦特科维奇：《塞尔维亚多项优势吸引投资》，《中国投资》2015年第8期；博扬·茨韦特科维奇：《塞尔维亚投资指南》，《中国投资》2017年第21期；刘仁华等：《塞尔维亚矿业及相关产业投资前景分析》，《中国矿业》2017年第12期；施蒙、李江涛：《塞尔维亚商业环境调查分析及投资政策建议》，《全球化》2020年第2期；王晓波：《投资塞尔维亚：让你的业务发展潜力最大化》，《中国投资（中英文）》2022年10月第19、20期。

[2] 魏明：《塞尔维亚职业教育现状与发展趋势》，《深圳职业技术学院学报》2018年第2期；刘进、马丽娜：《"一带一路"沿线国家的高等教育现状与发展趋势研究——以塞尔维亚为例（三十七）》，《世界教育信息》2020年第3期；吴雪萍、陈浊：《塞尔维亚高等教育国际化战略及其启示》，《现代教育管理》2022年第6期；李媛媛：《博洛尼亚进程中塞尔维亚职业教育体系：现状、路径与趋势》，《职业技术教育》2022年第27期；刘增然、陈迎迎：《中国与塞尔维亚饮食文化的比较》，《河北经贸大学学报》（综合版）2019年第3期；侯文潇、温大严、吴婷：《塞尔维亚巴契及周边地区文化景观对比分析研究》，《中国文化遗产》2020年第1期。

[3] 斯拉贾娜·瓦西列维奇、董明锐：《中东欧国家广播业转型的范例：塞尔维亚广播现状与问题分析》，《中国广播》2013年第8期；李宇：《塞尔维亚电视业发展概况》，《现代视听》2017年第11期；魏丽：《中世纪塞尔维亚的宗教艺术》，《世界美术》2017年第3期；鞠维伟：《中东欧国家对华舆论报道的立场、特点及对我国的启示——基于捷克、波兰、匈牙利、塞尔维亚四国媒体对华报道的分析》，《贵州省委党校学报》2019年第2期；罗军等：《从南斯拉夫到塞尔维亚：电影与国家认同》，《北京电影学院学报》2019年第3期；陈文沁：《传播主权与地缘政治博弈：塞尔维亚传媒业研究》，《传媒》2021年第22期；王健：《塞尔维亚电影产业的新近观察》，《北京电影学院学报》2022年第3期；沈方华：《从〈漫漫寻子路〉看塞尔维亚电影的人物塑造、美学特征与表达潜力》，《电影评介》2022年第16期。

[4] 张文英等：《塞尔维亚玉米产业考察报告》，《作物杂志》2014年第4期；翁方文、杨炎华、黄灿：《塞尔维亚新萨瓦河桥主跨钢箱梁架设》，《世界桥梁》2014年第5期；赵元艺、符家骏、李运：《塞尔维亚贾达尔盆地超大型锂硼矿床》，《地质论评》2015年第1期。

[5] 章远：《外部宗教性干预与地区安全：以科索沃冲突为例》，《世界宗教研究》2013年第1期；李俊：《塞尔维亚与科索沃"关系正常化"协议略论》，《国际研究参考》2013年第6期；徐刚：《塞尔维亚与科索沃谈判：背景、进程与展望》，《俄罗斯研究》2013年第5期；孔寒冰：《撕裂的土地——科索沃考察的印象》，《当代世界》2014年第8期；徐刚、彭裕超：《塞尔维亚与科索沃"关系正常化"进程"失常"》，《世界知识》2019年第13期；徐刚、彭裕超：《科索沃"总理"辞职为哪般》，《世界知识》2019年第16期；徐刚、彭裕超：《科索沃"大选"后的走向值得关注》，《世界知识》2019年第21期。

尔维亚汉语教学的有21篇①、有关塞尔维亚篮球的9篇②、有关塞尔维亚内政外交的6篇③、有关中塞关系与务实合作的2篇④。同时，这一阶段以"科索沃"为篇名的学位论文有6篇，涉及科索沃"独立"的合法性、科索沃民族问题以及科索沃身份认同等主题。⑤

总的来看，20年来中国学界关于塞尔维亚的研究不断增多，热点问题追踪以及涉我性的特点较为明显，特别是以"科索沃"为篇名的学位论文和著述较多。自2012年中国-中东欧国家合作机制启动以来，有关塞尔维亚研究的科研机构和人员⑥日益增多，有更多不同学科背景的研究人员参与进来，研究的主题也呈现多元化发展。另须提到的是，国内尚无专门专注塞尔维亚研究的期刊或皮书，有关塞尔维亚政治制度、经济产业结构、社会动向与政策、中塞关系以及科索沃问题⑦等均需要进一步强化研究。

---

① 例如，伊万娜：《塞尔维亚中高级学生常用汉语介词偏误分析与教学对策》，南京大学硕士学位论文，2012；曾维：《塞尔维亚小学汉语课堂教学设计研究》，华中师范大学硕士学位论文，2015；张月蓉：《塞尔维亚中学汉语主题式教学模式的探索和设计》，西安外国语大学硕士学位论文，2017；李思敏：《塞尔维亚汉语语言教学与文化传播研究》，天津大学硕士学位论文，2020。

② 例如，燕芳岭：《塞尔维亚男篮崛起因素的研究》，北京体育大学硕士学位论文，2012；李晓峰：《第16届世锦赛及第37届欧锦赛塞尔维亚男篮进攻战术变化及分析》，北京体育大学硕士学位论文，2012；刘会虎：《2019年FIBA三人男子篮球赛中国与塞尔维亚国家队进攻主要技战术比较》，上海体育学院硕士学位论文，2021。

③ 例如，李文睿：《南联邦解体后塞尔维亚政治变革研究》，华中师范大学硕士学位论文，2018；任丽遒：《"西退东进"——塞尔维亚对外政策选择研究》，外交学院硕士学位论文，2021；王硕：《群体情感与国家对外政策偏好——以塞尔维亚对俄欧政策的差异为例》，吉林大学博士学位论文，2021。

④ 李欣宜：《河钢集团跨国并购塞尔维亚钢厂的风险管控研究》，北京交通大学硕士学位论文，2019。另有一篇题目为中文但英文写作关于中塞关系的博士学位论文。

⑤ 朱慧：《国际法院咨询意见背景下科索沃独立合法性置疑》，哈尔滨工业大学硕士学位论文，2012；孙柳：《民族自决原则的适用——对"科索沃独立案"咨询意见的再评析》，天津师范大学硕士学位论文，2016；李虹：《民族主义与旅际关系——科索沃民族问题的理性思考》，陕西师范大学博士学位论文，2012；李聪：《欧盟干预科索沃民族冲突研究》，中央民族大学硕士学位论文，2012；李曼舒：《论科索沃身份认同》，北京外国语大学硕士学位论文，2015；黄萌萌：《德美关系探究——科索沃和伊拉克战争中德美政治处理模式与对待国际法比较》，首都师范大学硕士学位论文，2012。

⑥ 目前，全国有两家专门从事塞尔维亚研究的科研机构，即2018年6月成立的河北经贸大学塞尔维亚研究中心和同月成立的河北外国语学院塞尔维亚研究中心。同时，北京外国语大学、首都师范大学、北京第二外国语学院、南京航空航天大学等机构的巴尔干研究中心或中东欧研究中心也有一些从事塞尔维亚研究的专家学者。

⑦ 需要提到的是，最近一篇有关科索沃问题的学位论文仍然停留在2016年。

第十节　波黑研究

1992年2月29日和3月1日，波黑就国家是否独立举行全民公决，波什尼亚克族和克罗地亚族赞成独立，塞尔维亚族抵制投票。随后，波黑战争爆发。1992年5月22日，联合国大会通过决议，同意接纳波黑以独立国家身份加入联合国，中国投了赞成票。1995年4月3日，中国和波黑正式建立外交关系。2012年中国-中东欧国家合作机制启动以来，两国各层次多领域合作步入快车道。中国的波黑研究大体可分为两大阶段：一是自波黑战争发生到2012年中国-中东欧国家合作机制启动前①；二是2012年中国-中东欧国家合作机制启动以来的10年。

根据中国知网收录的论文情况，从1992年3月1日至2022年12月31日，以"波黑"为篇名搜索到的中文文献474篇。②其中，学术期刊文章350篇、学位论文9篇（全部为硕士论文）、会议文章2篇、报纸文章71篇、学术辑刊文章2篇、特色期刊文章39篇、成果文章1篇。另据中国国家图书馆收藏数据，从1992年3月1日至2022年12月31日，以波黑为篇名的著作及原作者为波黑人的各类中译著作约有30部。

第一阶段，特别是波黑战争期间（1992~1995年）的文章著述颇丰，占30年所有涉及波黑主题的学术期刊文章总数的一半还多。可能是学者们大多对这场突如其来的战争感到困惑而选择观望，波黑战争前两年所发表的文章以战场动态为主，后两年关于波黑战争原因、民族主义问题以及欧洲地缘政治等的学术探讨明显增多。③

---

① 根据中国知网数据，波黑战争前仅有1篇学术期刊文章，参见达洲《南斯拉夫局势中又一个危险因素　波黑共和国的去向》，《世界知识》1991年第12期。
② 需要说明的是，以丹波黑大豆为篇名的论文约有40篇，不在此统计之列。另外，以"卡拉季奇"为篇名搜索到与波黑战争期间波黑塞族领导人拉多万·卡拉季奇有关的文章15篇，其中和以波黑为篇名检索结果重复的有4篇。以"伊泽特贝戈维奇"为篇名搜索到与波黑战争期间波族领导人阿利雅·伊泽特贝戈维奇有关的文章3篇，其中和以波黑为篇名检索结果重复的有2篇。
③ 例如，达洲：《"兄弟阋墙"——波黑内战的复杂背景》，《世界知识》1992年第10期；梁甫：《波黑烽火中的伊斯兰影子》，《世界知识》1992年第21期；葛新生：《波黑战争探源》，《世界历史》1993年第1期；田永祥：《俄罗斯对波黑的政策》，《现代国际关系》（转下页注）

1995年11月21日,《代顿和平协议》谈判完成,当年12月14日正式签署,波黑战争宣告结束。波黑战争结束后一段时期,中国学界仍然对波黑问题保持着较高的兴趣。中国知网数据显示,1996年和1997年有关波黑的学术期刊文章达到85篇,学者们就《代顿和平协议》的前景、波黑和平进程以及与大国关系等话题进行了广泛而深入的探讨,甚至对波黑内政和关键政治人物的动向都进行了跟踪。① 过去30多年来国内学界关于波黑的专著也主要产生于这一时期。② 然而,从1998年开始,或许由于科索沃问题成为巴尔干地区的新焦点,波黑研究明显淡出中国学界。中国知网数据显示,1998年至2011年每年有关波

(接上页注③)1993年第7期;郭宪纲:《克林顿政府的波黑政策》,《国际问题研究》1994年第1期;刘声锷:《波黑内战与民族问题》,《南京政治学院学报》1994年第1期;殳祥娣:《俄罗斯为何反对北约对波黑塞族动武》,《现代国际关系》1994年第3期;杨元恪:《波黑冲突国际干预面面观》,《政党与当代世界》1994年第5期;畅征:《从波黑危机看俄罗斯的影响力》,《世界经济与政治》1994年第6期;王茂中:《波黑战争与巴尔干危机》,《东欧》1994年第2期;戚德刚:《波黑战乱的前因后果》,《当代世界社会主义问题》1994年第6期;孙健:《波黑内战——欧洲安全的一大挑战》,《解放军外语学院学报》1994年第6期;陈宣圣:《大国的波黑纷争》,《世界知识》1994年第24期;史翼:《波黑:冲突的激化、大国的角逐与危机的前景》,《国际展望》1994年第24期;马行汉:《波黑穆斯林与波黑问题的来龙去脉》,《中国穆斯林》1995年第1期;和平:《波黑内战和九十年代新民族主义》,《中国青年研究》1995年第2期;严正:《波黑战乱与前南斯拉夫民族危机》,《世界民族》1995年第2期;胡兆明:《波黑问题的症结》,《国际问题研究》1995年第3期;甘露、为公:《北约为何轰炸波黑塞族》,《世界经济与政治》1995年第11期;夏方林:《从波黑问题看美欧俄争夺欧洲的新特点》,《当代世界》1995年第11期。

① 例如,陈晓红:《论波黑冲突的根源——兼评代顿协议的前景》,《湘潭大学学报》(哲学社会科学版)1996年第1期;胡世建:《来之不易,实施艰难——评波黑和平协议》,《北京第二外国语学院学报》1996年第2期;徐坤明:《波黑和平蹒跚前行》,《世界知识》1996年第15期;朱行巧:《从世界热点——前南危机及波黑战争看大国关系》,《世界经济与政治》1996年第10期;耿立强:《波黑战争史鉴》,《今日东欧中亚》1996年第5期;胡敏敏:《卡拉季奇与波黑局势》,《国际观察》1996年第5期;陈传金:《冷战后地区冲突国际化的典型——试析波黑问题与大国外交的关系》,《国际观察》1996年第6期;高瑞:《波黑塞族新总统普拉夫希奇》,《东欧中亚研究》1996年第6期;戴为民:《尚未擦干血迹的一次握手——析波黑大选结果及其发展前景》,《今日东欧中亚》1997年第1期;杨达洲:《美国与前南危机和波黑内战》,《国际政治研究》1997年第3期;朱行巧:《波黑战争与美俄欧关系》,《东欧中亚研究》1997年第4期;陈传金:《波黑和平的历史文献与和平进程》,《徐州师范大学学报》1997年第3期;荣飞:《"道不同,不相为谋"——卷入内讧的几位波黑塞族领导人》,《当代世界》1997年第10期;樊春菊:《波黑和平进程仍然坎坷》,《东欧》1997年第4期。

② 例如,郝时远主编《旷日持久的波黑内战》,中央民族大学出版社,1995;魏坤:《喋血巴尔干:南联邦解体与波黑冲突》,世界知识出版社,1997;胡锡进:《波黑战地采访手记》,黑龙江人民出版社,1997;江亚平:《一位中国记者眼里的波黑悲剧》,时事出版社,1997;刘洪潮:《波黑战争风云》,大众文艺出版社,1998。

黑的学术期刊文章分别只有4篇、3篇、3篇、3篇、5篇、0篇、2篇、2篇、2篇、2篇、2篇、3篇、3篇和1篇，下降幅度十分显著。

总结这一阶段的波黑研究主要有两大特点。第一，由于波黑战争涉及军事技术的应用以及北约的介入，因此有一批军事领域的研究文章。① 第二，数位参与波黑战地报道的中国记者贡献了来自波黑的第一手资料和观察。② 波黑战争过后，中国参与了波黑维和行动，因此也有维和人员贡献了自己观察波黑的视角。③

进入21世纪，波黑改革进程加快，内政变化不断，但是中国学界对于波黑形势却鲜有系统性研究。④ 对于波黑的关注在《代顿和平协议》签署15周年⑤和20周年⑥之

---

① 例如，梁德文：《波黑冲突中的高技术武器》，《现代兵器》1994年第5期；李君：《从军事角度看波黑内战》，《现代军事》1996年第1期；王建政：《九天之下皆耳目——从波黑战场看高技术情报侦察保障》，《世界知识》1996年第6期；李君：《海陆空全方位出击——漫谈北约在波黑使用的先进打击兵器》，《世界知识》1996年第6期；李君：《从北约军事干预波黑断想未来战争》，《世界知识》1996年第6期；米广：《卫星数据在波黑和平条约中起到重要作用》，《中国航天》1996年第4期；梁德文：《"捕食者"无人机及其在波黑的实战效果》，《现代兵器》1996年第8期；《波黑地区出现火炮电子对抗系统》，《航天电子对抗》1996年第4期。

② 例如，刘宇：《人民不喜欢战争——新华社记者波黑见闻》，《瞭望周刊》1993年第9期；江亚平：《波黑战场采访散记》，《新闻爱好者》1995年第10期；袁炳忠：《波黑总统伊泽特贝戈维奇采访记》，《中国记者》1996年第7期；郭志家：《难忘，波黑战地采访》，《新闻三昧》1997年第5期；黄泳：《五万里路云和月——报道波黑冲突的体会》，《国际新闻界》1997年第6期。两本相关书籍参见前注。

③ 例如，高心满：《来自波黑维和前线的述评》，《武警学院学报》2002年第6期；马晓真：《在波黑维和的365天》，《观察与思考》2002年第12期；高心满、王洪海：《联合国波黑维和行动案例研究——兼论提升我国维和警察工作的政策建议》，《新远见》2008年第8期；谈钧、刘海志：《在波黑维和的日子》，群众出版社，2003。

④ 有一些对个别专业领域的介绍和研究，如王映：《波黑电信市场自由化进程》，《世界电信》2006年第4期；Vladimir J Simunovic、温世浩：《对波黑医学院校的综合评估》，《复旦教育论坛》2007年第5期；蒋娜：《多维视野中的波黑诉塞黑案》，《刑法论丛》2009年第1期。还有对于波黑战争的深入讨论，慕建峰：《论冷战后美国干预地区冲突的制约因素——波黑战争的个案分析》，外交学院硕士学位论文，2002；贺嘉洁：《被用作战争武器的性暴力研究——以冷战后的波黑、刚果（金）族群战争为例》，复旦大学硕士学位论文，2011。

⑤ 例如，王泽胜：《波黑局势新发展及其前景》，《国际问题研究》2010年第3期；孔寒冰：《波黑战争的遗痕》，《世界知识》2010年第15期；孔寒冰：《在波黑战争中发生惨案的斯雷布雷尼察》，《世界知识》2010年第9期；李景云：《波黑——一个特殊的国家》，《新远见》2010年第4期。

⑥ 例如，高歌：《波黑政治转型初探》，《俄罗斯东欧中亚研究》2015年第6期；左娅：《国际治理与波黑安全》，《俄罗斯东欧中亚研究》2015年第6期；朱晓中：《世界银行与波黑重建》，《俄罗斯东欧中亚研究》2015年第6期；鲍宏铮、徐刚：《〈代顿协议〉后波黑经济发展与问题》，《俄罗斯东欧中亚研究》2015年第6期。

际有过小高潮，但是波黑战争期间那种百花齐放的研究态势不再，显示出波黑研究力量的萎缩。与此同时，高级代表机制、波黑式协和民主以及后冲突社会治理等国际学术界特别关注的一些问题也未在中国学界引发讨论。[1]

在第二阶段，中国学界的波黑研究具有较强的应用研究和涉我性研究取向，其特点是包括高校、企业和国家部委研究单位在内的人员广泛参与以及研究面向的多元性，内容主要涉及波黑营业环境、法律、汉语教学以及中波务实合作等。[2]波黑蜚声国际的名人不多，主要集中于文体领域，中国学界的研究也散见于对这些波黑人的译介。[3]同时，对于波黑2022年下半年以来的"塞族脱钩危机"给予了关注。[4]另外，中国学界还出版了数部关于波黑概况、概览类的书籍。[5]在学位论文方面，关于波黑汉语教学的硕士论文有4篇[6]，关于中国企业投

---

[1] 散见的有关波黑国家构建以及波黑政治的研究有刘作奎：《国家构建的欧洲方式——欧盟对波黑政策的实证分析》，《欧洲研究》2009年第4期；甄鹏：《波黑2010年大选与左翼政党状况》，《当代世界社会主义问题》2011年第1期。

[2] 例如，叶奎、张沐芝、刘洋：《波黑营商环境及工程承包市场概况》，《国际工程与劳务》2014年第10期；陈宜军：《中国与波黑铁路道床几何尺寸对比分析》，《铁道勘察》2016年第3期；卢宾客·米托维奇、郭晶：《波黑的行贿与受贿犯罪》，《经济刑法》2018年辑刊；崔秀仲、喇维新、邬雅丽：《"一带一路"下波黑汉语传播研究》，《湖北成人教育学院学报》2020年第4期。其他包含波黑内容的著述主要有，聂凤英、张莉主编《"一带一路"国家农业发展与合作——中东欧十六国》，中国农业科学技术出版社，2018；李洋帆等编译《克罗地亚、斯洛文尼亚、波黑、黑山、北马其顿教育政策法规》，大连理工大学出版社，2020；《波斯尼亚和黑塞哥维那刑法典》，王立志译，知识产权出版社，2022。

[3] 学术期刊文章如，王威：《悲怆的呐喊 深深的无奈——波黑影片〈无主之地〉赏析》，《电影文学》2002年第6期；杨田甜：《为了他们，也为了我们——浅析〈911事件簿〉中的波黑短片》，《戏剧之家》2020年第2期。著述如，〔波黑〕兹拉塔·菲利波维奇：《兹拉塔日记：一个萨拉热窝少女的生活》，夏国芳、侯萍译，译林出版社，1995；〔波黑〕杰瓦德·卡拉哈桑：《夜空的抚慰》，宋健飞译，上海译文出版社，2020。此外，著名旅美波黑作家亚历山大·黑蒙的多部作品也被译成中文出版。

[4] 徐刚：《波黑会再爆发冲突吗》，《世界知识》2022年第3期。

[5] 葛新生编著《列国志·波斯尼亚和黑塞哥维那》，社会科学文献出版社，2017；姜传松、赵磊、李海红编著《"一带一路"国别概览：波斯尼亚和黑塞哥维那》，大连海事大学出版社，2019；陈慧稚：《巴尔干国家概览：波黑》，世界知识出版社，2020。

[6] 刘昊：《思维导图在对外汉语初级综合课教学中的应用研究——以波黑萨拉热窝大学孔子学院为例》，西北师范大学硕士学位论文，2018；琚天娇：《体态语在波黑萨大孔院初级汉语综合课中的应用研究》，安阳师范学院硕士学位论文，2019；徐凡琴：《音像型语料在对外汉语课堂上的应用研究——以波黑萨拉热窝大学孔子学院为例》，西北师范大学硕士学位论文，2020；李鑫：《波黑萨拉热窝大学孔子学院大学生汉语学习策略分析研究》，西北师范大学硕士学位论文，2021。

资波黑、德国在波黑维和以及关于波黑女性权利的硕士论文各有1篇①。

总的来说，虽然中国学界在某一时段对波黑战争有较多的关注和研究，但整体研究水平有待提高，研究力量也不够多，专门的研究期刊或皮书亦无。然而，波黑研究潜力巨大，波黑历史、波黑国家建构与治理、波黑融入欧洲一体化进程、波黑与大国关系以及国际社会驻波黑高级代表的角色与地位等都是有待深入探讨的课题。

第十一节　黑山研究

20世纪90年代初，南斯拉夫联邦解体，黑山和塞尔维亚两个共和国联合组成南斯拉夫联盟共和国。2003年2月4日，南斯拉夫联盟共和国议会通过《塞尔维亚和黑山宪法宪章》，改国名为塞尔维亚和黑山。2006年5月，黑山就国家独立举行公投并获通过。同年6月3日，黑山宣布独立。6月14日，中国宣布承认黑山，并在7月6日同黑山建交。从此，黑山成为中国国际问题学界一个独立的国别研究对象。②根据中国知网收录的论文情况，从2006年7月6日到2022年12月31日以"黑山"为篇名搜索共有88篇文章。③ 其中，学术期刊论文34篇、学位论文11篇、会议论文6篇、报纸文章24篇、学术辑刊文章2篇、特色期刊文章11篇。另据中国国家图书馆收藏数据，有关黑山的著作仅有4部，且

---

① 俱龙：《国有企业在海外经营的社会责任探讨——以东方电气集团波黑项目为例》，西南财经大学硕士学位论文，2019；何澄昊：《德国冷战后的维和行动研究——以在波黑和马里的行动为例》，外交学院硕士学位论文，2022；安玉玲（Falconieri Andreina）：《波黑落实联合国安理会关于妇女、和平与安全的第1325号决议的国家行动计划分析》，北京外国语大学硕士学位论文，2022。

② 此前，黑山长期被当作南斯拉夫、（中）东欧国家（地区）、东南欧或巴尔干地区研究的一部分。对于黑山共和国独立前的研究也有一些，例如，小鸿：《黑山共和国首都——波德戈里察》，《世界知识》1992年第19期；孟纪青：《黑山的过去和现在》，《世界知识》1995年第19期；舒笙：《黑山共和国：危险的憧憬》，《国际展望》1998年第13期；李俊：《黑山共和国独立思潮的发展情况》，《国际资料信息》1999年第8期；舒笙：《黑山：兄弟阋于墙》，《国际展望》1999年第24期；王秀明：《塞尔维亚和黑山共和国汉语教学概况》，《国外汉语教学动态》2003年第2期；许万明：《塞尔维亚和黑山共和国近两年经济形势及投资环境》，《俄罗斯中亚东欧市场》2003年第6期。

③ 有意思的是，由于中国辽宁省有一个黑山县，因此以黑山为篇名进行搜索会出现大量关于黑山县的文章，要核实黑山国家的研究成果需要进一步甄别。

无一本是专著。①

在 16 年左右的时间里,中国的黑山研究大体可以分为两个阶段。

第一阶段是从 2006 年黑山独立、中黑建交到 2012 年中国-中东欧国家合作机制启动前。这一阶段有关黑山的学术期刊论文不足 10 篇,研究主要内容聚焦黑山独立及影响②、黑山的概况与印象③以及黑山 2009 年大选④。有关黑山独立及影响的研究中,中国现代国际关系研究院的樊春菊和李俊分析了塞黑分家的原因和影响;中国社会科学院俄罗斯东欧中亚研究所的朱晓中在分析南斯拉夫裂变中探讨了黑山独立的原因;清华大学的史志钦讨论了黑山独立对科索沃"独立"的影响和对巴尔干地区族际关系影响的可能性。此外,这一阶段没有一篇有关黑山研究的学位论文。

第二阶段是 2012 年中国-中东欧国家合作机制启动以来的 10 年。这一阶段中国学者对黑山的关注和研究有一定的增多,而且学位论文也陆续出现。从研究内容上看,学者们主要聚焦黑山国情、内政、外交、中国与黑山务实合作等领域。在国情层面,主要涉及黑山历史⑤、黑山旅游资源和风光⑥、体育特别是水球⑦、大学

---

① 章永勇编著《列国志·塞尔维亚和黑山》,社会科学文献出版社,2006;《黑山刑法典》,王立志译,中国人民公安大学出版社,2012;陈宏、牛东芳编著《"一带一路"国别概览——黑山》,大连海事大学出版社,2018;张德祥、李枭鹰主编,李洋帆等编译《克罗地亚、斯洛文尼亚、波黑、黑山、北马其顿教育政策法规》,大连理工大学出版社,2020。

② 钱浩沛:《地图邮票见证黑山独立》,《地图》2006 年第 4 期;史志钦:《一个新生国家投下的阴影》,《经济》2006 年第 7 期;姚稼露:《黑山独立透视》,《当代世界》2006 年第 7 期;樊春菊、李俊:《从黑塞"分家"说开去》,《国际资料信息》2006 年第 7 期;朱晓中:《从南斯拉夫联邦到塞尔维亚——析南斯拉夫的不断"裂变"》,《当代世界》2008 年第 4 期。

③ 《黑山共和国——一个新兴的旅游胜地》,《上海商业》2010 年第 10 期;孔寒冰:《黑山印象》,《世界知识》2011 年第 15 期。另外,前述《列国志·塞尔维亚和黑山》对塞尔维亚和黑山整体介绍中关涉了黑山。

④ 甄鹏:《黑山 2009 年大选及社会主义者民主党执政状况分析》,《当代世界社会主义问题》2010 年第 1 期。

⑤ 李建军:《"合并"还是"吞并":1918 年波德戈里察大会研究》,《首都师范大学学报》(社会科学版)2022 年第 4 期。

⑥ 陈楠桴:《黑山:一条南北高速牵起"双头鹰"的翅膀》,《交通建设与管理》2015 年第 21 期;张东亮:《"最年轻之国"黑山:陆与海的壮美邂逅》,《世界环境》2020 年第 3 期;《黑山科托尔自然保护区和文化历史区》,《文明》2017 年第 Z1 期。

⑦ 秦海权:《欧洲水球运动发展的黑山模式研究及启示》,《中国学校体育(高等教育)》2018 年第 1 期。

以及职业教育①、投资环境和对外贸易法②、民间医药整理和药用植物资源③以及电影④等。在内政上，学者们主要对黑山新当选领导人⑤、黑山政治转型⑥等进行了研究。外交层面，学者们对欧盟的塞尔维亚和黑山政策、德国对黑山的影响、黑山加入北约及影响以及黑山与塞尔维亚的关系等⑦展开了讨论。在中国与黑山务实合作上，学者们介绍了中土集团中标黑山铁路项目、中国与黑山传统医药交流、黑山与中国经贸关系以及黑山汉语教学等方面的情况⑧，并在共建"一带一路"框架下研究了中国与黑山的合作。⑨ 值得提到的是，作为中国和

---

① 王庆、邓佳钰、洪菱：《欧洲创业型大学的理念创新——介绍黑山共和国下格理查大学（UDG）》，《外语教育与翻译发展创新研究（第八卷）》；洪一江、邓佳钰：《我国与黑山共和国文化和教育的差异和对比初探——基于锦城学院学生赴黑山下戈里察大学交流学习经历总结》，《外语教育与翻译发展创新研究（第九卷）》；魏明：《黑山共和国职业教育现状与发展对策》，《深圳职业技术学院学报》2018年第5期。

② 伍晖：《黑山投资环境介绍》，《国际工程与劳务》2020年第7期；伍晖、Damir Krasnicic：《黑山优势投资项目介绍》，《国际工程与劳务》2021年第5期；韩驰：《黑山对外贸易法 黑山对外贸易法译介》，《上海法学研究》集刊2021年第20卷；顾海燕：《法律翻译中翻译素养之探析——以黑山共和国〈对外贸易法〉英译汉为例》，华东政法大学硕士学位论文，2021。

③ 黄史乐、彭成、谢晓芳、高继海：《"一带一路"沿线国家黑山共和国民间医药整理研究的意义及方法分析》，《成都中医药大学党报》2018年第3期；黄史乐、彭成、谢晓芳、高继海：《一带一路沿线国家黑山共和国药用植物资源调查研究》，《中药与临床》2018年第6期。

④ 沈健：《黑山电影：小国大情怀》，《世界知识》2019年第16期。

⑤ 李俊：《黑山新任总理米洛·久卡诺维奇》，《国际研究参考》2013年第2期；梁嘉真、徐凤江：《黑山共和国总统武亚诺维奇》，《国际研究参考》2013年第6期；董一凡：《黑山总统久卡诺维奇》，《国际研究参考》2019年第1期。

⑥ 高歌：《国家独立、"回归欧洲"与黑山政治的三次转型》，《俄罗斯学刊》2016年第4期。

⑦ 刘作奎：《欧盟对塞尔维亚和黑山政策评析——从"联盟"到"双轨"》，《欧洲研究》2007年第2期；塔马斯·马杜拉、马骏驰：《德国对中国-中东欧国家关系的影响——以斯洛文尼亚和黑山两国为例》，《欧洲研究》2015年第6期；田剑威：《黑山加入北约令"北极熊"动怒》，《坦克装甲车辆》2016年第4期；陈旸：《北约觅得新"劫材"》，《世界知识》2016年第12期；许海云、曾晨宇：《从黑山入盟看北约东扩的困境与出路》，《现代国际关系》2017年第7期；徐凤江：《黑山与塞尔维亚相互驱逐大使的背后》，《世界知识》2021年第2期。

⑧ 《中土集团中标黑山铁路项目》，《现代隧道技术》2015年第5期；李曼嘉等：《中国与黑山传统医药交流历史与展望》，《世界中医药》2021年第4期；戈丹娜·久多维奇、张佳慧、吴锋：《中黑两国经贸和农业的合作现状与未来展望》，《江南大学学报》（人文社会科学版）2015年第2期；马梧等：《从社会文化认同的角度看西巴尔干国家对华发展经贸投资关系的态度——以斯洛文尼亚和黑山两国为例》，《欧洲研究》2015年第6期；薛玲玲：《从黑山孔院看"一带一路"背景下的对外汉语教学》，《浙江工商职业技术学院学报》2019年第3期；郑亚男：《塞尔维亚母语者汉语声韵母偏误研究——以黑山大学孔子学院为例》，广东外语外贸大学硕士学位论文，2018。

⑨ 李沁阳：《"一带一路"框架下中国与黑山的合作分析》，外交学院硕士学位论文，2019。

黑山乃至中国-中东欧国家合作的示范项目，有关黑山南北高速项目建设的研究有20篇学术期刊文章和1篇硕士学位论文，是有关黑山研究最多的领域。[1]

从文献来源分布看，有关黑山的研究主要分布在《世界知识》《欧洲研究》《当代世界》等期刊。从作者来源看，主要来自中国社会科学院欧洲研究所和俄罗斯东欧中亚研究所。虽然中国学界有关黑山研究的主题不断拓展、学科领域不断丰富，但仍然存在研究不深、涵盖内容不广，特别是基础性研究不足的情况，特别是有关黑山的政治转型、经济发展、与大国和邻国的关系以及中国投资黑山等议题有待进一步深入研究。需要提到的是，国内尚无一本专门研究黑山的期刊、皮书，也无一家专门研究黑山的机构。

第十二节 北马其顿研究

20世纪90年代初，南斯拉夫联邦开始解体，马其顿于1991年11月宣布独立。独立之初，定国名为"马其顿共和国"。2019年2月，为了解决与邻国希腊的国名冲突，该国正式更名为"北马其顿共和国"，简称"北马其顿"。在宣布独立之前，中国学者一般将北马其顿置入南斯拉夫联邦的整体范畴内进行介绍和研究。[2] 1993年10月12日，中国与北马其顿建立外交关系，中国学界对北马其顿的系统性研究也正式起步。根据中国知网收录的论文情况，截至2022年12月

---

[1] 例如，周健：《黑山南北高速公路项目合同管理研究》，长沙理工大学硕士学位论文，2017；严少发、姬东东、罗良乾：《东欧山岭地区高速公路施工便道的关键程序及技术——以黑山共和国南北高速公路工程为例》，《中外公路》2018年第1期；周天南、伍晖：《黑山南北高速公路项目劳务分包管理》，《国际工程与劳务》2018年第11期；王子辰：《如何有效驳斥"债务陷阱论"——以"一带一路"标志性项目黑山高速公路报道为例》，《对外传播》2019年第5期；冯晓卫、张文杰、张浩：《欧洲黑山南北高速公路隧道照明方案技术研究》，《公路》2021年第4期；李秀坤、惠新宇：《黑山高速公路项目施工环保工作总结——以中东欧地区项目为例》，《智能城市》2021年第14期；罗良乾：《中企在黑山共和国高速公路隧道施工所遇问题及对策》，《中外公路》2022年第4期；伍晖：《从黑山高速公路项目看中国路桥高质量发展》，《国际工程与劳务》2022年第10期。

[2] 1985年，中国作家汤真先生应邀去南斯拉夫采风，并于1987年出版了《马其顿纪实》，这是我国较早单独介绍北马其顿国情概况的文学作品。参见汤真《马其顿纪实》，江西人民出版社，1987。其他成果有，B·杰拉维奇、张大奎：《马其顿地区的历史和民族问题》，《民族译丛》1986年第2期。

31日,以"马其顿"为篇名搜索的中文文献约有300篇。[①] 其中,学术期刊文章约150篇、学位论文8篇（硕士论文6篇、博士论文2篇）。另据中国国家图书馆收藏数据,截至2022年12月31日,以"马其顿"为篇名的著作和译作近30部,内容涵盖北马其顿的国情概况、法律法规、文学文化、教育制度等方面。

归纳起来,30年来中国学界有关北马其顿的研究大体分为三个阶段。

第一阶段是从1993年两国建交到2012年中国-中东欧国家合作机制启动前。这是北马其顿研究的起步阶段,特点是以介绍性文章为主、研究性文章为辅。中国知网收录这一阶段的文章主要集中在两国领导人会见[②]、经贸合作[③]和对外关系[④]等领域。该阶段的研究性文章主要聚焦两个热点事件,即2001年与国内阿尔巴尼亚族准军事部队——民族解放军（National Liberation Army,NLA）之间发生的冲突[⑤],以及北马其顿与希腊的国名争端和冲突[⑥]。此外,关于北马其顿经

[①] 由于该国更改国名时间较短,因此要总结30年的研究概况,以"马其顿"为篇名搜索文献更为合适,且其中涵盖了以"北马其顿"为篇名的文献。另外,搜索还会出现不少关于"希腊化时代""亚历山大大帝""马其顿方阵"的文献,这些概念不属于真正意义上的"中国的北马其顿研究"范围,因此在统计过程中会将这些概念的相关文献排除,后不再赘述。

[②] 例如,《朱镕基会见马其顿外长米特雷娃》,《人民日报》2001年6月20日;《习近平会见卢森堡和马其顿议长》,《人民日报》2010年5月2日;《刘云山分别会见马其顿总统和总理》,《新华每日电讯》2010年8月29日。

[③] 例如,《马其顿烟草业现状及未来》,《中国贸易报》2006年8月31日;《"小瑞士"马其顿 欧洲新投资天堂》,《21世纪经济报道》2008年11月7日;《土耳其水泥公司计划在马其顿投资》,《中国建材报》2010年11月16日。

[④] 例如,《马其顿民众"入约"激情减退》,《光明日报》2006年4月12日;《马其顿因国名问题把希腊告上国际法庭》,《人民日报》2008年11月19日;《马其顿与科索沃建交》,《新华每日电讯》2009年10月20日。

[⑤] 例如,李俊:《马其顿的民族冲突》,《国际资料信息》2001年第8期;樊春菊:《马其顿问题的历史与现状》,《国际资料信息》2001年第4期;陈振中:《马其顿揭秘:阿族"民族解放军"》,《世界知识》2001年第8期;李俊:《马其顿:下一个科索沃?》,《世界知识》2001年第11期;宋绍松、周彦君:《马其顿:巴尔干半岛新热点？——阿族极端武装分子锁定新目标》,《国际展望》2001年第8期;舒笙:《马其顿:在罪犯和"朋友"的夹缝中——前有凶神恶煞的阿族解放军,后是靠不住的北约和欧盟》,《国际展望》2001年第8期;黄恒:《马其顿:"欧洲火药桶"的另一根"导火索"》,《环球军事》2001年第8期。

[⑥] 例如,史翼:《一波未平、一波又起——希腊马其顿关系日趋恶化的原因和前景》,《国际展望》1994年第6期;胡健:《希腊与马其顿实现关系正常化的曲折道路》,《湖南农业大学学报》(社会科学版·素质教育研究)2008年第1期;胡健:《马其顿国名问题中的历史因素》,《中南大学学报》(社会科学版)2008年第3期;胡健:《论希腊与马其顿两国冲突（1991~1995年）》,湖南师范大学硕士学位论文,2006;孔寒冰:《为国名所困的马其顿》,《世界知识》2011年第3期。

济政策和产业结构、法律、政治家、社会改革、汉语传播及与中国的农业合作的介绍[1]以及关于历史问题和党派政治的研究[2]亦有一些。其中，王立志翻译的《马其顿共和国刑法典》[3] 系统介绍了北马其顿的刑法体系。

第二阶段是从2012年中国-中东欧国家合作机制启动到2019年马其顿更改国名之前。虽然这一阶段的研究成果总量不多，但作为中国-中东欧国家合作成员国及共建"一带一路"国家，北马其顿的多个领域得到了中国学者的关注，相关研究性文章逐渐增多。根据中国知网收录的文章看，这一阶段的研究聚焦两个方面。首先，随着中国和北马其顿两国交流合作日益频繁，关注北马其顿经济发展与经贸投资环境[4]和介绍北马其顿旅游环境和教育[5]的相关文献明显增多。其次，2018年6月，关于国名更改的《普雷斯帕协议》得以签署，希腊不再阻碍北马其顿加入欧盟和北约的进程。该协议引发了国际社会的广泛关注，中国学者也不例外。[6]同时，

---

[1] 例如，李丹琳：《马其顿共和国的经济》，《东欧中亚市场研究》1997年第10期；汪丽敏：《马其顿共和国的产业结构》，《东欧中亚市场研究》1997年第10期；王立志：《马其顿共和国刑法典之渊源及其特色》，《刑法论丛》2010年第2期；李俊：《马其顿新总统特拉伊科夫斯基》，《国际资料信息》2000年第1期；左娅：《马其顿新总统布兰科·茨尔文科夫斯基》，《俄罗斯中亚东欧研究》2005年第3期；许静等：《前南斯拉夫马其顿共和国卫生系统改革概况》，《中国社会医学杂志》2009年第1期；刘亚儒：《马其顿中国文化传播的现状以及马其顿文汉语教材的编写》，《2009年汉语国别化教材国际学术研讨会论文集》，2009；辛岭：《马其顿农业现状及其与中国的农业合作》，《现代农业科技》2008年第17期。

[2] 舒笙：《马其顿：在历史和现实的重负之下》，《国际展望》1995年第19期；姚勤华：《马其顿历史演变中的几个问题》，《史林》1997年第3期；甄旺达：《马其顿社会民主联盟的现状及其政策主张》，《当代世界社会主义问题》2009年第3期。

[3] 《马其顿共和国刑法典》，王立志译，中国人民公安大学出版社，2010。

[4] 例如，杨照：《马其顿农业发展方向与中马合作探析》，《欧亚经济》2015年第6期；祁健：《马其顿内燃动车组制造工艺研究》，《技术与市场》2017年第6期；中国驻马其顿共和国大使馆经商参处：《马其顿技术工业开发区投资环境分析》，《国际工程与劳务》2017年第7期；海涛：《马其顿投资废轮胎回收利用项目》，《中国轮胎资源综合利用》2018年第6期；张丹、叶欣：《中国与马其顿经贸合作现状与建议》，《国际经济合作》2018年第11期；魏蕾：《马其顿：纺织工业的另一机会之地》，《中国纤检》2018年第4期。

[5] 例如，谢晶晶：《依然张骞的丝路——马其顿》，《琴童》2015年第3期；崔丽媛：《马其顿：我小，但很精致》，《交通建设与管理》2015年第21期；石峰：《马其顿奥赫里德湖印象》，《荣宝斋》2017年第6期；《马其顿 奥赫里德地区文化历史遗迹及其自然景观》，《文明》2017年Z1期；刘进、杨莉：《"一带一路"沿线国家的高等教育现状与发展趋势研究（二十一）——以马其顿为例》，《世界教育信息》2019年第3期。

[6] 例如，马细谱、李建军：《马其顿更改国名，究竟谁更"蒙羞"》，《世界知识》2018年第13期；丹尼尔·斯蒂法诺、帆赛拉·切尔内瓦、张关林：《欧洲在马其顿名称争端中的利害关系》，《国外社会科学文摘》2018年第12期。

围绕马其顿内部政治危机、马其顿与保加利亚关系改善、马其顿语言和民族以及马其顿与希腊国名争端的研究增多。[1]来自北马其顿留学生对马其顿语与汉语的关系进行了深入研究，分别撰写了相关硕士论文和博士论文。[2]此外，陈华编著的《"一带一路"国别概览——马其顿》[3]从地理、历史、政治、军事、文化、社会、外交和经济等方面介绍了北马其顿的基本国情，是了解北马其顿的重要工具书[4]。

第三阶段是自2019年国名更改以来。2019年2月12日，北马其顿国名正式启用，其融入欧洲-大西洋一体化进程也进入新的阶段，中国学者对北马其顿的关注有所增多。成果的学术性增强，议题多聚焦在北马其顿国内外政治[5]、法律法规[6]、基础设施建设[7]以及马其顿问题[8]等领域。此外，杨鲁新、王乐凡所著的《北马其顿文化教育研究》[9]对该国的教育体系做了深入分析，是中国学界为数不多的对北马其顿进行专题研究的学术著作。

---

[1] 王洪起：《马其顿危机折射美俄在巴尔干的地缘博弈》，《世界知识》2015年第12期；徐刚：《马其顿与保加利亚关系开启新征程》，《世界知识》2018年第5期；刘媛媛、李秀锦：《马其顿的语言问题及政府对策》，国家语言文字工作委员会组编《世界语言生活状况报告（2018）》，商务印书馆，2018；王小平、窦红梅：《少数民族的民族认同——现代希腊国家中的马其顿人》，《山西师大学报》（社会科学版）2017年第2期；Martin Adamchevski（马丁）：《希腊与马其顿名称纠纷问题研究》，华中师范大学硕士学位论文，2018。

[2] Vitkovska Frosina（方唯）：《马其顿语和汉语时态范畴比较研究》，华中师范大学硕士学位论文，2012；Vitkovska Frosina（方唯）：《马其顿语和汉语词法比较研究》，华中师范大学博士学位论文，2017。

[3] 陈华编著《"一带一路"国别概览——马其顿》，大连海事大学出版社，2018。

[4] 中国社会科学院组织出版的列国志丛书中尚无北马其顿。

[5] 例如，徐刚：《北约东扩将"再下一城"》，《世界知识》2019年第5期；徐刚、陈巧：《北马其顿更名后的首次总统选举，意义深远》，《世界知识》2019年第11期；鞠豪：《北马其顿成为北约30个成员国》，《世界知识》2020年第9期；徐刚：《欧盟再度推迟开启西巴两国入盟谈判》，《世界知识》2019年第22期。

[6] 例如，韩驰：《北马其顿反不正当竞争法 北马其顿反不正当竞争法译介》，《上海法学研究》2021年第20卷；万立：《北马其顿反不正当竞争法》，《上海法学研究》2021年第20卷；邹国勇：《北马其顿共和国〈关于国际私法的法律〉》，《中国国际私法与比较法年刊》2020年第2期。

[7] 例如，刘金城：《北马其顿共和国新的铸铁厂》，《铸造》2020年第5期；王勇：《北马其顿高速公路隧道管棚施工技术》，《江西建材》2020年第9期；马骏驰：《中国-中东欧国家合作中的"债务陷阱论"辨析——以中国在黑山、北马其顿和匈牙利的基建项目为例》，《欧亚经济》2021年第5期。

[8] 高建芝：《从巴尔干地区到欧洲：马其顿问题的起源研究》，《世界历史》2019年第3期。

[9] 杨鲁新、王乐凡：《北马其顿文化教育研究》，外语教学与研究出版社，2021。

总的来看，30年来中国学者对北马其顿的研究呈现由介绍型向学术型转变的趋势，研究人员也日益多元化，在一定程度上反映出中国学者对北马其顿了解程度的加深。对北马其顿的学术研究主要围绕2001年内战、国名争端和更改、加盟入约等热点事件以及经贸合作和基础设施项目等中北马务实合作等话题展开。然而也应当承认，中国的北马其顿研究仍然存在人员研究较少、研究深度不够的情况。同时，国内尚无专门进行北马其顿研究的期刊或皮书，有关北马其顿的认同政治、族群关系、经济发展、社会改革、对外关系特别是其同保加利亚的关系等议题的研究也有待强化。

第十三节　阿尔巴尼亚研究

中国学界对阿尔巴尼亚的关注较早，但大量研究的出现是在冷战期间。[①]从剧变的时间看，阿尔巴尼亚于1991年发生政局变动，在东欧国家中是最晚的。根据中国知网收录的文献情况，从1991年阿尔巴尼亚政局变动到2022年12月31日以"阿尔巴尼亚"为篇名搜索到的中文文献共计445篇。其中，学术期刊文章297篇、

---

① 冷战时期，以"阿尔巴尼亚"为篇名的文章有360余篇，主要集中在国内政治与国际关系、人物传记、文化文学等领域。参见《阿尔巴尼亚建设在迈进中》，《世界知识》1953年第2期；曹世文：《阿尔巴尼亚在社会主义工业化的道路上前进》，《世界知识》1955年第23期；林陵：《南斯拉夫修正主义者怎样干涉阿尔巴尼亚内政》，《世界知识》1959年第24期；晓风：《阿尔巴尼亚人民的电影事业》，《世界电影》1955年第2期；马寒冰：《阿尔巴尼亚的艺术成就》，《世界知识》1955年第17期；刘庆民：《阿尔巴尼亚的音乐》，《人民音乐》1955年第9期；宛青：《战斗的阿尔巴尼亚——读〈阿尔巴尼亚诗选〉》，《世界文学》1960年第2期；翟世雄，《阿尔巴尼亚诗歌创作丰收》，《世界文学》1964年第Z1期；戈宝权：《阿尔巴尼亚诗抄》，《世界文学》1959年第11期；李定坤：《和阿尔巴尼亚作家们在一起》，《世界文学》1964年第11期；戈宝权：《伟大的革命友谊的颂歌——纪录影片〈周总理访问阿尔巴尼亚〉观后》，《电影艺术》1964年第3期；杨章明、林瑶秦：《阿尔巴尼亚的社会状况和发展趋势》，《社会主义研究》1985年第6期；徐本豪：《铁幕会拉开吗？——霍查以后的阿尔巴尼亚》，《今日苏联东欧》1986年第5期；苏开源：《阿尔巴尼亚在松动》，《党校科研信息》1987年第2期；田永祥：《阿尔巴尼亚政治体制初探》，《今日苏联东欧》1987年第3期；文有仁、王洪起：《阿尔巴尼亚开始在变》，《苏联东欧问题》1987年第6期；王伯军：《阿尔巴尼亚的政治变迁》，《今日苏联东欧》1988年第4期。此外，有关阿尔巴尼亚劳动党及领导人恩维尔·霍查的著述也有不少，如《阿尔巴尼亚劳动党历史研究资料》，世界知识出版社，1961；《阿尔巴尼亚劳动党历史》，人民出版社，1971；《恩维尔·霍查关于农村经济、社会和文化状况及其进一步提高的措施》，人民出版社，1954；《恩维尔·霍查对选民的讲话——1962年5月30日于地拉那歌舞剧院》，人民出版社，1962；《在庆祝阿尔巴尼亚独立五十周年和解放十八周年招待会上的讲话》，人民出版社，1963；《在阿尔巴尼亚劳动党中央委员会全体会议上的报告》，人民出版社，1964。

学位论文18篇（硕士论文16篇、博士论文2篇）、会议文章10篇、报纸文章79篇、学术辑刊文章13篇、特色期刊文章27篇、成果文章1篇。另据中国国家图书馆收藏数据，截至2022年12月31日，以"阿尔巴尼亚"为名的各类中文著作约20部，主要聚焦阿尔巴尼亚语教材和文学著作、阿尔巴尼亚国情以及译作。

30多年的中国阿尔巴尼亚研究大体可分为两个阶段。

第一阶段是从1991年阿尔巴尼亚政局变动到2012年中国-中东欧国家合作机制启动前。起初，学者们对阿尔巴尼亚内政、外交、经济、民族、宗教等情况进行了跟踪观察。①这些普及性文章对于中国人再次认识阿尔巴尼亚起到了不容小觑的作用。出于教学的需要，一些有关阿尔巴尼亚语的新编教材也陆续出版。②随后，有关阿尔巴尼亚政治发展、经济转轨特别是1997年阿尔巴尼亚金融危机等方面的研究逐渐增多。③同时，有关阿尔巴尼亚文学领域的研究成果相继

---

① 周韵琦：《阿尔巴尼亚大选浅析》，《瞭望周刊》1991年第16期；王洪起：《阿尔巴尼亚的"政治分水岭"——阿尔巴尼亚劳动党十大》，《世界知识》1991年第13期；孙建蓉：《阿尔巴尼亚经济情况》，《国际研究参考》1992年第5期；尹产良：《阿尔巴尼亚的少数民族》，《国际论坛》1991年第3期；黄陵渝：《阿尔巴尼亚的宗教》，《苏联东欧问题》1991年第5期。

② 张琳辉、〔阿尔巴尼亚〕鲁·斯特林卡编《阿汉会话手册》，外语教学与研究出版社，2000；肖桂芬编著《阿汉汉阿翻译教程》，外语教学与研究出版社，2003；柯静编《阿尔巴尼亚语教程》第一册、第二册，外语教学与研究出版社，2004；肖桂芬《阿尔巴尼亚语教程》第三册、第四册，外语教学与研究出版社，2006、2007；王庚年、许琳主编《每日汉语——阿尔巴尼亚语》，中国国际广播出版社，2009；柯静、陈逢华编《阿尔巴尼亚语实用语法》，外语教学与研究出版社，2010。需要提到的是，20世纪80年代，在当时教学资源短缺、中阿教育交流非常有限的情况下，北京外国语大学阿尔巴尼亚语教研室的教师就组织出版了《阿尔巴尼亚语教程》《简明阿尔巴尼亚语语法》等一系列基础教材，填补了国内相关教学材料的空白。这批教材内容翔实，详略得当，在2004年之前一直作为北京外国语大学阿尔巴尼亚语专业使用的主干教材。

③ 有关政治发展的研究有，陈发奋：《阿尔巴尼亚社会党东山再起》，《当代世界》1997年第8期；于凤芝：《阿尔巴尼亚中左翼政权面临严峻考验》，《当代世界》1998年第11期；孔寒冰、项佐涛：《阿尔巴尼亚社会党2005年大选失利原因分析》，《当代世界社会主义问题》2006年第3期。经济转轨的研究有，王义祥：《阿尔巴尼亚的经济转轨》，《今日前苏联东欧》1994年第4期；李瑶、王晓燕：《陷入泥潭——剧变后的阿尔巴尼亚经济》，《今日东欧中亚》1999年第6期，杜testing山：《商业化、可持续小额信贷的新发展——德国、阿尔巴尼亚和乌克兰小额信贷的研讨和考察》，《中国农村经济》2003年第10期。1997年金融危机及相关研究有，殷小茵：《警示：阿尔巴尼亚金融危机的教训》，《国际金融研究》1997年第4期；陈发奋、于川：《金钱卷起的风暴——阿尔巴尼亚爆发动乱》，《世界知识》1997年第7期；《阿尔巴尼亚金融危机的原因及对中国的启示》，《金融研究》1997年第8期；方东葵：《阿尔巴尼亚非法集资案始末及其启示》，《国际金融》1997年第5期；危素华：《关于金字塔集资的思考：以阿尔巴尼亚为个案》，《东欧中亚研究》2001年第4期。

问世①，伊斯梅尔·卡达莱和其他阿尔巴尼亚著名作家及作品更是受到学者们的广泛关注和研究。② 另外，这一阶段关于阿尔巴尼亚的两本专著值得提及。③ 一是马细谱、郑恩波合著的《列国志·阿尔巴尼亚》，这是剧变后国内第一部关于阿尔巴尼亚的国情概览著作，对于中国人全面了解阿尔巴尼亚起到了重要作用。二是王洪起于2008年出版的《山鹰之国亲历》，作者结合其在阿尔巴尼亚22年的生活和工作实际向读者讲述了其亲历的中阿关系。④此外，仅有的5篇硕士论文对阿尔巴尼亚与美国关系、阿尔巴尼亚与苏联关系、阿尔巴尼亚与中国关系和阿尔巴尼亚融入欧洲一体化等议题进行了研究。⑤

第二阶段是自2012年中国-中东欧国家合作机制启动后的10年。这一阶段的阿尔巴尼亚研究呈现研究内容多样、研究主体多元、涉我性增强等特点。

第一，研究内容多样化。在政治外交领域，中国学者除较为关注阿尔巴尼亚同原苏联东欧社会主义阵营的关系⑥，还有对阿尔巴尼亚政治家、政治转

---

① 郑恩波和夏镇的研究成果较多。参见郑恩波《阿尔巴尼亚当代小说概览》，《东欧》1996年第3、4期和1997年第1期；郑恩波：《阿尔巴尼亚当代诗歌概览》，《国外文学》1999年第2期；夏镇：《阿尔巴尼亚民间文学的研究和发展》，《国际论坛》1993年第1期；夏镇：《阿尔巴尼亚当代诗歌及其嬗变》，《东欧》1998年第2、3、4期。

② 〔阿尔巴尼亚〕伊斯梅尔·卡达莱：《亡军的将领》，郑恩波译，重庆出版社，2016；高兴：《写出〈梦幻宫殿〉的卡达莱》，《外国文学动态》2009年第3期；高兴：《命运之书〈梦幻宫殿〉》，《全国新书目》2010年第1期；刘恪：《让四月说出真相——评卡达莱的长篇小说〈破碎的四月〉》，《世界文学》2007年第5期；肖锋：《传统与现实的矛盾——评伊斯梅尔·卡达莱的〈破碎的四月〉》，《三明学院学报》2009年第1期；郑恩波：《回忆两位阿尔巴尼亚作家》，《国际论坛》1991年第4期；《东欧剧变之后社会主义文学的坚持者——阿尔巴尼亚作家阿果里》，《文艺评论与批评》2010年第3期。

③ 此外，还有一本关于阿尔巴尼亚刑法的译作，参见陈志军译《阿尔巴尼亚共和国刑法典》，中国人民公安大学出版社，2011。

④ 马细谱、郑恩波编著《列国志·阿尔巴尼亚》，社会科学文献出版社，2004；王洪起：《"山鹰之国"亲历》，新华出版社，2008。

⑤ 阿尔玛-苏巴希：《阿尔巴尼亚加入欧元区的经济含义》，对外经济贸易大学硕士学位论文，2006；伍斌：《战后初期美国对东欧的准军事行动研究——以阿尔巴尼亚为个案（1949～1954）》，陕西师范大学硕士学位论文，2009；黄昕：《"二战"后美国对阿尔巴尼亚遏制政策初探》，中国社会科学院研究生院硕士学位论文，2011；滕以红：《五六十年代苏阿冲突探析》，曲阜师范大学硕士学位论文，2007；王培：《中国与阿尔巴尼亚关系中的国际主义》，复旦大学硕士学位论文，2008。

⑥ 张盛楠：《20世纪50年代后期阿尔巴尼亚批判南斯拉夫缘由初探》，《枣庄学院学报》2015年第3期；张盛楠：《论1948年南阿冲突之缘由》，《鲁东大学学报》2014年第6期；《论20世纪中期阿尔巴尼亚两次反对南斯拉夫之差异》，《济宁学院学报》2016年第5期；蒋华杰：《公共外交的意识形态化：冷战时期中国培训阿尔巴尼亚实习生计划解读》，《外交评论（外交（转下页注）

型、融入欧洲一体化等问题的研究。① 在文学领域，对卡达莱及其作品的研究热度不减，译著、专著②和学位论文③均有涉及，对于阿果里的研究也有一些。④同时，有关阿尔巴尼亚语言政策、阿尔巴尼亚中文教育发展、阿尔巴尼亚电影和新闻传播⑤等研究不断增多。此外，有关阿尔巴尼亚国情、教育和语言等领域的专著和译作也相继出版。⑥

（接上页注⑥）学院学报》》2012 年第 4 期；申文、唐妮：《阿尔巴尼亚的联盟选择（1946~1961）——基于一种联盟理论的历史分析》，《俄罗斯研究》2017 年第 1 期。

① 李俊：《阿尔巴尼亚新总统布亚尔·尼沙尼》，《国际资料信息》2012 年第 8 期；王洪起：《阿尔巴尼亚社会党在野八年后重新掌权执政》，《当代世界》2012 年第 12 期；项佐涛：《阿尔巴尼亚政治转型三十年》，《国外理论动态》2019 年第 10 期；马杰博、熊晨曦：《阿尔巴尼亚在共产主义政权时期的社会经济转型》，《冷战国际史研究》2016 年第 2 期。

② 花城出版社、重庆出版社、浙江文艺出版社和上海译文出版社陆续出版了卡达莱的《三孔桥》《破碎的四月》《错宴》《石头城纪事》《事故》等 10 余部作品。专著有，柯静：《伊·卡达莱作品中的四个"他者"——阿尔巴尼亚民族认同研究》，外语教学与研究出版社，2014。

③ 这一阶段以"卡达莱"为研究对象的硕博学位论文共 7 篇。如，马赛：《伊·安德里奇与伊·卡达莱的民族认同建构比较研究》，北京外国语大学博士学位论文，2018；谢云芳：《卡达莱文学叙事中的民族认同意识》，广东外语外贸大学硕士学位论文，2015；马赛：《由〈城堡〉看卡达莱对阿民族身份认同的重构》，北京外国语大学硕士学位论文，2015；张秦冀：《卡达莱小说的空间叙事研究》，四川师范大学硕士学位论文，2018，等。

④ 〔阿尔巴尼亚〕德里特洛·阿果里等：《母亲阿尔巴尼亚》，郑恩波编译，外语教学与研究出版社，2016；岳凯华、廖婧文：《德里特洛·阿果里及其汉译短诗研究——以〈母亲阿尔巴尼亚〉为例》，《湖南工业大学学报》（社会科学版）2021 年第 4 期。

⑤ 董洪杰：《阿尔巴尼亚语言政策及教育现状与汉语推广策略》，《宝鸡文理学院学报》2014 年第 1 期；董洪杰：《阿尔巴尼亚语言政策的发展变革》，《渤海大学学报》2018 年第 3 期；董洪杰、周敏莉：《入盟进程中阿尔巴尼亚的语言政策及其互动性调整——以〈少数民族保护法〉为例》，《绥化学院学报》2020 年第 8 期；董洪杰：《阿尔巴尼亚中文教育发展现状研究》，《国际中文教育》2022 年第 1 期；布鲁斯·威廉姆斯、蒋涛、王文斌：《红色转型——新阿尔巴尼亚电影及其与过去的对话》，《当代电影》2017 年第 8 期；陈逢华：《阿尔巴尼亚电影在中国的接受》，北京外国语大学博士学位论文，2018；陈力丹、黄昭华：《从严控封锁走过来的阿尔巴尼亚新闻传播业》，《新闻界》2016 年第 21 期。

⑥ 曲宁主编《汉语阿尔巴尼亚语分类词典》，商务印书馆，2013；王洪起：《陨落的双头鹰：阿尔巴尼亚的复兴之路》，巴尔干洋行，2014；陈逢华编著《阿尔巴尼亚语听力教程》，外语教学与研究出版社，2016；王蕾主编《阿尔巴尼亚语汉语·汉语阿尔巴尼亚语简明军语词典》，军事谊文出版社，2017；〔阿尔巴尼亚〕阿尔弗雷德·达利皮、〔阿尔巴尼亚〕根茨·米弗蒂乌主编《阿尔巴尼亚历史与文化遗产概览》，柯静、马赛译，外语教学与研究出版社，2017；〔阿尔巴尼亚〕塞普·艾默拉甫编著《阿尔巴尼亚诗选》，李魁贤译，秀威资讯科技股份有限公司，2018；夏镇：《东欧戏剧史——阿尔巴尼亚卷》，北京联合出版公司，2018；郑恩波编译《阿尔巴尼亚诗选》，作家出版社，2019；邱强编著《"一带一路"国别概览——阿尔巴尼亚》，大连海事大学出版社，2019；柳方怡编译《罗马尼亚、阿尔巴尼亚、保加利亚教育政策法规》，大连理工（转下页注）

第二，研究主体多元化。在前一阶段，中国学界的阿尔巴尼亚研究主要来自我国驻阿尔巴尼亚外交人员、新闻工作者、中国社会科学院以及高校教研人员。2017年，国内首个对阿尔巴尼亚展开全方位研究的非实体研究机构——北京外国语大学阿尔巴尼亚研究中心获得教育部备案成立。[1] 该研究中心依托北京外国语大学阿尔巴尼亚语专业和区域与全球治理高等研究院的平台，以国别区域研究为重点，致力于阿尔巴尼亚语专业高层次国际化人才培养，并与阿尔巴尼亚及其周边国家高校与科研院所建立了长期稳定的人才培养及科学研究合作关系，在国情、文学、文化、教材、辞书编撰等教学科研领域产出若干成果。此外，华东师范大学国际冷战史研究中心组织编译了一些与中阿关系相关的档案。[2]

第三，涉我性日益增强，特别是译作增多。涉我的研究主要是两大方面。一个仍然是对社会主义时期中阿关系的研究，特别是通过口述史的方式来呈现。[3] 另一个是关于"一带一路"框架下的阿尔巴尼亚、中国同阿尔巴尼亚务实合作

（接上页注⑥）大学出版社，2020；〔阿尔巴尼亚〕米特卢什·库泰利：《阿尔巴尼亚古老传说》，张燕译，外语教学与研究出版社，2020；陈逢华、靳乔：《阿尔巴尼亚文化教育研究》，外语教学与研究出版社，2021。

[1] 截至2022年底，北外阿尔巴尼亚中心有兼职研究人员7名（含2名外籍研究人员），已培养硕博生9人（其中硕士生3人，含1人在读；博士生6人，含2人在读）。

[2] 例如，沈志华主编《冷战年代的中国与东欧——苏东九国解密档案选编第二卷（阿尔巴尼亚档案）》，华东师范大学冷战国际史研究中心（内部）出版，2019。

[3] 例如，孔寒冰、张卓：《爱尔巴桑记忆——中国援助阿尔巴尼亚专家访谈录》，《当代世界社会主义问题》2015年第1期；孔寒冰、张卓：《我亲历的中国援助阿尔巴尼亚——中国前驻阿尔巴尼亚大使范承祚先生访谈实录》，《国际政治研究》2015年第2期；孔寒冰、张卓：《特殊年代的特殊友谊——1960年代中国对阿尔巴尼亚的文化援助》，《当代世界社会主义问题》2015年第2期；孔寒冰、张卓：《无悔的青春——中国援助阿尔巴尼亚专家访谈录（三）》，《当代世界社会主义问题》2015年第4期；埃莉诺·梅赫里、贺银垠：《毛泽东和阿尔巴尼亚：社会主义同盟的曲折及发展》，《毛泽东研究》2017年第3期；凡行：《中国对阿尔巴尼亚的援助：动机、影响与评价》，华东师范大学硕士学位论文，2018；孔寒冰编著《从化学博士到驻华大使：阿尔巴尼亚校友塔希尔·埃莱兹口述》，北京大学出版社，2018。此外，还有一些关于阿尔巴尼亚社会主义发展的访谈录，参见萨利·拉姆·贝里沙、孔寒冰《我对阿尔巴尼亚社会主义的看法——阿尔巴尼亚前总统贝里沙访谈录》，《当代世界与社会主义》2017年第1期；M. 埃莱兹、孔寒冰：《我所经历的阿尔巴尼亚社会剧变》，《国际政治研究》2017年第1期；马乔·拉科洛里、孔寒冰：《阿尔巴尼亚社会主义发展的经验和教训》，《江西师范大学学报》（哲学社会科学版）2017年第3期。

的研究。①同时,除前述提及对卡达莱等阿尔巴尼亚作家的作品大量翻译出版外,为进一步落实2014年12月中国-中东欧国家领导人会晤后发布的《中国-中东欧国家合作贝尔格莱德纲要》,2015年中国国家新闻出版广电总局与阿尔巴尼亚出版商协会签署了《中阿经典图书互译出版项目合作协议》。5年内中阿双方互相翻译对方25部经典作品,如《道德经》《活着》《中国历史十五讲》(阿文版);《母亲阿尔巴尼亚》《藏炮的人》《艺术阿尔巴尼亚》《阿尔巴尼亚古老传说》《阿尔巴尼亚历史与文化遗产概览》(中文版)等。

除了文学文化作品,《习近平谈治国理政》《从富起来到强起来》《中国道路和中国梦》《红船精神》《中国经济改革发展之路》等经济政论类书籍的阿译本也相继推出,对于增进阿读者对中国发展现状和发展理念的了解发挥了重要作用。②这些经典作品的译介有力地促进了中阿两国的文化互动,也改变了长期以来中阿文学由阿尔巴尼亚译介到中国的单向性输入状况。

值得一提的是,2018年北京外国语大学柯静教授被授予阿尔巴尼亚政府为外国人士设立的最高荣誉勋章"国家贡献勋章",以表彰其在阿尔巴尼亚研究和在中国培养阿尔巴尼亚语人才方面做出的突出贡献。③2019年中阿建交70周年之际,阿尔巴尼亚文学翻译家郑恩波和新华社高级记者、阿尔巴尼亚问题研究专家王洪起被时任阿总统授予"纳伊姆·弗拉舍里"金质荣誉奖章④,以表彰两位前辈多年来对推动中阿人文交流、促进中国阿尔巴尼亚研究所做出的杰出贡献。

总的来说,30多年的中国阿尔巴尼亚研究已取得不错成果,个别领域或专题的研究仍在持续深入。不过,需要提到的是,中国的阿尔巴尼亚研究仍存在研

---

① 叶皓:《中国与阿尔巴尼亚关系发展历程及其经验教训》,《国际问题研究》2014年第6期;李大伟:《阿尔巴尼亚经济最新形势及中阿合作的思路与建议》,《中国经贸导刊》2017年第19期;刘进、林松月:《"一带一路"沿线国家的高等教育现状与发展趋势研究(十八)——以阿尔巴尼亚为例》,《世界教育信息》2018年第24期;王玉平、王彦莉:《"一带一路"视域下阿尔巴尼亚高等教育研究》,《山西大同大学学报》(社会科学版)2020年第2期。
② 《中国-阿尔巴尼亚经典图书互译项目推出新成果》,https://www.fltrp.com/c/2021-09-20/506404.shtml。事实上,中阿交好时,两国的大批经典作品得到译介,但在阿尔巴尼亚转轨以来的20多年中,这类政府间推广的交流并不多见。
③ 柯静是第三位获此勋章的外国人士,也是第一位获此勋章的中国人。
④ 该奖章是阿尔巴尼亚总统授予有突出贡献的国内外学者的最高荣誉。

究人员特别是多学科综合研究人员较为不足、研究载体不多的情况，国内尚无专门关于阿尔巴尼亚研究的期刊或皮书，对于阿尔巴尼亚政治经济发展、融入欧洲一体化进程、与邻国关系特别是"大阿尔巴尼亚主义"问题[①]、中阿关系等议题的研究均有待强化。

[①] 目前已经有一些研究，陈振中、王彪：《"大阿尔巴尼亚"主义与科索沃问题》，《当代世界》1999年第11期；沈碧莲：《"大阿尔巴尼亚"问题》，《国际资料信息》2001年第3期；王国梁：《巴尔干的"大阿尔巴尼亚"：地缘政治关系与演化》，《人文地理》2003年第1期；孔寒冰：《阿尔巴尼亚人的"大阿尔巴尼亚"》，《世界知识》2010年第21期；孔寒冰：《寒冰游走科索沃（之五）"大阿尔巴尼亚"：弱小民族的"强国"梦》，《世界知识》2014年第22期。

第四章
访谈（上）：中东欧区域研究之经验

本章主要从整体的视角就中国中东欧研究的历史、现状、特点、不足以及前景等进行访谈。访谈对象分别是来自中国社会科学院俄罗斯东欧中亚研究所朱晓中研究员、北京大学国际关系学院孔凡君教授以及中国社会科学院欧洲研究所副所长刘作奎研究员。三位专家均主要致力于中东欧研究，在各自机构担任学科带头人，在中东欧研究和教学领域拥有丰富的经历和较高的声誉。

第一节 "需要更加立体和多维度的观察与思考才能理解立体的中东欧"
——朱晓中研究员访谈

一 有关中东欧的概念及理解

徐刚（以下简称"徐"）：朱晓中研究员您好，请问如何界定中东欧及与其相关的东欧、东中欧、中欧等概念？

朱晓中（以下简称"朱"）：前几年我曾写过一篇小文章，简要讨论过中东欧概念的界定及其相关性，也就是中东欧、东欧、东中欧和中欧概念的关系。[1]

其一，东欧。界定东欧曾经很容易，冷战时期，东欧一直是指代铁幕一侧的集团国家，但即便在这一时期，对东欧的界定也并非严谨。尽管东欧概念包含地理因素、政治因素（东欧作为苏联集团的一部分）、种族因素（居住着大量的斯

---

[1] 参见朱晓中《"东欧"概念的嬗变及其界定困境》，《区域与全球发展》2019年第6期。

拉夫人，以及匈牙利人、罗马尼亚人和阿尔巴尼亚人）和文化因素，但以上任何一种界定因素在单独使用时都难以满足界定东欧的需要。

冷战结束后，随着社会主义国家开始多领域的转轨/转型，政治思想和学术思想的新趋势要求将"东欧"一词从政治术语中删除。删除这个术语将有助于反映"前共产主义社会"转型为西方式的自由-民主实体的过程。[1]如今，国际政治术语中的东欧通常用来指乌克兰、白俄罗斯、摩尔多瓦，有时也包括俄罗斯。

其二，中欧。学者们对中欧的界定也没有共识。出现这种境况有多种因素。首先，中欧在哪里？这个问题不仅学者提出，政治家也在诘问。很多学者认为中欧是一个历史地区，即只有地理与政治相结合才能使之成为地缘政治地区。这一地区位于波罗的海、亚得里亚海、德国和俄国之间，即"在西欧和东欧之间"，是东方和西方之间的缓冲区。这种说法有历史支撑，它包含了过去几个世纪中来自不同帝国、同盟、王国和国家的多重影响。

冷战爆发后的很长一段时间内，中欧的概念销声匿迹。20世纪八九十年代，中欧的概念复活，成为常规政治术语的一部分，但明显具有了二重性。在20世纪80年代，东欧人力挺中欧一词是为了反苏；但在90年代，同样的努力则是表示"亲西方"和"反东欧"。一些国家为了加入北约和欧盟，千方百计地证明自己不是东欧国家。结果，东欧分裂成了"中欧"和"东欧"。

其三，东中欧。该术语源于一个地理框架，但随着时间的推移它日益政治化。通常的说法是，东中欧指地处日耳曼和东斯拉夫人土地之间的国家。这个地区有时也包括在东欧内。这种说法与东欧或中欧的概念并无明显区别。在某些情况下，用东欧或中欧就可替代。但东欧和中欧各有局限性，东欧一词似缺乏中欧元素，中欧一词似缺乏东欧元素，于是东中欧或许就可以成为代替东欧和中欧这两个概念的术语。一位匈牙利政治学者把东中欧与俄罗斯、乌克兰、白俄罗斯和波罗的海三国分开，也把它与东南欧分开，认为这是一个独特的群体，因为它在经济上先进，政治上革新，与西方关系密切。[2]从某种角度来看，东中欧很像另一个角度的中欧。

其四，中东欧。冷战结束后，人们使用中东欧这个术语的情况越来越多。与

---

[1] Dennis P. Hupchick, *Culture and History in Eastern Europe*, New York: St. Martin's Press, 1994, p.56.
[2] Attila Ágh, *The Politics of Central Europe*, London/Thousand Oaks: SAGE Publications, 1998, p.6.

其他术语一样,它也存在范围如何界定的问题。中东欧国家有不同的语言、宗教和文化。与其他术语一样,中东欧一词的相关参考性并不明朗。有学者认为,这个词指的是"一个没有明确地理边界的地区"[①],但它所指的大陆类似于其他界定所划定的地区,即中东欧的大致轮廓北至波罗的海,南到亚得里亚海,东抵黑海。从这个角度来看,中东欧似乎与前述的其他概念没有什么不同。

徐:请您谈谈影响中东欧界定的因素有哪些?

朱:迄今为止,人们在如何界定中东欧概念的问题上耗费了大量精力,尽管成果已汗牛充栋,但人们对中东欧概念依然长期缺乏共识。在描述或讨论中东欧事务时,人们大多根据自己的认知,在不同的场景下使用相同概念,或是在相同的场景下使用看上去差异很小的类似称谓,但不会给出任何明显的区分。

检视以往的相关讨论,有关东欧概念界定的讨论涉及地理、经济落后、边缘性、长期处于前工业社会、身份认同上的他者等因素,归纳起来为贫困、边缘性和他者。

首先是贫困。在有关东欧的文献中大多数都将东欧描绘成一个贫穷的地区,以此作为西欧经济发达和现代性的对照物。东欧地区的贫困程度不同,越向东越贫穷。同时,东欧还一直被描述为农业地区,以此来与西欧的城市特点比对。在谈论东欧的历史话语中,"农村"几乎等同于"贫穷";东欧"双元社会"占主导地位,即"旧社会结构"和"人口中农民的比例较高"。二战结束后,有关"东欧是贫困地区"的观念依然余音缭绕。20世纪80年代在部分东欧国家发生的经济危机中,消费品普遍短缺,普通人陷入贫困,国家需要外援。进入21世纪,欧盟的中东欧新成员国相对西欧国家而言仍然贫困,有些政治家甚至担心欧盟扩大后财政负担是否会过重。当然,"贫困"的概念在学者中也不统一。这取决于不同的时间和条件。尽管"贫困"概念具有变化性,但它长期被视为东欧概念的内在特征。

其次是边缘性。长期以来,学术界将欧洲划分成不同区域,显示了欧洲大陆各部分内在的不对称性。最常见的术语是欧洲的中心或核心,以及欧洲外围。西欧扮演前者,东欧被视为后者。当人们说起边缘概念时,它的意思是"先进西

---

① Stephen White, Judy Batt and Paul G. Lewis eds., *Developments in Central and East European Politics* 3, Basingstoke/New York: Palgrave Macmillan, 2003, p.9.

欧的边缘"。东欧相对于西欧的边缘或半边缘地位也意味着前者对后者的依赖。边缘国家意味着较低的经济发展水平，以及较少的欧洲性。即便在越来越多的中东欧国家加入了欧盟的情况下，一些研究者在分析欧洲东、西两部分社会经济发展及其他领域变化及差异时，仍习惯性地使用核心-边缘两分法。

最后是他者。东欧他者的身份建立在人们把这个地区同西方区分开的品质上，比如落后、官僚主义、受德国影响、民粹主义、不愿妥协、举步不前、苦难频发等等。一方面，他者意味着不够发达或不够文明；另一方面，它可能拥有更多在西方人看来是"坏"的东西，即更多的社会动荡或更多的原始性。东欧他者的身份构成了所有关于东欧作为一个政治、历史、文化和现在，以及语言概念的研究基础。

徐：请您谈谈自身对于中东欧的理解。

朱："东欧"是一个高度不稳定的术语，也是一个内涵丰富的概念。在文化上，东欧指中欧和西亚之间的地区，受拜占庭、东正教和奥斯曼帝国的影响。在政治上，它是冷战期间部分学者创造的术语，用来指代东方集团，其国家包括在历史上和地理上属于中欧的国家，即包括民主德国、捷克斯洛伐克、匈牙利、波兰、罗马尼亚、保加利亚、南斯拉夫联邦、阿尔巴尼亚。1989年东欧剧变之后，随着"回归欧洲"进程的展开，以前被称为东欧的国家（除苏联之外）纷纷抛弃这一称谓，自称中东欧，以显示它们已抛弃了苏联模式的社会制度，接受西方的政治和经济制度。而今天"东欧"一词则更多是指独联体中位于欧洲的国家（乌克兰、白俄罗斯和摩尔多瓦，乌克兰于2014年启动退出独联体程序），有时也包括俄罗斯。

或许世界上没有哪一个地区像中东欧地区一样，其称谓具有地理和政治的双重含义。传统上，地理上的中东欧地区包含波罗的海三国（爱沙尼亚、拉脱维亚和立陶宛）、中欧（波兰、捷克、斯洛伐克、匈牙利和罗马尼亚）和东南欧（保加利亚、克罗地亚、斯洛文尼亚、塞尔维亚、北马其顿、阿尔巴尼亚、波黑和黑山）。而在政治话语中，中东欧的划分是另外一幅图景，即包括波罗的海三国、中欧国家（波兰、捷克、斯洛伐克、匈牙利、斯洛文尼亚、克罗地亚、罗马尼亚和保加利亚）和西巴尔干国家。

西巴尔干是1999年科索沃战争之后出现的一个概念，指地处东南欧西部但尚未加入欧盟的国家，包括克罗地亚、塞尔维亚、北马其顿、波黑、阿尔巴尼亚和黑山。2013年克罗地亚入盟后脱离了"西巴尔干"。以此类推，随着更多的西巴尔干国家入盟，西巴尔干所含国家的数量必然逐渐减少，直至终结，这些国家有可能重新回归其地理属性的称谓——东南欧国家。

另外，鉴于中东欧国家的经济发展差异日益增大，在近年的国际经济文献中又出现了所谓中东欧北部国家，用来指波兰、捷克、斯洛伐克、匈牙利、斯洛文尼亚和克罗地亚，而尚未加入申根区的罗马尼亚和保加利亚被排除在外。而且波罗的海三国目前越来越多地参与波罗的海沿岸国家和北欧国家合作，国际政治文献中一般也不将波罗的海三国纳入中东欧概念来讨论，而巴尔干地区的问题则被更多地在此概念中讨论。

上述这些划分既显示了中东欧地区日益明显的差异性，也显示了研究者创造概念的随意性。随着这一地区国家转型任务基本完成，越来越多的国家加入欧盟，这些国家的欧洲性日益增多，原来的国家特性逐渐被掩盖，它们将被越来越多地称为欧盟的中东欧成员国或欧洲东部国家（与西欧相对）。如此趋势发展，中东欧概念有分崩离析之虞。如果说中东欧概念曾拥有社会主义的基因，那么随着这个基因被改造或消除，中东欧或将不再能够成为这一地区的标称而成为名副其实的历史概念。

二 冷战结束以来中国中东欧研究的进展和不足

徐：您认为冷战结束以来的中国中东欧研究经历了哪些阶段，并分别呈现什么样的特点？

朱：自1989~1991年东欧国家政局剧变之后到现在，中国大陆的中东欧研究大致经历了三个阶段。1990~2004年是第一个阶段，这一阶段也可以称为中国中东欧研究的"黄金15年"。这一阶段研究的基本特点是"规模大""领域多""意识形态影响大"。改革开放之后，全国高校和中国社会科学院成立了若干东欧研究所。研究人员既有20世纪50~60年代留学东欧的老一辈学者，也有来自其他机构掌握中东欧国家语种的中年研究人员。在研究领域方面，由于东欧剧变渐进迭出，20世纪80年代末90年代初的主要研究内容为东欧国家的政局剧变。随着这些国家转轨/转型梯次展开，政治、经济转型和对外关系调整成为研究者关注的新内容。

1989年下半年东欧国家政局发生剧变，可是一直到1995年中国政府才首次将"东欧"称为"中东欧"。

2004~2011年可以视为第二个阶段。这个阶段的特点是随着10个中东欧国家加入欧盟,不少研究者和研究机构认为,加入欧盟意味着中东欧国家已经回归欧洲,今后对这些国家的研究应置于欧洲研究框架内,中东欧研究因此已"绝尘而去"。在这种指导思想影响下,部分中东欧研究机构"关门大吉",从业人员亦纷纷转行他就。中国的中东欧研究进入了一个萧条期,研究领域大幅减少,相关出版物数量明显下降。同时,由于转轨/转型中的若干问题也涉及意识形态(如私有化),因此,对转型的研究日益减少。但随着中东欧国家申请加入欧洲联盟,有关中东欧回归欧洲的研究则逐渐增多。

2012年4月到现在是中东欧研究的第三个阶段。随着中国-中东欧国家合作机制于2012年4月在波兰华沙启动,中国大陆掀起新一轮的中东欧研究"热"。这一阶段的突出特点是从业人员大幅增加,研究机构不断涌现,相关文章产出量明显增加。这一时期,参与中东欧研究的从业人员也明显增加,少数研究人员是"重操旧业",大部分人员是从其他专业跨界而来从事中东欧问题(主要是经贸问题)研究。严格地说,部分新成立的研究机构尚不具有从事中东欧问题研究的能力。因为,无论从对中东欧地区国家的了解程度,还是从研究人员的知识构成来看,都不能胜任真正的中东欧研究。这就导致这一波中东欧研究大潮中鱼龙混杂,有不少到此蹭热度的"外行"人。虽然相关出版物产出量成倍增长,但主打内容大多偏向讨论"中国-中东欧国家合作",对中东欧本体的研究并不多。因此,很难评估这一波热潮在多大程度上推动了中东欧研究。

徐:您从事中东欧问题教学与研究已经30多年了,请您对中国中东欧问题教学与研究的特色和不足进行评述。

朱:如果要说中国中东欧问题教学与研究的特色,或许可以指出两点。

其一,与域外的中东欧研究不同,中国中东欧研究的最大特点或许就是:仍在实行社会主义制度国家的人士研究原社会主义国家的事务,貌似对诸多问题的缘由更容易理解,其实也正是因为更容易理解,反而会对诸多具有重要理论价值的问题"视而不见",或因政治敏感而对一些问题有意规避。以至于中国大陆的研究者未能对中东欧国家政局剧变及其后各领域转轨/转型的诸多问题进行观察和辨析。

其二,中国大陆长期从事中东欧问题教学与研究的人员较少,受此影响,高校中能够如北京大学国际关系学院孔凡君教授那样系统讲述中东欧问题的专家屈指可数，其他与中东欧相关的课程大多是语言文学类。因此，整体上说，中国的中东欧问题教学亟待加强。另外，由于缺乏有系统的教学和学习，真正掌握中东欧基本知识而从事中东欧问题研究的人员也可谓寥寥无几。

上述两个"特色"也造成了中国中东欧研究中存在若干不足。

第一，缺乏足够合格的研究人员。如前所述，进入21世纪后中国大陆的中东欧研究队伍大幅萎缩，成建制的研究队伍所剩无几。虽然中国-中东欧国家合作机制的启动掀起了新一波中东欧研究大潮，但实话说合格的研究者仍严重不足。合格的研究人员至少需要满足三个基本条件：首先，随着日益增多的中东欧国家加入欧盟，研究者必须掌握通用语言和非通用语言；其次，需要更宽广的研究视野，因为中东欧国家之间的差异性日益显著，只研究某个国家不足以展现这一地区的一般性和特殊性，有必要进行两个国家以上的比较研究，同时不断增多的中东欧国家入盟使得这些国家的欧洲性不断增多和增强，这就要求中东欧研究者既要了解中东欧地区，也要了解欧洲一体化进程及相关问题；最后，要具备更高的理论素养，随着中东欧研究从国别研究转向地区研究和比较研究，许多研究必须上升到以学科做支撑的学理性分析层面。而现今满足上述三个基本要求的中东欧问题研究者少之又少。

第二，研究的广度和深度欠缺。目前中国大陆的中东欧研究难以进行多领域和深入的研究。虽然在某些"热点"问题上论文很多，但兼具广度和深度的著述少之又少。

第三，缺乏比较研究。东欧剧变和苏联解体之后，在欧亚地区出现了二十八个转型国家。但迄今为止，中国大陆的中东欧研究与同时代独联体地区的转型研究均是在各自的轨道上孤立地进行。虽然有些著述冠之以"比较研究"，但实际上只是把两个或两个以上的客体放在一个研究范式中各说各话。产生这种现象的原因至少有二：一是研究人员依然缺乏对转型的基本认识，只狭隘地关注某一国别的转型，缺乏对其他转型国家的了解和认识；二是理论素养不够，无法对研究对象的情况进行综合与提炼。

第四，受历史认知的影响大。虽然在1995年前后中国政府承认东欧剧变后的政治现实，但官方一直认为东欧剧变（和苏联解体）是对共产主义运动的巨大冲击，对依然坚持走具有中国特色社会主义道路的中国而言，东欧剧变和苏联解体起到的作用显然是负面的。在这种政治语境下，中东欧转型中的若干问题自然成为敏感问题或直接成为"禁区",致使中东欧研究的领域变得更加狭隘。

第五,热衷"热点"议程,忽视基础研究。自2012年以来,中国的中东欧研究掀起了一个新高潮。但令人遗憾的是,这个新高潮并未带来中东欧研究多领域的勃兴,而只是聚焦于中国-中东欧国家合作的方面。似乎中国-中东欧国家合作就是中东欧研究的全部。

如果不能有效克服上述不足,中国的中东欧研究前景堪忧。

三 中国中东欧研究的前景与展望

徐:在世界百年未有之大变局加速演进和区域国别学成为一级学科的背景下,您认为中国中东欧研究的发展前景如何,尤其需要在哪些方面下功夫?

朱:随着教育部将区域国别研究提升为一级学科,包括中东欧研究在内的国际问题研究的学术地位和重要性均获得提升。

如今,中东欧地区国家转轨/转型已30余年,从历史的长时段来看,这一地区的国家无论是自身发展还是与外部的关系都可以称得上是历史上最好时期。在转轨/转型过程中,中东欧国家在地区组建了多个小多边合作组织,从早期的维谢格拉德集团、中欧倡议到后来的三海倡议、布加勒斯特九国机制,甚至巴尔干地区也出现了地区合作委员会和开放巴尔干倡议等。此外,随着欧盟不断东扩和南扩,越来越多的中东欧国家被接纳为欧盟成员国,深度参与欧洲一体化进程。更有中东欧国家胸怀远大抱负,要在一些世界事务中拥有显示度并发挥积极作用。因此,仅懂一门外语、只关注一个国家的研究方式已不能客观阐释今天的中东欧,需要更加立体的和多维度的观察与思考才能解读立体的中东欧。换句话说,只有从国别(本体论)、次区域合作、欧洲一体化和全球化这四个维度才能更客观和更全面地解读中东欧。此为其一。

其二,要发现和研究所谓"基本问题"。这同样需要从多维度来思考,即当今世界的基本问题是什么。中国对世界的基本评估是"和平与发展",党的二十大的提法是:"世界之变、时代之变、历史之变正以前所未有的方式展开……人类社会面临前所未有的挑战。世界又一次站在历史的十字路口,何去何从取决于各国人民的抉择。"[①]

---

① 《习近平著作选读》第1卷,人民出版社,2023,第5页。

绝大多数中东欧国家全面参与欧洲一体化，而欧洲的基本问题是什么？中东欧的基本问题又为何？辩证地说，欧洲的基本问题是否就是中东欧的基本问题？而中东欧的基本问题又在多大程度上与欧洲的基本问题相关联？

不断努力发现和思考不同层面的基本问题，不仅有助于研究者观大势，更重要的是有助于看清楚身处欧洲一体化和全球化之中的中东欧国家也在受不同层面的大势所影响，如何应对才能够最大限度地维护国家利益，这正是每一个主权国家都需要认真对待的问题。与此同时，它会使研究者跳出"一事一议"的传统思维方式，培养新的立体化多维度考察事务的思维方式，从而使新思维适应新形势。

其三，鉴于中东欧国家广泛参与全球化、深度参与欧洲一体化，中东欧国家已被网络化。而网络化的基本特点之一是相互影响并相互作用。因此，在中东欧国家研究中，研究者必须尽可能多地发现和分析这一地区和国家中所发生事件与其外部的相关性，进而发现事务的"发源地"，以及此事务与彼事务的相关性，从而不再是"雾里看花"，也不会再被轰轰烈烈的表象所迷惑。

其四，欧洲今天的很多问题是历史问题的再现。专业研究人员应深入了解这一地区的历史及感兴趣的国别史。这样才有可能对纷繁复杂的问题拨云见日、清晰透视。

徐：最后请您谈一谈您是如何与中东欧研究结缘的，有哪些经验与建议可以传授给（拟）从事中东欧问题教学和研究的年轻学者？

朱：这个话题说来话长。我上中学时学的是俄语，开始对俄语和苏联产生了强烈的兴趣。高中期间，我把父母给的买早点的钱攒起来，凑够一块多钱时就和小伙伴从家里走到王府井东风市场北门的中国书店旧书部，那里有不少20世纪50年代进口的俄文书，其中有《高尔基全集》若干卷，我会迫不及待地买一两卷，之后兴高采烈地走回家。这样，在高中期间我陆陆续续买了10多卷。

高中毕业后我到北京郊区插队，除了必要的行李，我还带了一本刘泽荣主编的《俄语大词典》和《高尔基全集》第二卷。每天收工回来就坐在床前看一点。由于初中只是学习了一点俄语单词，语法和句法都不行，尽管每页上密密麻麻地标注了我查的单词，但很多句子我根本看不懂。现在看来，它更多的是一种精神寄托。当然，还是要想办法看懂才是。后来，我突发奇想，写信给北京大学俄语系资料室，希望能够得到他们的帮助，给我一些有关俄语语法和句法的学习材料。没想到，俄语系资料室的老师非常热情，他也没有想到一个在农村插队的知识青年居然会在自学俄语。或许是被我的好学所打动，那位老师给我寄了好多相关书籍。

1977年恢复高考，这位资料室的老师竟然给我写信，希望我能够报考北京大学俄语系。后来阴差阳错，我没能到北大俄语系，而是分到了北大历史系世界史专业。我们班有30人，学习俄语的有10个人。学俄语的人自然对俄国史和苏联史有更多兴趣。后来我在研究生期间师从刘祖熙老师，不仅学习俄国史和苏联史，也开始关注东欧史，特别是波兰史。研究生毕业时我们有许多选择，最后我选择了一心向往的中国社会科学院苏联东欧研究所（即现在的俄罗斯东欧中亚研究所）东欧室。这一干就是整整30年。

如果说对这30年研究经历有什么心得的话，大致有以下几点。

第一，从事研究工作一定要真正喜欢这个工作，而不仅仅是将其作为糊口的饭碗。既然选择了做研究工作，就要尽可能多地投入其中，要耐得住寂寞。当下，国家对国际问题研究十分重视，区域国别研究也已上升为一级学科，这是从事国际问题研究的绝佳时代，研究者可以大显身手。

第二，研究不能是一个自娱自乐的所在，从业者应该有国家情怀。应以尽可能客观的立场观察和分析事物，恪守不唯书、不唯上、只唯实的学术精神，从事实中发现是非曲直。不说有悖事实的话，不写臆想的文字。

第三，尽可能多地读文献，并从中发现值得研究的问题。同时，鉴于中东欧问题的复杂性和多维性，研究问题时要注意发现问题之间的相关性。

第四，中东欧地区国家众多，国情各异，解决同一问题或应对同一挑战的方式很可能各不相同，这就需要进行比较研究，进而尝试从个案中发现一般性（地区性）的意义。

第五，比较研究和跨地区研究需要研究者掌握更多的外语。因此，建议有意投身中东欧研究的青年才俊在掌握一门大语种的同时，能够学习和掌握一门非通用语，这样，研究者可以参考更多文献，从广阔的时空观察和思考问题。

第六，历史上，中东欧地区曾被几大帝国统治，使得中东欧各国背负了沉重的历史包袱。今天的中东欧地区所呈现出来的许多问题（特别是民族矛盾、边界划分甚至国家名称）应该说是历史问题的再现。因此，中东欧的从业者应该具有足够的历史常识。

以上六点既是心得也是希望。当然，我还是相信那句格言："有志者事竟成。"

第二节 "中东欧国家的发展具有明显的共性、地区性和个性"
——孔凡君教授访谈

一 有关中东欧的概念及理解

徐刚（以下简称"徐"）：孔凡君教授您好，请问如何界定中东欧及与其相关的东欧、东中欧、中欧等概念？

孔凡君（以下简称"孔"）：中东欧是一个内涵复杂、内容常变、内聚性很弱的地缘政治区域。中东欧的概念至少可以有三种解读。第一，从地理方位上解读，中东欧应当包括欧洲中部的德国、奥地利、瑞士、列支敦士登、捷克、斯洛伐克、匈牙利、波兰和欧洲东部的俄罗斯、乌克兰、白俄罗斯、立陶宛、拉脱维亚、爱沙尼亚和摩尔多瓦。但由这十五国组成的中东欧区域，无论是在国际政治实践中还是在中外学术研究中从来都不曾有过。第二，从地缘政治上解读，中东欧包括现在中欧东部的捷克、斯洛伐克、匈牙利和波兰，东南欧的斯洛文尼亚、克罗地亚、波黑、塞尔维亚、黑山、北马其顿、阿尔巴尼亚、保加利亚和罗马尼亚等十三个国家。它们是由第二次世界大战后地缘政治上的东欧国家演变而来。在这里中东欧仍是一个地缘政治概念，因为这十三个国家分别位于中欧的东部和东南欧，而没有位于欧洲东部的国家。第三，从中国-中东欧国家合作机制的角度解读。除了前述十三国，这里的中东欧在一段时期内又加上了从苏联分离出来的立陶宛、拉脱维亚和爱沙尼亚等国[①]，从2019年起还包括希腊。2012年后，在中国学术界、各种媒体和国家对外交往中广泛使用的就是由这些变动中的国家构建而成的中东欧。

东欧则是特定时期的地缘政治概念，具有以下几个特征：第一，与苏联结盟并受苏联控制；第二，共产党是社会发展的唯一主导力量；第三，实行苏联模式的社会主义制度；第四，马克思主义是唯一的指导思想。当然，具体到某个东欧国家，它们同苏联的结盟和受苏联控制的程度有所差别，在社会发展的某些非本质方面也有所不同。比如，南斯拉夫走的是所谓自治和不结盟的社会主义道路，

---

① 2021年立陶宛、2022年爱沙尼亚和拉脱维亚单方面宣布退出中国-中东欧国家合作机制。

但是南斯拉夫并没有放弃共产党的领导、社会主义制度和马克思主义意识形态，更没有回到西欧阵营，本质上还属于东欧国家。1989年东欧剧变后，地缘政治上的东欧也就消失了。于是，代之以中东欧这个新的地缘政治概念。

其实中东欧在地理位置上与东欧并不重合，一方面，民主德国与联邦德国合并了；另一方面，南斯拉夫和捷克斯洛伐克陆续解体。关于中东欧存续的时间和内涵，中国学界普遍认为它存续至今，并且在不断扩大。不过，我一直认为，中东欧是这些国家从苏联模式回到欧洲模式的过渡性的地缘政治概念，它的存续时间并不会长，其内涵也不只是转型问题，还包括新国家构建和社会发展。就转型而言，政治上的回归就是几天、几个月至多也就是几年的事，经济上和外交上的回归用时稍长，但多半属于在欧洲模式之中发展的问题。

此外，为了表明与西欧的亲近和对俄罗斯的疏离，一些坚持自己属于西方民族的人如波兰历史学家奥斯卡·哈莱茨基（Oskar Halecki）、捷克作家米兰·昆德拉（Milan Kundera）等还提出了"东中欧""中欧"概念，以此说明他们的国家位于"西欧的东边"，而不是"东欧的西部"。

徐：请您谈谈自身对于中东欧的理解。

孔：前面介绍了中东欧的概念，这里想谈一下中东欧之所以能成为一个单独区域的理由。首先是因为这里民族分布的"马赛克"现象及与此相关联的宗教的错综复杂性。中东欧地区的民族既包括文化人类学意义上的族群，又包括政治意义上的民族。在历史发展的过程中，这两种意义上的民族虽然在不同阶段各有侧重，但在更多时期是交叉在一起的。中东欧民族的数量不仅多而且使用不同的语言和信奉不同的宗教，这就使情况变得更加复杂。中东欧民族与宗教上的复杂性产生的直接后果，就是中东欧作为一个整体缺乏认同感和凝聚力，不仅无法形成单一文明的区域，而且不同民族之间的矛盾与冲突比较多，与大国的关系也非常复杂，而这些也成就了中东欧独一无二的丰富内涵。表面上看，如今的中东欧与西欧越走越近，甚至成为一家似乎已指日可待。但是，中东欧内涵的独特性仍使两者形同"水与油"，很难真正地融在一起。

其次还在于这个地区地理位置和地缘政治上的重要性，它长期成为东西方文明影响和大国角逐的场所。这里除西欧文明和俄罗斯文明，还有伊斯兰文明。在巴尔干半岛上，三种文明是分地域、分时段产生影响的。有的民族受西欧文明影响比较大，有的民族受斯拉夫文明影响比较大，有的民族则受伊斯兰文明影响比较大。处于东西方大国之间的中东欧国家就像是筹码，虽然很小，可倒向哪一边都可能在一定程度上改变整个欧洲乃至世界的力量平衡。从这个角度说，中东欧对欧洲乃至世界也有着举足轻重的意义。在很大程度上可以这样说，搞不清中东欧的情况，就很难从深层次上理解世界大国之间的关系。

二 冷战结束以来中国中东欧研究的进展和不足

徐：您认为冷战结束以来的中国中东欧研究经历了哪些阶段，并分别呈现什么样的特点？

孔：对中国的中东欧研究进行明确的阶段划分并非易事，不过研究重点的大致发展脉络是较为清晰的。首先，冷战结束初期及之后较长时期内，从世界社会主义角度分析东欧剧变的原因和总结其教训的研究较多。这一时期的有关文献多半围绕这个主题展开。例如，在1990年至1995年出版的书籍中，主要有杨华主编的《东欧剧变纪实》（1990），黄宏、谷松主编的《东欧剧变与执政党建设》（1991），丁维陵等所著《苏联东欧剧变启示录》（1992），辛夷、樊佳主编的《东欧剧变之后》（1992），新华社新闻研究所编写的《苏联东欧剧变与新闻媒介》（1993），周东耀、刘为民所著《匈牙利剧变的前前后后》（1993），王仲田、高金海所著《历史剧变——社会主义的挫折及其教训》（1993），杨元恪、陈刚主编的《1989年以来东欧、中亚政党嬗变》（1993），刘祖熙主编的《东欧剧变的根源与教训》（1995），等等。

随着北约东扩、欧盟东扩和南斯拉夫解体及战争的发生，中国学者对中东欧地区的研究重点逐渐向多元化转变。但是，东欧剧变的话题在20世纪90年代后期甚至21世纪仍有不少研究成果，如，阚思静等人主编的《东欧演变的历史思考》（1997），吴仁彰主编的《苏联东欧剧变与马克思主义》（1998），姜琦等所著《悲剧悄悄来临：东欧政治大地震的征兆》（2001），马龙闪所著《苏联剧变的文化透视》（2005），杨友孙所著《波兰演变的美国因素探析》（2005），刘廷合所著《苏东剧变主要原因探析》（2008），陈平陵所著《从"布拉格之春"到东欧剧变》（2010），段德智主编的《境外宗教渗透与苏东剧变研究》（2015），秦维宪、叶祝弟主编的《警钟：聚焦苏东剧变》（2016）。从整体上看，由于还没有时间的沉淀和充足资料的积累，这些著作还无法对东欧剧变的原因、过程和教训做详细和深刻的解析。

比较起来,中国学术界对中东欧的转型研究起步要晚许多,到21世纪初才有学术专著出版。高歌的《东欧国家的政治转轨》(2003)是出版最早的研究东欧政治转型的专著,从历史因素的作用、经济、国际、民族、宗教等因素与政治转轨的互动角度,探讨了东欧国家政治转轨的发生原因和发展轨迹。[1] 其他著作大多是依照西方的转型理论从政治、经济、外交等方面叙述剧变以来所有东欧国家社会发展的过程,从出版著作的持续性上看,中东欧国家似乎始终处于这一过程当中。在有代表性的著作中,第一类是综合性研究,例如,金雁、秦晖的《十年沧桑:东欧诸国的经济社会转轨与思想变迁》(2004),金雁的《从"东欧"到"新欧洲":20年转轨再回首》(2011),朱晓中主编的《中东欧转型20年》(2013),殷红、王志远的《中东欧转型研究》(2014),马细谱、李少捷主编的《中东欧转轨25年观察与思考》(2014),朱晓中主编的《曲折的历程:中东欧卷》(2015),马细谱的《追梦与现实:中东欧转轨25年研究文集》(2016),殷红等的《入盟与中东欧国家政治经济转型》(2018),高歌主编的《中东欧转型30年:新格局、新治理与新合作》(2022)。第二类是从比较角度进行叙述的著作,如王志连的《波匈捷经济转轨比较研究》(2000),程伟主编的《中东欧独联体国家转型比较研究》(2012),刘敏茹的《转型国家的政党制度变迁:俄罗斯与波兰的比较分析》(2013),潘德礼主编的《原苏联东欧国家政治转轨比较研究》(2015)。第三类是研究中东欧国家转型某一方面的著作,如庄起善等的《中东欧转型国家金融银行业开放、稳定与发展研究》(2008),许新主编的《转型经济的产权改革:俄罗斯东欧中亚国家的私有化》(2003),周忠丽的《制度转型中的国际因素研究:以中国、波兰和斯洛伐克为比较个案》(2011),王志远的《金融转型:俄罗斯及中东欧国家的逻辑与现实》(2013),贾瑞霞的《中东欧国家区域经济合作转型》(2013),万昌华的《波兰政治体制转轨研究》(2013),乌云特娜的《东欧转型国家的农村教育发展的研究:以波兰、俄罗斯、罗马尼亚和乌克兰四国为例》(2014),夏海斌的《中东欧国家转型:外部约束与现代化》(2017),郭翠萍的《中东欧国家福利制度转型研究》

---

[1] 高歌:《东欧国家的政治转轨》,世界知识出版社,2003。

(2020)。当然，中国学术界研究中东欧转型的文献还有很多，此处无法一一列举。

需要提到的是，过去30多年的中东欧研究还有一个重要的国家构建视角，它与转型密切相关但又并非仅是转型研究。中东欧国家构建的一个重要背景或者说影响因素是融入欧洲一体化。这些著作如朱晓中的《中东欧与欧洲一体化》（2002），张淑静的《欧盟东扩后的经济一体化》（2006），杨友孙的《欧盟东扩与制度互动：从一个入盟的标准说起》（2008），孔寒冰等的《原苏东地区社会主义运动现状研究》（2010），刘作奎的《国家构建的"欧洲方式"——欧盟对西巴尔干政策研究（1991—2014）》（2015），孔田平主编的《维谢格拉德集团的嬗变与中国V4合作》（2015），徐刚的《巴尔干地区合作与欧洲一体化》（2016），朱晓中主编的《欧洲的分与合：中东欧与欧洲一体化》（2017），贺刚的《叙述、身份与欧洲化的逻辑：克罗地亚与塞尔维亚的欧洲化进程比较研究》（2018），王会花的《维谢格拉德集团与欧盟互动关系研究：基于次区域合作的视角》（2019），〔克罗地亚〕白伊维的（Ivica Bakota）[①] 的《前南地区社会转型与社会发展研究》（2020），等等。

最后，2012年以来中国出现了中东欧研究"热"。第一，出现了许多专门的研究机构。在2012年前带有"中东欧"名称的研究实体只有中国社会科学院俄罗斯东欧中亚研究所的中东欧室和欧洲研究所的中东欧室，前者设立于1981年（时称东欧室，2016年改称中东欧室，2020年更名为转型和一体化理论室），后者设立于2011年。带有"中东欧"名称的研究中心也只有两个：一是北京大学国际关系学院2010年成立的"中东欧研究中心"；二是北京外国语大学欧洲语言文化学院2011年成立的"中东欧研究中心"。另外，后者还同时成立了一个"波兰研究中心"。2012年之后，全国各地的中东欧研究机构如雨后春笋般地涌现。2012年12月，中国欧洲学会中东欧分会成立，同年，同济大学中东欧研究所、上海对外经贸大学中东欧研究中心成立；2013年成立的有重庆中东欧国家研究中心；2015年成立的有中国-中东欧国家智库合作与交流网络、东北大学波兰研究中心、北京第二外国语大学匈牙利研究中心和河北地质大学捷克研究中心；2016年成立的有西安外国语大学波兰研究中心、华北理工大学匈牙利研究

[①] 白伊维博士毕业于北京大学国际关系学院，现任职于首都师范大学国别区域研究院。

中心、浙江大学宁波理工学院波兰语言文化中心[①]、宁波中东欧国家合作研究院、河北经贸大学中东欧国际商务研修学院、四川大学波兰与中东欧问题研究中心；2017年成立的有华东师范大学中东欧研究中心、中国-中东欧研究院、浙江金融职业学院捷克研究中心、北京第二外国语学院中东欧研究中心、北京外国语大学的"阿尔巴尼亚研究中心""巴尔干研究中心""保加利亚研究中心""匈牙利研究中心""罗马尼亚研究中心"、中欧陆家嘴国际金融研究院中东欧经济研究所；2018年成立的有河北经贸大学塞尔维亚研究中心、北京交通大学中东欧研究中心；2019年成立的有广东外语外贸大学中东欧研究中心；2021年成立的有上海社会科学院维谢格拉德集团研究中心；等等。

第二，与这些研究机构相适应，从事中东欧研究的人员激增。我虽然没有做过统计，实际上也无法统计，但人数之多是可以想象的。不过，除了本来就从事东欧或中东欧研究的人员回归，更多的是新的研究者或从其他领域跨界进行研究的学者。

第三，研究领域大大拓宽。从前面论及的冷战时期、剧变时期和转型时期的中东欧研究状况看，以往中东欧研究多是从政治、历史和国际的视角进行，涉及中国与中东欧国家关系的著述不多[②]，而中东欧的文学艺术和语言教育不属于东欧或中东欧的研究范围。2012年以后，中东欧研究的范围不仅变得更加宽泛，而且研究视角也发生了重大转变，经贸、人文、教育等方面的合作与交流成为研究的重点内容。中国与中东欧国家之间各方面的交流与合作成为中东欧研究的主线，许多中东欧国家概况、国情的研究也都是围绕这个主题并为这个主题服务的。[③]

第四，在短期内出版了大量相关研究成果，绝大多数的主题是与中国-中东欧国家合作和共建"一带一路"紧密相关的。其中，比较有代表性的是中国-中东欧国家智库交流与合作网络以及中国-中东欧研究院的三类丛书。一是中国中

---

① 2017年6月，该中心更名为浙江大学宁波理工学院波兰研究中心，系教育部国别和区域研究备案中心。
② 如刘勇《百年中罗关系（1880-1980）》，时事出版社，2009，但此书只是围绕中罗关系展开。
③ 比如社会科学文献出版社出版的《列国志》就是这样研究的成果，其中包括波罗的海三国、波兰、捷克、斯洛伐克、塞尔维亚与黑山、克罗地亚、斯洛文尼亚、保加利亚、匈牙利、罗马尼亚、阿尔巴尼亚。

东欧智库丛书。已经出版的有：黄平、刘作奎的《中国-中东欧合作与"一带一路"倡议》（英文，2016），黄平、刘作奎主编的《中国-中东欧合作中的利益相关方》（英文，2016）、《中国-中东欧国家人文交流：过去、现状和前景》（中英文版，2017）、《"16+1"合作如何推动"一带一路"倡议》（英文版，2018），黄平主编的《中国中东欧智库合作进展与评价报告（2015~2016）》（中英文版，2017、2018），等等。二是中国-中东欧关系丛书。已经出版的有：黄平、刘作奎主编的《中国-中东欧国家合作进展与成就》（2018），孔寒冰的《中东欧的差异性、复杂性和中国与之合作的"精准性"》（2018），孔田平的《冷战后俄罗斯的中东欧政策及其影响》（2018），龙静等的《"一带一路"倡议与欧盟多瑙河地区战略对接研究》（2018），刘作奎的《中国和中东欧国家电子商务合作发展报告：2017》（2018），吴白乙等主编的《中国-中东欧国家合作进展与评估报告》（2020），等等。三是系列国家智库报告。已经出版的有：孔田平主编的《维谢格拉德集团的嬗变与中国V4合作》（2015），刘作奎等的《中国和匈牙利的全面战略伙伴关系：历史、现状、前景及政策建议》（2018），黄平、刘作奎等著的《中国-中东欧国家（16+1）合作五年成就报告：2012~2017年》（中英文版，2018），黄平、刘作奎主编的《"16+1"合作：现状、前景与政策建议》（英文，2018），刘作奎等的《中东欧国家华人华侨发展报告（2018）》（2018）、《"一带一路"倡议下的中国与巴尔干国家的合作》（英文，2019），刘作奎的《欧洲与"一带一路"倡议：回应与风险》（中英文版，2019）①，以及刘作奎、韩萌等的《中国-中东欧国家地方合作研究报告（2020）》（2021），等等。

除这些丛书，中东欧研究皮书以及关于中国-中东欧国家合作的著作还有许多。在皮书上，北京外国语大学中东欧研究中心自2018年起编撰出版中东欧蓝皮书，广东外语外贸大学中东欧研究中心自2020年起编撰出版中东欧文化蓝皮书，重庆交通大学欧洲研究中心自2022年起编撰出版波兰蓝皮书，北京体育大学自2022年起编撰出版中东欧体育蓝皮书。在著作方面，如尚宇红等的《中东欧十六国对外货物贸易结构》（2013）和《中东欧国家经贸专题研究》（2022），丁超、宋炳辉的《中外文学交流史：中国-中东欧卷》（2015），任明辉主编的

---

① 该书有中英文版多卷，其中中文有2015年版和2019年版，英文有2016年版和2017年版等。

第四章　访谈（上）：中东欧区域研究之经验

《中东欧国家卫生体制研究》（2015），李嘉珊的《重新发现：中国-中东欧十六国文化创意产业概览》（2016），张水辉的《中东欧国家养老保险制度改革的回顾与展望》（2016），宋彩萍等编著的《中东欧十六国高等教育现状》（2016），应品广的《中东欧国家竞争法研究》（2017），牛利的《中东欧十六国汉语教学研究》（2017），张琳等编著的《中东欧十六国投资环境分析》（2017），刘永辉等主编的《中国-中东欧贸易指数报告》（2018），汪洪主编的《中东欧六国专利工作指引》（2018），电力规划设计总院编著的《中国-中东欧能源合作报告》（2020），霍玉珍主编的《探秘中东欧》（2021），邱强的《中东欧国家能源安全问题研究》（2021），刘作奎、雷小芳主编的《中东欧国家交通运输国别报告》（2022），等等。

徐：请您对中国的中东欧研究情况做一评述。

孔：中东欧国家30多年的发展具有比较明显的共性、地区性和个性。讨论中东欧以及从事中东欧的教学与研究，这三个特征是非常重要的观察维度。

首先，不论是社会转型还是新国家构建或是社会发展，中东欧国家30多年的主题都是远离曾经的苏联模式而走向西欧模式或者用西欧模式塑造自己，这就是共性。在政治体制上，不管是像匈牙利、波兰、阿尔巴尼亚、保加利亚和罗马尼亚等完整延续的国家，还是像斯洛文尼亚、克罗地亚、波黑、北马其顿、塞尔维亚、黑山等在南斯拉夫废墟上重新构建的国家，或者是从苏联分离出来的立陶宛、拉脱维亚和爱沙尼亚，或是一起实现了社会转型之后又分手的捷克和斯洛伐克，它们都实行了多党制，原来的共产党都已经社会民主党化，成为政党政治的参与者。在经济制度上，中东欧国家之间尽管在经济发展程度、GDP总量、人均GDP等方面相差很大，但无一例外地都实行了私有化和市场经济。在对外关系上，中东欧国家无一例外地以融入欧洲为最终发展目标，到2022年，中东欧十六国已经有十一个国家加入了欧盟，十四个国家加入了北约。没有加入欧盟的国家仍在努力争取中；对于北约，只有塞尔维亚因1999年的科索沃战争拒绝申请加入。与要求整齐划一的、无视具体国家的国情和历史传统的苏联模式不同，西欧模式的包容度、开放度都比较大，动态性也比较强，没有细节上的社会制度指向，所以，中东欧国家的社会转型和新国家构建无论在表现形式、持续时间和程度上有什么区别或有多大的区别，在去苏联模式化方面则是一样的。另外，西欧模式的社会发展不再有定性化的特征。一党独大还是多党并存、公有制主导还是各种所有制形式同在，都已不再是特定社会制度的标识。

其次，中东欧是一个内聚性很弱甚至没有什么内聚性的"人造"区域，这是中东欧作为一个区域的特点，是观察中东欧地区的第二个重要维度。在"一带一路"倡议和中国-中东欧国家合作框架内，中东欧国家才被视为一个整体，因此，其区域性的特征更值得关注。同时，中东欧又可以进一步分成三个联系较少甚至没有联系的次区域：波罗的海三国、中欧四国和巴尔干地区九国。立陶宛、拉脱维亚和爱沙尼亚是从苏联分离出来的，与由地缘政治上的东欧演变而来的中东欧几乎没有任何联系。如果硬讲有联系的话，1569年波兰与立陶宛曾合并成立了波兰立陶宛王国并存在了近两个半世纪，它们是在什么程度上的合并也是值得研究的问题。18世纪末波兰被瓜分后，立陶宛的大部分被沙皇俄国吞并。在近现代历史上，波罗的海三国可以说是"抱团"生存和发展的，民众主要信奉新教或天主教，20世纪20~30年代都按西方模式建立了独立国家，第二次世界大战中被苏联和德国争来夺去，战后都被并入苏联。由于西方长期影响但又被强行并入苏联，波罗的海三国对苏联的认同较弱，摆脱的意愿很强。所以，它们独立后很快就回归了欧洲。在中欧的东部，匈牙利、捷克、斯洛伐克和波兰四国历史联系比较密切，在许多方面有很强的同质性，所以，回归欧洲的程度也很高。这四个国家不仅早已加入了北约、欧盟，还组建了V4集团。然而，巴尔干地区却完全不同。这里的国家不仅数量多，而且异质性强，在社会转型、新国家构建和社会发展等三个主题上的差别特别大。斯洛文尼亚、克罗地亚、罗马尼亚、保加利亚都已经是北约和欧盟的成员，其中斯洛文尼亚和克罗地亚还加入了欧元区和申根区。阿尔巴尼亚和黑山只是北约的成员，而其他国家还都站在欧盟和北约的大门口。在国家建构上，有的国家还面临很难摆脱甚至无法摆脱的困境。前面提到过，波黑的塞尔维亚族、克罗地亚族和波什尼亚克族三大民族缺乏对统一国家的认同，北马其顿国名解决后迎来与保加利亚更加难以解决的语言历史文化争端，在科索沃问题上塞尔维亚与许多国家存在矛盾，斯洛文尼亚和克罗地亚等相邻国家之间还有领土纠纷冲突，等等。

最后，中东欧国家的社会转型、新国家构建和社会发展并没有统一的具体模式要求，如需要什么样的政党，什么样的私有制和市场经济，必须实行哪几种"主义"等，更无须用强力推行某种模式，因此各国的个性是很明显的。当然，中东欧国家要想加入欧盟、北约等地区组织，就必须达到欧盟及北约规定的一些标准，但这是另一个层面的问题，实际上与模式没有直接关系。从理论上说，中东欧国家也可以选择不加入欧盟和北约等组织，甚至还可以选择不"回归欧洲"，那样也就没有所谓"达标"问题了。在这种情况下，中东欧国家在社会转型、新国家构建和社会发展上受自身的历史传统和政治文化影响比较大，因而在不同程度上凸显了自己的特征。外部影响仍旧存在，但不同区域甚至同一区域里的国家所受的外部影响及程度却是不一样的。正因如此，中东欧各国无论在社会转型还是在新国家构建或是社会发展上都不同程度地显示出了自己的特点，不用说处于不同区域，即使同处一个区域里，一个国家的状况也不同于另一个国家，真正成了一个五光十色的"万花筒"。需要强调的是，由于习惯了以大国标准作为衡量中东欧国家发展的尺度，所以人们更注重第一个维度的中东欧，而忽视甚至无视第二、第三个维度的中东欧。正因如此，当中东欧国家出现一些在某种程度上有悖于西欧模式的言行时，学者们往往按西欧模式的标准认为其是离经叛道。比如，欧尔班在匈牙利执政后实行的许多内外政策被称为"逆民主化"，显而易见，评价的标准是西欧的，而不是中东欧更不是匈牙利的。事实上，匈牙利没有也不可能突破西欧模式，只不过是在西欧模式的框架里更多地彰显匈牙利的现实需要而已，这才是"欧尔班现象"的实质。由于发展的差异比较大，"欧尔班现象"在中东欧国家中将会成为一种常态，只是各有各的内涵和表现。

上述三方面的维度既是中东欧研究的特色，也是中东欧研究的不足。很大程度上讲，既有的中东欧研究大多有所侧重，反映中东欧整体的一般性和各次区域国别差异性的权威作品尚不多见。

三　中国中东欧研究的前景与展望

徐：在世界百年未有之大变局加速演进和区域国别学成为一级学科的背景下，您认为中国中东欧研究的发展前景如何，尤其需要在哪些方面下功夫？

孔：从冷战结束甚至更长时间的研究发展和演变历程看，中国中东欧研究的时事性和政策性导向比较明显。2012年中国-中东欧国家合作机制启动后，对全国性的中东欧研究有一定促进作用，但中东欧研究还没有得到有效整合，也没有形成统一的中东欧研究，更不用说中东欧学科了。以中国社会科学院为例，俄罗斯东欧中亚研究所延续以往的传统，将中东欧与后苏联空间放在一起，研究人员、研究内容和研究方法都有较强的传承性；欧洲研究所则将中东欧研究作为欧洲研究的一部分，是其新拓出的一片研究天地；世界历史研究所曾将俄罗斯与中东欧国家放在一起研究，但主要是研究它们的政治史、经济史、思想文化史和外交史。北京大学和中国人民大学的国际关系学院从国际政治角度将中东欧作为地区研究，但在学科归类上属于科学社会主义与国际共产主义运动。北京外国语大学等外语类高校的中东欧研究重点在语言和文化方面。上海外经贸大学、河北地质大学、浙江金融职业学院等院校的中东欧研究的重点则在经贸上面，而其他中东欧研究机构也各有自己的研究重点。这些不同的研究单位的研究内容虽有交叉、交集，但总体上说是各自为政，没有形成也无法形成统一的中东欧研究，是在"一带一路"倡议和中国-中东欧国家合作的主调下各唱各的曲。

从趋势上看，中国的中东欧研究或许也会走到终点。一个原因是从中东欧国家发展形势看，这些国家完全回归欧洲后作为一个独立的地缘政治区域将不复存在；另一个原因是从中国角度看，阶段内将波罗的海三国以及希腊吸收为中国-中东欧国家合作机制成员淡化了原有的中东欧区域的内涵，地缘政治上的中东欧意义也更加被稀释，最终很可能就融入"一带一路"里面。中东欧地区研究和中东欧这个地缘政治概念一样，或许都将成为历史。但是，这个地区不管叫什么名字，也不论它归属于哪里，作为研究对象将会永远存在。地缘政治区域是易变的，而地理位置的区域是不会变的。中欧和东南欧是多种文明的交汇处和大国关系的交集地，这里的民族宗教关系特别复杂，历史发展尤其曲折。作为研究对象，这些永远都存在，永远值得研究。无论从区域国别学的建设角度，还是从经贸往来角度，或是从语言文化角度，中国都必须重视对中欧、东南欧及波罗的海三国的研究。

如果从进一步改善和提高的角度或者适应新的形势需要来说，我认为以下几个方面尤其需要加强：一是已建立的研究机构要充分发挥自己的特长，办出自己的特色；二是要加强基础研究，也就是重视上面说的中东欧研究中的本体部分，没有本体，中国-中东欧国家合作无论在学术研究方面还是在实际操作方面都将没有"根"；三是研究要适度，中国和中东欧国家在各方面的差别非常大，互补性较弱，因此，对这些国家的研究和对中国-中东欧国家合作的研究必须同这些差别和互补性相适应，以避免造成人力、物力和财力的巨大浪费；四是从事中东欧研究的研究者应具有良好的外语基础、更宽广的研究视野和更高的专业素质。

第三节 "中东欧研究毫无疑问已属于决策研究中的'国之大者'"
——刘作奎研究员访谈

一 中国中东欧研究的阶段与特点

徐刚（以下简称"徐"）：刘作奎研究员您好，请您谈谈中国的中东欧研究经历了哪些阶段，呈现哪些特点？

刘作奎（以下简称"刘"）：在进入话题前，我想先对这本著作尤其是访谈说几句。这项工作具有重要的意义，它不仅是研究，也是一种回顾和总结，将来年轻学人在翻看这段历史的时候，会有原汁原味呈现的感觉，因此这是一项基础性的同时也是很有价值的工作。我很荣幸能受邀参加这项有价值的工作，也感谢你给我提供了这个平台和机会，让我能谈谈自己的看法。我重点想谈三个问题：第一个是国内中东欧研究的特点是什么，做出这种总结并不容易，我只是抛砖引玉，期待以后有更好的讨论；第二个是谈谈中国社会科学院欧洲研究所中东欧研究具有的特色，欧洲所的中东欧研究不是历史最悠久的，也不是成果积累最多和人才队伍最强大的，但其立足从特色研究入手，形成了自己的风格；第三个是谈谈未来对中东欧研究的一点展望和思考，未必深刻，求教于方家，请大家不吝批评与指正。

先说第一个问题。中国的中东欧研究具有鲜明的时代特色和国情特色。所谓的时代特色是指在不同的历史时期，中东欧研究呈现出不同的特点，显示出不同的学术追求；国情特色是指中国的中东欧研究一直在服务于中国的改革开放和现代化建设，服务于中国特色大国外交研究和中国的国家利益，尤为难得的是，中国的中东欧研究一直在为追求建构自主的知识体系而努力，一直在全力以赴地打造符合中国特色的学科体系、学术体系和话语体系。

在总结和提炼不同历史时期的历史特点时，我使用"+"这种方式来做简要的概括。"+"是我在北京市文化和旅游局挂职任副局长期间撰写报文和政策研究中经常使用的一种表达方式，"+"的前后两个主体既保持独立性，同时也呈现相互合作、相互协调的关系，是实现学术话语严谨性表述的一个重要载体。比如，我经常看到有的研究成果中提到"学术外交"这个概念，某种程度上讲这是一种创新，但表述并非严谨和准确，因为在外交政策领域，从来没有听说过"学术外交"这种术语。如果写成"学术+外交"则没有问题，学术和外交各自保持独立性，同时可以相互配合和相互协作。

我基本上以10年为一个时段，将中国的中东欧研究分为七个阶段，做浅显的总结和提炼，由于前四个阶段本人没有经历过，所以无论如何算不上深刻，只是一点浅显和挂一漏万的观察。

第一个10年（1949~1959）："剪刀+糨糊"。

新中国成立后，百废待兴，国际问题研究也艰难起步，中国的东欧研究也是如此。新中国成立后的10年（1949~1959）是中国的东欧研究知识获取时期或者说是知识积累时期，对东欧的研究和认识主要服务于新中国的外交政策，这一时期的东欧研究具有一定的区域指向、政治指向和实践指向，说得更形象一点就是用"剪刀+糨糊"这种相对比较原始的研究方式，通过直接搜集或摘录或翻译的方式获取东欧发展态势的信息并进行初步的分析。由于公开发表的文章不多，研究方法不完善，研究的条件较为艰苦，大部分文章都是以内部报告的形式呈现，这一时期有关东欧研究的有效知识供给是比较匮乏的。

第二个10年（1960~1970）："革命+斗争"。

在第二个10年（1960~1970），国内高校和政府机构成立了一些苏联东欧研究机构，"革命+斗争"是研究的主体思路，也就是服务于对霸权主义的斗争，但这十年因为"文革"的影响和干扰，大部分时间东欧研究是处于停滞状态的。1964年7月，经中共中央国际研究指导小组和国务院外事办公室批准，中国人民大学成立了苏联东欧研究所。1965年3月苏联研究所成立，由中联部和中国科学院哲学社会科学部共同领导，1966年苏联研究所划归中联部。"文革"期间的东欧研究一度中断近10年（1966~1976）。

在前两个10年，中国的东欧研究受制于美苏冷战大局，深受冷战等意识形态的影响，研究的成果偏政治化和意识形态化。

第三个10年（1978~1988）："改革+发展"。

改革开放后，中国的东欧研究迎来了新的春天，也迎来了第三个10年，"改革+发展"是研究的主旋律，即服务于中国改革开放和建设现代化中国的大局。国内对东欧改革经验的兴趣增加，东欧改革经验的研究成为这一阶段重要的研究议题。值得注意的是，因为国家对研究的需要，有关东欧的研究机构如雨后春笋般地建立起来,形成了对东欧研究的第一次热潮。国内从事东欧研究的机构有中国社会科学院苏联东欧研究所东欧研究室、世界经济与政治研究所苏联东欧经济研究室、中国人民大学苏联东欧研究所东欧研究室、中国现代国际关系研究所东欧研究室和上海苏联东欧研究所等。在一些高等院校也有从事与东欧研究相关的教学与研究人员,如华东师范大学和山东大学(山东大学科学社会主义系也成立了苏联东欧研究室)。名字和机构在这里就不一一列举了,成立机构众多,挂一漏万是不可避免的,但大家都各有特色。尤其值得注意的是,20世纪50~60年代在政界、学术界和媒体界比较活跃的一批人中有不少具有从事中东欧研究和实践的背景,或许是在那个时期国家对东欧改革和发展经验有比较多的需求所致。

第四个10年(1989~1999):"警醒+反思"。

中国东欧研究的第四个10年(1989~1999)年是"警醒+反思"的10年。东欧剧变和苏联解体引发国际格局巨变,对国际社会造成了极大的冲击,弗朗西斯·福山也因此唱衰社会主义,认为民主的资本主义是"历史的终结"。在这种背景下,对社会主义前途和命运的思考成为压倒一切的任务。中国学术界认真思考东欧剧变和苏联解体所造成的影响,社会主义制度向何处去、反思东欧剧变和苏联解体的经验教训、积极防止西方的和平演变成为这一时期研究东欧和苏联问题的一个主要焦点。在这个背景下研究东欧问题,中国的东欧研究学者必然会带有一定的悲情主义色彩,也因为很多成果较为敏感、很多言论不利于公开发表,所以总体感觉中国的东欧研究受到的关注度下降,研究的热度不高。但此时中国的东欧研究正孕育着新的自主性研究体系,也形成了具有一定学科基础和学科指向的研究内涵。或者说,正是这10年,中国的东欧研究为真正的学术研究和理论创新打下了基础,埋下了伏笔。更为难得的是,东欧研究领域的学者也形成了严谨求实、关怀天下、心系祖国、孜孜以求的良好学风和文风,并不断感染和教育着一代代的后继者。

第五个10年(2000~2010):"夯实+筑基"。

中国中东欧研究的第五个10年(2000~2010)是中东欧研究"夯石+筑基"的10年,无论是学术导向还是政治方向上都有了明确的指向。很多高校和研究机构关于中东欧研究的主要话题、主要研究领域、主要研究方法都是在这一时期确立的。中东欧回归欧洲,欧盟东扩、中东欧的欧洲化、欧洲转型与一体化研究等均是这一时期研究的核心和主题,并延续至今。

这一时期中国的中东欧研究在上一个10年初步形成的自主性知识体系基础上追求更加具有创新性的探索路径,形成更具有独立性和创新性的研究学科体系。事实上,除了部分研究延续对东欧剧变和苏联解体的客观中立的反思,形成中国的自主性研究体系之外,这一时期对新议题选择的研究自主性也进一步增强,并且与国际主流学界开展关于中东欧问题研究的深入对话,也积极跟踪或者整合性阐释西方学界的中东欧研究。

还应看到的一个趋势是,尽管在积极同西方学习交流中东欧研究,但是国内学界对中东欧研究的科学性仍然有待深化。学术研究总体上以阐释为主,缺乏较为系统科学的理论建构,学术研究的跟踪性较为充分,理论创建性则有所不足。当然,为中央决策提供参考是学术之外另一个维度的问题,在这一维度有值得书写的地方。尽管如此,中国的学术界一直在探索中东欧研究的核心议题、核心发现,并基于中国的自主性和本体性,即中东欧研究并非像其他一些学科那样处于跟跑西方的状态,而是全力打造有中国学术和话语存在感的研究。

第六个10年(2011~2021):"创新+重塑"。

中国中东欧研究的第六个10年(2011~2021)也是中东欧研究得到空前关注的10年,形成了中国中东欧研究的第二次热潮。中东欧在中国对外战略尤其是"一带一路"建设中的角色作用得到高度重视。2012年中国-中东欧国家合作机制启动后,中东欧研究的关注度得到明显提高,国内高校成立多家中东欧研究中心,中国-中东欧国家合作成为重要研究议题。先于学术界,中国决策界开始形成对中东欧的创新性重塑,并成为一段时间内国际舆论界和学术界主要关注的一个焦点,研究热度也持续增高。这与中国国力增强和追求创新性发展同欧洲的合作关系密切相关。因此,准确地说,这10年是"创新+重塑"的10年。围绕着对中东欧的重新关注,中国学界也形成了对中东欧研究的热潮。

需要关注的是,这10年中国的中东欧研究尤其是对中国-中东欧国家合作的研究有些热闹有余而冷静思考不足。一是要充分认识到,中东欧研究重要的范式革命蕴含着巨大的机遇,俄乌冲突爆发以来如何定位中东欧、如何定位中东欧在中国对外战略中的地位和身份,成为一个重要的战略问题,也会成为学术和理论创新的一个新蓝海。而就决策层面来说,中国和中东欧关系下一个10年要向何处去、到底应怎么走也是需要认真思考的问题。二是要避免过度炒作中东欧研究，而应踏踏实实静下心来搞好研究，无论是基础研究还是应用研究都要抱持"英雄不问出处"的态度。尽管国内成立了多家中东欧研究机构，但是真正以学术研究为基础和导向的研究机构和研究格局并未发生实质性改变，量的增长并没有伴随质的显著提高。三是基础或学术研究的供给不能满足决策的需要，仍然存在较大的赤字。中东欧研究毫无疑问已经属于决策研究中的"国之大者"，但现有的基础研究难以提供丰富的决策参考，也缺乏一个强有力的研究梯队和研究布局。

第七个 10 年（2022~2032）："挑战+颠覆"。

事实上，这 10 年是中国和中东欧国家关系可能面临空前挑战的 10 年，因为俄乌冲突颠覆了现有的国际格局和国际秩序，也颠覆了我们同中东欧过去多年来发展关系的基本范式和传统。因此，对其进行深入研究、做出科学精准的分析和预测就成为当务之急。尽管可能是一种未来学的研究，但也是进一步搞好理论创新、形成更为深入的自主性学术和话语体系的关键时期。这一时期的研究又伴随着中国和西方世界的深度博弈。在大国关系错综复杂的背景下，"不畏浮云遮望眼"，谁站在认知域的制高点上，谁就可能成为下一个 10 年在中东欧研究上形成更具颠覆性的研究发现、产生更高质量的研究成果的王者。

无论是对国内学界还是对国际学界而言，这都是把握学术制高点的一次重要博弈，中国也在加速形成自身的学术体系和话语体系，全球发展倡议、全球安全倡议、全球文明倡议的出台都提供了观察世界和引领世界走向的契机。因此，国内的中东欧研究无疑要抓住俄乌冲突这一重大历史事件发生的契机，下大力气做好研究，形成新的研究发现。

二　中国社会科学院欧洲研究所的中东欧研究及特色

徐：作为中国社会科学院欧洲研究所（简称欧洲所）中东欧研究方向的学科带头人，请您介绍一下欧洲所及您本人所在的中东欧研究室的研究特色。

刘：欧洲所中东欧研究室成立于 2011 年，成立之初主要关注的是中东欧国家的欧洲化，中东欧国家的政治、经济和社会转型，中东欧地缘政治的演化，巴尔干民族主义与冲突，巴尔干国家构建与国际治理，中国与中东欧国家合作等领域，并随时根据事态的变化对重点课题和方向进行调整。欧洲研究所的孔田平研究员是中东欧研究室的创始室主任，我是研究室第二任主任，现在研究室的负责人是鞠维伟副研究员。中东欧研究室能够在欧洲所落地，离不开几代欧洲所领导人的努力，尤其是原所长、学部委员周弘研究员的长期策划与推动，原所长黄平研究员的精心经营将中东欧研究推向一个新的高度，原所长吴白乙研究员和现任所长冯仲平研究员均高度重视中东欧问题研究，该领域取得的每一项成果，都有他们留下的辛勤汗水。与此同时，也不应该忽视中国决策界和学界的朋友们对欧洲所中东欧研究室长久以来的关心和支持。

2011年中东欧研究室成立时仅有2名研究人员，2012年招收1名博士后研究人员进入该研究室。2014年该博士后研究人员出站正式成为中东欧室的研究人员，同时引进了1名中东欧小语种（匈牙利语）人才，随后又通过招聘或人才引进的方式吸纳进新的研究人员。目前，欧洲所中东欧研究方向有正式研究人员7人。

欧洲研究所的中东欧研究具有鲜明的特征：一是坚持欧洲研究导向，从欧洲的视角研究中东欧问题，将中东欧研究融入中国的对欧战略当中；二是追求创新性发展，以研究重要现实问题和创新研究理论和方法为己任；三是积极搭建合作平台，为中国的和国际的中东欧研究学界提供公共产品，积极塑造开放、包容、活跃的中东欧研究学术氛围；四是服务"国之大者"，坚持基础研究和应用研究相结合，以务实研究为导向积极服务国家决策，做好1.5轨对话和二轨外交。

徐：可否请您具体谈谈这四个方面的特点。

刘：好的，首先说坚持欧洲研究导向。欧洲所中东欧研究室相对于国内同行来说，机构成立较晚，但特色比较鲜明，就是以整体欧洲为视角，以整个中东欧地区如何融入欧洲为主要研究方向。在中东欧研究室成立之前有一段时间还曾设有"欧盟东扩研究室"，主要研究的就是欧盟如何向中东欧扩大及其进程，因此，中东欧研究的欧洲属性在欧洲研究所一直具有雄厚、扎实的研究基础。多个中东欧国家加入欧盟后，欧洲一体化或"欧洲化"、欧盟如何深入和扩大等议题一直是欧洲研究的重要议题，欧盟内部的东西欧关系、欧盟的"民主倒退"等问题也成为持续关注的焦点。中国-中东欧国家合作机制启动后，欧洲研究所的研究主要聚焦于这一合作机制如何促进中欧关系发展上。

其次是追求创新性发展。这也是欧洲所中东欧研究室主要的着眼点，努力构建具有中国特色的自主性的学术、学科和话语体系。没有创新就没有学科发展的新增长点，就会如死水一潭。围绕欧洲内部的地缘政治走势、中东欧国家的转

第四章 访谈（上）：中东欧区域研究之经验

型、欧盟在冲突地区的国际治理、未入盟国的国家构建、中国-中东欧国家合作以及如何促进"一带一路"建设、俄乌冲突对欧洲（尤其是中东欧国家）的影响等焦点和重点问题展开研究，产生了富有特色的研究成果。就新近研究成果来说，欧洲研究所的中东欧研究室有关乌克兰危机所引发的欧盟政治生态的"中东欧化"以及中国区域外交中"双边+多边"实践等研究的原创性、自主性理论已经引起中外学界的关注。当然对于中东欧国家发展态势和"多速欧洲"问题、政治转型中出现的"非自由民主"或"民主倒退"问题、中东欧政治思潮中民粹主义等新现象和新问题，中东欧研究室也都做出了及时的跟进并提出相对独特的看法。

再次是积极搭建合作平台。学术平台建设直接决定了学术生态能否健康和可持续发展，学术能否有传承和创新。在这一点上，欧洲所能够力所能及地提供公共产品和公共平台，为中国的中东欧研究事业添砖加瓦。2015年12月中国国家级协调平台——中国-中东欧国家智库交流与合作网络正式成立。中国-中东欧国家智库交流与合作网是在中国-中东欧国家合作框架和外交部支持下，由中国社会科学院牵头组建的，是旨在促进中国与中东欧国家合作的一个国际性智库协调机制与高端交流平台。2017年由欧洲研究所承办的、中国在欧洲独立注册的首家智库——中国-中东欧研究院揭牌成立。中国-中东欧研究院坚持务实合作的原则，稳步而积极地寻求与中东欧国家智库的合作，并以匈牙利为依托，在中东欧开展实地调研、合作研究、联合出版、人员培训、系列讲座等。中东欧研究室目前还负责中国欧洲学会下的两个分会即中东欧分会、欧洲一体化史分会的工作，每年组织召开相关的年会和学术研讨会。研究室科研人员多次赴国外参加相关国际学术研讨会，提升了本学科在国际学术界的影响力。每年欧洲所还会邀请大量国内外知名学者前来交流访问。

除了进行以上科研工作，中东欧研究室研究人员还承担了研究生培养工作。该研究方向现有博士生导师2名，硕士生导师2名，培养博士、硕士研究生多名。中东欧研究室积极参与欧洲所创新工程，该研究室的科研人员立足各自专业领域，结合中东欧研究的特点和内容产生了大量的研究成果。

最后是服务"国之大者"。中东欧研究室积极服务于国家外交政策，坚持办好1.5轨对话和二轨外交，为推动中欧关系全面发展和"一带一路"建设贡献力量，在本领域影响广泛。负责筹措召开的中国-中东欧国家高级别智库研讨会，成为智库和学术界的年度盛会。中国-中东欧国家地方合作也是本研究室关注的焦点，通过推动地方间的务实合作，为中国同中东欧国家关系长久发展添砖加瓦。每年一届的中国-中东欧国家合作高质量发展高端智库论坛为决策界和智库界对话提供平台。此外，在服务国家决策方面，围绕中国-中东欧国家合作和共建"一带一路"这两大重点，研究室组织相关人员撰写了大量要报，并多次获得党和国家领导人批示，获得了一定的决策影响力。

三 中国中东欧研究的前景与展望

徐：在世界百年未有之大变局加速演进和区域国别学成为一级学科的背景下，您认为中国中东欧研究的发展前景如何？尤其需要在哪些方面下功夫？

刘：中国的中东欧研究未来仍有较大的发展前景。不少前辈学者认为，随着中东欧国家最终加入欧盟，最终实现欧洲属性和欧洲身份，中东欧作为一个区域的研究就会结束使命。但是从目前情况来看，即使加入欧盟的中东欧国家仍显示出同西欧不同的属性和身份，同西欧的完全趋同并非能够在短时间内完成，中东欧的赶超战略在某种程度上也遇到了问题，尤其是俄乌冲突对它们的民族复兴和国家现代化进程造成巨大冲击，如何避免民族复兴之路中断恐怕是绝大多数中东欧国家不得不认真思考和努力解决的问题。

对于从事中东欧研究的中国学者来说，中东欧国家发展的这种不确定性或许就是研究的魅力所在，学术研究就是要从这种不确定性中发现未来发展的可能和趋势，为学术研究和国家政策提供深度的理论支撑和政策建议。

第一个需要强调的是，要充分重视学科交叉研究对推动中东欧研究学发展的重要作用。

2022年9月，区域国别学被列为交叉学科的下一级学科，这是一个重要的风向标。围绕中东欧区域的国别学研究，应该先立足于搞好交叉学科研究。交叉学科研究搞了好多年，在很多领域已经产生突破性进展，形成了很好的研究实践。区域国别学在满足"一带一路"建设需要的同时，应尽快补上学科交叉这堂课，尽量规避是先理论还是先实践的讨论，因为这两者都是需要水到渠成的。现在区域国别学研究主要是补齐学科短板，过去的国际问题研究注重单一学科的视角，现在进入新的历史时期，学科交叉研究不但是必要而且是必须要做的事情。

随着经济社会发展，新问题和新现象层出不穷，确实需要方法和学科的革命，这种革命首先要考虑从学科交叉中去寻找增长点。与此同时，应该充分认识到，学科交叉研究出的成果确实能够产生意想不到的影响力和深度，这也是全面认识事物本质的必由之路。比如对欧洲转型、欧盟治理和欧洲现代化（均包括中东欧的维度）等重要问题的研究，一定要各个学科协作和交叉研究才能形成更全面、更具创新性的结论。

学科交叉是质的融合而不是量的相加。交叉学科研究不是简单的学科之间相加，或者从不同的学科角度独立地去认识或探索一个事物。这只是学科间交叉研究的第一步，值得鼓励，有助于提升知识增量。但光是做到这一步是不够的，也不是学科交叉研究的终极目的。2021年，国务院学位委员会专门印发了《交叉学科设置与管理办法（试行）》，首次明确地提出，交叉学科是在学科交叉的基础上，通过深入交融创造一系列新的概念、理论、方法，展示出一种新的认识论，构架出新的知识结构，形成一个新的更加丰富的知识范畴，并且具备成熟学科的各种特征。这是在有关学科学位的政策文件中首次对交叉学科的内涵进行了明确的界定。现有不少区域国别研究的教材和专业书籍说的是学科交叉研究，但实际上还只是各种学科的简单相加，具体地说还是政治学+经济学+法学+哲学等的物理相加，并没有通过相加形成化学效应的交叉融合。

第二个需要强调的是应努力嵌入现有的国家重大学科和政策布局之中。

尽管学科对于促进研究的进步是非常重要的，但学科的角色主要还是工具性的，而不是基础性的。这就需要在基础性和工具性之间做好平衡，充分发挥各自的优长，真正做到方法和理论、学科和问题的相融合。学科对于深度认识和研究一个问题至关重要，但学科工具必须有好的问题和内容作为引领，才能绽放出思想和方法论的光芒。就中东欧研究来说，它兼具区域与国别研究属性，产生了很多重要的研究理论和方法，关键是无论从区域视角还是从国别视角，都要找到或发掘体现时代主题和国家关切的重要问题，比如欧洲转型、欧洲模式、欧洲文明、欧洲现代化等重要问题，并根据这些问题开展综合性的跨学科的研究。切实为百年变局下中国坚持走和平发展道路提供战略性、前瞻性和储备性的研究成果和建议。

第三个是多学习借鉴其他学科和优秀成果的发展成就及经验，为我所用。

这里推荐三本书，代表了三种不同学科发展和交叉融合的新成就，分别是罗荣渠先生的《现代化新论》、赵汀阳的《天下的当代性》、本尼迪克特·安德森（Benedict Anderson）的《想象的共同体》[①]，都是研究范式的革命，范式革命缘起于对学科视角尤其是交叉学科的创新性融合。罗荣渠先生将历史学作为基础学科，对不同区域的现代化做了深入研究和比较，将宏观史学的高度凝练和总结以及微观史学的深入细致考察相结合，他同时将政治学和社会学研究与历史学研究深度交叉，形成了独树一帜的以马克思主义理论为指导的中国式现代化研究的创新路径，开辟了现代化研究的新境界。《天下的当代性》一书则将中国历史中的周朝统治模式进行了研究并以哲学和政治学视角进行高度提炼，结合中国文化传统思想的分析，对西方以竞争、零和、个人理性为基础的国际关系理论范式进行了探究，提出了符合中国特色的、深植中国历史的"天下理论"。安德森的《想象的共同体》则是将历史学和社会学做了很好的融合，开创了对民族研究和认识的新境界。这些成果和经验是值得我们中东欧研究者充分学习和借取的。

[①] 罗荣渠：《现代化新论：世界与中国的现代化进程》，商务印书馆，2009；赵汀阳：《天下的当代性：世界秩序的实践与想象》，中信出版集团，2016；〔美〕本尼迪克特·安德森：《想象的共同体：民族主义的起源与散布》，吴叡人译，上海人民出版社，2005。

第五章
访谈（下）：中东欧各领域研究之经验

2022年9月，"区域国别学"作为交叉学科类一级学科被正式纳入《研究生教育学科专业目录（2022年）》，可授予经济学、法学、文学、历史学学位。本章则从中国中东欧的经济研究、政治研究、文学研究和历史研究的角度对各领域研究的历史、进展以及前景进行访谈。访谈对象分别是中国社会科学院欧洲研究所孔田平研究员、中国社会科学院俄罗斯东欧中亚研究所高歌研究员、中国社会科学院外国文学研究所高兴编审以及中国社会科学院世界历史研究所马细谱先生。四位专家在中东欧研究方面颇有建树，并分别主要致力于上述四个领域的研究。

第一节 "作为制度变迁的试验场，中东欧经济变革的方式及影响值得持续关注"
——孔田平研究员谈中东欧经济研究

一 有关中东欧的概念及理解

徐刚（以下简称"徐"）：孔田平研究员您好，请问如何界定中东欧及与其相关的东欧、东中欧、中欧等概念？

孔田平（以下简称"孔"）：在冷战时期，东欧的概念非常明确。东欧在冷战时期被赋予了地缘政治含义，指东欧八个社会主义国家，即阿尔巴尼亚、保加利亚、罗马尼亚、南斯拉夫、捷克斯洛伐克、匈牙利、波兰和民主德国。冷战结束后，中东欧地区的界定似乎成了问题，涌现出东欧、中欧、中东欧、东中欧等概念。

随着冷战结束和苏联解体，"回归欧洲"成为东欧国家的优先目标，地缘政治意义上的东欧概念失去了存在的意义，这些国家不得不在新的国际环境中界定自身的地位，东欧的概念逐渐被中东欧（Central and Eastern Europe）所替代。一般而言，中东欧国家既包括传统的东欧国家如阿尔巴尼亚、罗马尼亚、保加利亚、匈牙利和波兰，又包括联邦国家解体后新独立的国家如捷克、斯洛伐克、斯洛文尼亚、克罗地亚、北马其顿、波黑、黑山、塞尔维亚、爱沙尼亚、拉脱维亚和立陶宛。冷战结束后，对中东欧国家的界定更加丰富：波兰、匈牙利、捷克、斯洛伐克和斯洛文尼亚被称为中欧国家；罗马尼亚、保加利亚、克罗地亚、塞尔维亚、黑山、马其顿、波黑和阿尔巴尼亚被称为东南欧国家；除斯洛文尼亚、克罗地亚之外的南斯拉夫继承国加上阿尔巴尼亚被称为西巴尔干国家；爱沙尼亚、拉脱维亚和立陶宛为波罗的海国家；白俄罗斯、乌克兰、摩尔多瓦、格鲁吉亚、阿塞拜疆、亚美尼亚六国被称为新东欧国家，其中乌克兰、白俄罗斯和摩尔多瓦应该是真正意义上的东欧国家。国际上也有学者和机构使用东中欧（East Central Europe）的概念，但是不同的机构对东中欧的界定并不相同。我曾做过访问学者的哥伦比亚大学东中欧中心（East Central European Center, Columbia University）认为，东中欧是指位于德国与俄罗斯之间、波罗的海与爱琴海之间的国家，东中欧国家不仅包括中东欧十六国，而且包括奥地利、白俄罗斯、乌克兰和摩尔多瓦。对于东中欧也有狭义的界定，认为东中欧只包括维谢格拉德集团成员国，即波兰、捷克、匈牙利和斯洛伐克。

中欧的概念起源于19世纪，指神圣罗马帝国或哈布斯堡帝国的土地。德语世界中的"中欧"（Mitteleuropa）一度成为普鲁士或德国在中欧追求霸权的地缘政治理念。20世纪80年代由于米兰·昆德拉（Milan Kundera）振聋发聩的《中欧的悲剧》[①]一文的发表，在苏联集团内部中欧的概念开始复苏。战后欧洲形成三种基本的局面：西欧、东欧和地理上属于中欧、文化上属于西欧但政治上属于东欧的中欧。昆德拉认为，试图准确地划定中欧的边界是没有意义的。中欧并非指国家，中欧是一种文化或命运，其边界是想象的，在每一个新的历史形势下必须有所划定或重新划定。昆德拉将中欧界定为"在俄国和德国之间小国的不确定区域"。中欧概念的复苏在某种程度上成为东欧剧变后中欧国家合作的精神源泉。德国、奥地利、瑞士为地理意义上的中欧国家，当下捷克、斯洛伐克、匈牙

[①] Milan Kundera, "The Tragedy of Central Europe," *The New York Review of Books*, Vol. 31, No. 7, 1984.

利和波兰作为维谢格拉德集团成员毫无疑问也属中欧国家。一些学者视斯洛文尼亚、克罗地亚和罗马尼亚为中欧国家。随着俄乌冲突发生后乌克兰的地缘政治转向，乌克兰未来也非常可能中欧化。

无论是中东欧国家政治精英和普通民众对国家特性的认知，还是学者和机构对中东欧国家的界定都具有主观建构性。对中东欧国家界定的多样性在一定程度上也反映了冷战结束后欧洲所发生的深刻变化。

徐：请您谈谈影响中东欧界定的因素有哪些？

孔：影响中东欧界定的首要因素是地理位置。中东欧国家事实上位于欧洲的中部和东部。一般而言，东欧或中东欧的东部边界为乌拉尔山。由于文化和宗教边界的持续变动，东欧西部边界的准确界定较为困难。从东西向看，东欧或中东欧位于德国和俄罗斯之间；从南北向看，这些国家在波罗的海、黑海和亚得里亚海之间。克罗地亚和波兰发起的三海倡议包括奥地利和十一个中东欧国家。

其次，影响中东欧界定的有历史因素。当下我们将中东欧十六国置于一个区域源于最近的历史，特别是二战之后这些国家共同的历史命运。东欧国家在二战之后建立了社会主义制度，绝大多数国家成为苏联的卫星国，为苏联主导的华沙条约组织和经济互助会的成员国。1989年东欧剧变是这些国家共同的历史记忆，1990年之后的大转型成为这些国家共同的历史经验。

再次，影响中东欧界定的还有地缘政治因素。二战之后，欧洲受雅尔塔体系主导。冷战时期，东欧国家处于苏联的势力范围内，除南斯拉夫和阿尔巴尼亚挣脱了苏联的束缚，其他国家基本在苏联的控制之下。随着苏联解体和冷战结束，中东欧国家开始在新的地缘政治环境下寻求自身地位，加入欧盟和加入北约成为绝大多数中东欧国家优先的地缘政治选择。截至2022年底，已有十一个中东欧国家加入欧盟，十四个中东欧国家加入北约。欧盟和北约的双扩大塑造了中东欧国家的地缘政治身份。

最后，文化因素并非无足轻重。中东欧国家受到天主教或新教、东正教和伊斯兰教程度不一的影响，不同的宗教文化影响对于界定中东欧不同的次区域颇有裨益。中欧国家的知识精英试图从文化上界定中欧。此外，中东欧区域主要是西斯拉夫人和南斯拉夫人活动的舞台，斯拉夫文化对该区域也有深刻的影响。

徐：请您谈谈自身对于中东欧的理解。

孔：中东欧是非同质化的区域，异质性是中东欧区域的特征。中东欧国家曾处在不同帝国的统治之下，受到不同帝国制度和传统的影响。中东欧事实上是由不同的次区域组成的，如波罗的海地区、中欧和东南欧地区。欧盟建构的西巴尔干概念也有独特的价值。中东欧国家在国家规模、经济发展水平、转型和欧洲化的进展、地缘经济联系等方面均有很大差异。虽然存在差异，但是中东欧国家具有以下共性：中东欧国家具有共同的社会主义历史遗产；中东欧国家转轨方向相同，即在政治上建立西方式的多党议会民主制，在经济上建立市场经济；中东欧国家地缘政治走向一致，即加入欧盟，加入北约（塞尔维亚为唯一的例外）。

中东欧地区是变革的试验场。自第一次世界大战以来，中东欧经历了纷繁复杂的变革：战争与和平、革命与改良、民主与专制、资本主义与社会主义、改革与转轨、国家解体与国家构建、体制僵化与制度变迁、苏联化与欧洲化等。在冷战时期，东欧是改革的万花筒；东欧剧变后，中东欧成为转轨的万花筒。2010年以来匈牙利和波兰的非自由转向伴随着民族民粹主义的上升，在某种程度上反映了世界政治变化的新动向。

中东欧地区是地缘政治的敏感区。中东欧地区因其独特的地理位置，成为大国博弈的场所。地缘政治学的开山鼻祖哈尔福德·麦金德（Halford John Mackinder）断言："谁控制了东欧，就主宰了心脏地带；谁控制了心脏地带，就主宰了世界岛；谁控制了世界岛，就主宰了世界。"1914年6月第一次世界大战爆发，引爆点是波黑的萨拉热窝。第二次世界大战纳粹德国从征服东欧国家捷克斯洛伐克和波兰开始。二战后东欧国家沦为苏联的势力范围，成为东西方阵营对抗的前沿阵地。冷战结束后，南斯拉夫解体引发了冲突与战争和西方的军事介入。俄乌冲突发生后，中东欧国家再次处在地缘政治变化的中心，北约东翼的中东欧国家成为应对危机的中心。

中东欧地区仍处在欧洲的边缘。从19世纪到20世纪，东欧追赶西欧的尝试没有停止。在1989年之前东欧国家的外围性质没有改变。1990年之后中东欧国家经历了史无前例的大转型进程，"回归欧洲"进程不无进展，入盟的中东欧新成员国逐渐缩小了与老成员国的差距，中东欧国家的国际地位有所提高，但中东欧国家尚未彻底摆脱其边缘性，中东欧国家的转型尚未完成。

二 冷战结束以来中国中东欧经济研究的进展和不足

徐： 您认为冷战结束以来的中国中东欧经济研究经历了哪些阶段，并分别呈现什么样的特点？

孔：要对中国中东欧经济研究阶段及其特点做出相对客观的判断，需要建立在全面的文献梳理之上。我尚未对相关文献进行全面深入的梳理，因此不敢妄言。我只能就冷战后中东欧经济研究的概貌谈一下一己之见。概貌不是系统的描述，难免挂一漏万。

在传统的苏联东欧研究中，东欧研究处在边缘，学科分布没有苏联研究那么齐全。东欧剧变之后，中东欧研究的地位没有出现根本的改变。俄罗斯研究有政治、经济、外交等学科分工，欧洲研究也有政治、经济、外交等学科分工。中东欧研究则没有建立起明确的学科分工。

冷战结束后，中东欧国家纷纷摒弃中央计划经济，实行市场经济。中东欧国家的经济转轨成为学者关注的重点研究议题。由于中东欧国家与苏联继承国的历史联系以及经济转轨相同的目标模式，在东欧剧变后相当长的时间内，一些学者将中东欧的经济转轨与俄罗斯或独联体的经济转轨放在一起研究。"转轨国家""转型国家""转型经济体"均涉及后苏联空间国家和东欧国家。2004年随着八个中东欧国家加入欧盟，中东欧经济的研究越来越被置于欧洲化的背景之下。

国内学者对中东欧经济转轨的综合研究出版了多部专著。国内第一本关于中东欧经济转轨的专著是《东欧市场经济走向》（刘悌和主编，1993），该书为中国现代国际关系研究所在北京密云主办的东欧经济讨论会的论文汇编。此后，围绕中东欧国家的经济转轨，国内学界出版了多部学术专著，如《东欧：转轨中的市场经济》（蔡金魁，1994）、《俄罗斯·东欧·中亚经济转轨的抉择》（陆南泉、阎以誉编著，1994）、《东欧经济大转轨》（赵乃斌、朱晓中主编，1995）、《经济转轨的进程与难题》（陆南泉、李建民、朱晓中，1996）、《中东欧走向市场经济》（张颖主编，1998）、《中东欧经济转轨》（王义祥，2003）、《东欧经济改革之路：经济转轨与制度变迁》（孔田平，2003）、《东欧及独联体国家经济转轨研究》（纪军主编，2008）。《中东欧独联体国家转型比较研究》（程伟主编，2012）和《中东欧转型研究》（殷红、王志远，2013）则重点探讨了政治转型与经济转型的互动关系。

20世纪90年代，围绕中东欧经济转轨的综合研究一度成为研究热点，探讨的主要问题有经济转轨的特点、经济转轨的进展、经济转轨的经验教训、经济转轨的理论和实际问题等。①国内对中东欧经济转轨的研究也涉及稳定性、自由化、私有化、金融改革制度重建以及国家作用的重新界定。

国内学者对中东欧国家国别经济转轨的研究并不平衡，对波兰、匈牙利、捷克、斯洛伐克关注较多，对其他国家关注不多。波兰和匈牙利代表两种不同的经济转轨模式，受到的关注最多。②对捷克斯洛伐克及后来的捷克、斯洛伐克经济转轨的分析重点关注的是其特点。③有学者认为，斯洛文尼亚没有选择"休克疗法"，按照自己的国情走自己的路，取得了成功。④转轨之初，保加利亚、罗马尼亚、阿尔巴尼亚以及德国东部的经济转轨也曾受到关注。⑤

东欧剧变后，学者高度关注"休克疗法"及其影响。波兰和捷克斯洛伐克实行"休克疗法"的经济转轨战略成为比较分析的对象。波兰作为"休克疗法"的典型和匈牙利作为渐进改革的典型成为比较的对象。⑥

---

① 例如，曹英：《原苏联和东欧国家经济转轨的若干问题》，《世界经济》1992年第5期；冯存诚：《前苏东国家经济转轨的现状、特点与前景》，《经济学动态》1994年第4期；陈凤英：《东欧国家的经济转轨及其前景》，《现代国际关系》1994年第2期；王义祥：《独联体和东欧国家的经济转轨》，《东欧中亚研究》1995年第1期；姜琦、王德林：《对东欧国家经济转轨的思考》，《今日东欧中亚》1995年第1期；田春生：《浅析东欧经济转轨》，《世界经济》1995年第3期；戚德刚、陈凤英：《东欧国家经济转轨的成效与教训》，《中国党政干部论坛》1995年第7期；姚先国：《东欧国家经济体制转型的进展与启示》，《世界经济文汇》1997年第4期；朱行巧：《东欧的经济转轨和经济发展：进展、问题及前景》，《世界经济与政治》1997年第10期；张文武：《对东欧国家向市场经济过渡的若干问题探讨》，《东欧中亚研究》1997年第1期；孔田平：《东欧经济转轨：进展、问题、经验与趋势》，《东欧中亚研究》1997年第1期；范军：《从计划到市场：东欧经济制度的变迁》，《当代世界社会主义问题》1998年第2期；张颖：《中东欧国家经济转轨的独特性》，《世界经济》1999年第3期；等等。
② 例如，金雁：《波兰经济转轨的成就、经验与教训》，《国际经济评论》2003年第2期；孔田平：《从中央计划经济到市场经济：波兰案例》，《俄罗斯中亚东欧研究》2005年第1期；杨景明：《匈牙利的经济改革与经济转轨》，《今日东欧中亚》1997年第2期；苗华寿：《平稳的转向进程——匈牙利十年经济改革和转轨》，《国际贸易》2000年第4期；孔田平：《匈牙利的市场经济之路》，《红旗文稿》2004年第7期。
③ 例如，南杰：《捷克经济转轨的成就和特点》，《国际经济与社会》1996年第9期；赵乃斌、孔田平：《斯洛伐克的经济转轨》，《东欧中亚市场研究》1996年第7期。
④ 龚猎夫：《斯洛文尼亚——中东欧经济转轨最成功的国家》，《国际问题研究》1996年第2期。
⑤ 参见古启永的《保加利亚向市场经济转轨的措施、问题及其前景》、药晓芬、张文生的《罗马尼亚经济转轨情况》、蔡祖森的《阿尔巴尼亚经济转轨的现状与问题》、高园的《德国东部向社会市场经济过渡的问题、特点和前景》，以上文章均载刘悌和主编《东欧市场经济走向》，时事出版社，1993。
⑥ 例如，孔田平：《休克疗法与渐进改革——波兰与匈牙利经济转轨战略之比较》，《经济社会体制比较》1992年第4期；金淑清：《波兰和匈牙利经济转轨比较》，《今日东欧中亚》1996年第3期。

进入 21 世纪之后转型研究更偏重于对经济转轨的反思。一些学者讨论了华盛顿共识以及新自由主义经济理论对中东欧经济转轨的影响。①一些学者试图从不同角度对中东欧国家的经济转轨进行反思,分析和评估转轨的绩效。②

2010 年之后的中东欧经济研究偏重于欧洲化背景下中东欧经济发展的问题,其中涉及中东欧国家的经济增长、数字经济发展、价值链的变迁、绿色转型、经济韧性等。③ 中东欧经济转轨范式的变化也引起学者的关注。④

徐:请您对中国中东欧经济研究的特色和不足进行评述,特别是同中东欧政治、历史、文学等领域的研究进行对比。

孔:由于对相关领域的研究没有进行系统的梳理,很难就中东欧经济的研究与中东欧政治、历史、文学等领域的研究进行对比。

就中东欧经济研究而言,国内学者关注的重点为中东欧的经济发展。这些研

---

① 例如,张颖:《中东欧的经济转轨与"华盛顿共识"和"后华盛顿共识"》,《东欧中亚市场研究》2002 年第 11 期;王志远、周亚静:《新自由主义经济理论与中东欧经济转型二十五年》,《新疆财经大学学报》2015 年第 1 期;等等。

② 例如,徐坡岭:《中东欧与俄罗斯经济转型十年:对比与借鉴》,《东欧中亚研究》2001 年第 1 期;孔田平:《制度变迁与经济转轨——对原苏联和东欧 10 年经济转轨的思考》,《东欧中亚研究》2001 年第 1 期;孔田平:《国际金融危机背景下对中东欧经济转轨问题的再思考》,《国际政治研究》2010 年第 4 期;曲文轶:《制度变迁的经济效果——原苏东国家经济转轨 20 年回顾》,《俄罗斯中亚东欧研究》2011 年第 2 期;孔田平:《中东欧经济转型的成就与挑战》,《经济社会体制比较》2012 年第 4 期;孔田平:《激进与渐进——对波兰与匈牙利转型的重新审视》,《黑龙江社会科学》2013 年第 5 期;高晓川:《中东欧经济转轨再认识——以捷克为主要例证》,《探索与争鸣》2015 年第 5 期;等等。

③ 例如,刁秀华:《后危机时代新兴市场国家的发展前景——以中东欧国家为研究视角》,《俄罗斯中亚东欧研究》2011 年第 3 期;孔田平:《"中等收入陷阱"与中东欧国家的增长挑战》,《欧洲研究》2016 年第 2 期;丁纯、杨嘉威:《中东欧国家"入盟"后的经济发展、一体化融合及分歧》,《欧亚经济》2017 年第 3 期;孔田平:《中东欧国家数字经济的现状与前景》,《欧亚经济》2020 年第 1 期;余南平、夏菁:《区域价值链视角下的中东欧国家经济转型——以波兰、匈牙利、捷克和斯洛伐克为分析对象》,《欧洲研究》2020 年第 1 期;马骏驰:《中东欧新成员国绿色经济转型的优势、挑战与前景——以中欧四国为例》,《欧亚经济》2022 年第 2 期;王效云:《新冠肺炎疫情冲击下中东欧国家的经济韧性:表现、原因和启示》,《俄罗斯东欧中亚研究》2022 年第 5 期;等等。

④ 例如,孔田平:《欧尔班经济学与经济转轨的可逆性——匈牙利经济转轨的政治经济学分析》,《欧亚经济》2016 年第 6 期;孔田平:《从巴尔采罗维奇计划到莫拉维茨基计划——试析波兰经济转型范式和发展模式的变化》,《欧亚经济》2018 年第 4 期;孔田平:《中东欧经济转轨 30 年:制度变迁与转轨实绩》,《欧亚经济》2019 年第 3 期;等等。

究增进了对中东欧转轨经济的认识，促进了中东欧研究的学科发展。

中东欧经济研究领域综合性研究成果不少，但是深度比较分析的成果不多。国别转轨经济的研究并不平衡，研究偏重中欧国家，对波罗的海国家和西巴尔干国家经济的研究不足。虽然学界对不同的经济转轨战略进行了较为深入的分析，但是尚未形成理解经济转轨的有说服力的理论框架。国内学界对中东欧国有企业私有化的研究较为充分，但是缺乏对公司治理的研究。尽管国内学者尝试对中东欧国家的经济转轨进行制度分析，对转轨经济的制度分析有待深化。加入欧盟，特别是加入欧元区对中东欧国家经济的影响也值得深入探讨。

徐：您认为中国中东欧经济研究存在上述不足的原因主要是什么？

孔：从大的环境看，中东欧研究的从业人员不多，专门从事经济研究的研究人员较少，不可能兼顾中东欧所有国家或次区域。此外，学术市场的需求似乎也不利于中东欧小国的研究，对中东欧小国经济研究的文章可能面临发表难的问题。中东欧国家的制度变迁在人类社会经济史上实属罕见。无论从对中东欧经济的知识储备还是从研究范式或工具的掌握来说，要深入分析中东欧国家经济体制的变化，国内学界均面临准备不足的问题。

三 中国中东欧经济研究的前景与展望

徐：在世界百年未有之大变局加速演进和区域国别学成为一级学科的背景下，您认为中国中东欧经济研究的发展前景如何？尤其需要在哪些方面下功夫？

孔：在全球地缘政治剧烈变化的背景下，经济力量日益成为地缘政治博弈的工具。欧盟追求战略自主和强化欧洲主权的举措无疑会对欧盟的中东欧成员国产生深刻影响。应对纷繁复杂的国际变局需要深化对中东欧经济的研究。区域国别学成为一级学科后，中东欧学科发展面临独特的机遇。

中东欧经济的研究需要夯实学科发展基础，为夯实学科发展基础需要加强国别经济的研究。国别经济的系统研究是基础研究的重要组成部分，应该获得足够的重视。

中东欧经济的研究需要重点关注制度变迁与经济发展问题。中东欧区域可谓制度变迁的试验场，其变革的方式及其影响值得持续关注。中东欧长期处在欧洲的边缘，经济发展关乎中东欧在欧洲的地位，需要关注中东欧的经济发展是否能够加快中东欧国家的赶超进程。

中东欧经济的研究需要新的视角。随着中东欧国家经济转轨任务的完成，需要超越转轨的视角。大转型可能是探究中东欧经济的一个重要的研究视角，而欧洲化也是研究中东欧经济的一个视角。

徐：最后请谈一谈您是如何与中东欧经济研究结缘的，有哪些经验与建议可以传授给（拟）从事中东欧相关问题教学和研究的年轻学者？

孔：我与中东欧研究结缘已有40年。20世纪80年代初我在山东大学读书时，赵明义教授经常邀请中外学者为我们举办苏联东欧问题讲座。中国社会科学院苏联东欧研究所陆南泉研究员、吴仁章研究员和赵乃斌研究员，中国人民大学高放教授，日本东京大学菊地昌典教授等曾为我们讲授苏联东欧的相关问题。我在大学期间对东欧产生了浓厚的兴趣。1956年之后匈牙利和波兰政治发展的比较成为我的毕业论文题目，并获得胡瑾教授指导。临近毕业，我决定报考中国社会科学院研究生院苏联东欧研究系硕士研究生，并有幸获得录取。在硕士学习的三年期间，我获得张文武老师、孙祖荫老师和赵乃斌老师的指导。我那时关注的问题是东欧的经济改革问题，硕士论文研究的问题为南斯拉夫、匈牙利和波兰改革后的经济体制。我在论文中提出了"过渡性体制"的概念，探讨了上述国家面临的困境与选择。硕士毕业后，我有幸进入苏联东欧研究所工作，成为陆老师和吴老师的同事，并在赵老师直接领导下工作。由于正赶上东欧剧变的时机，我开始将研究重点转向中东欧国家的经济转轨。我对波兰关注较多，一方面是由于波兰为中东欧经济转轨的典型，另一方面是由于东欧研究室安排我从事波兰问题研究。

对研究工作有一些个人体会，未必是经验。首先，应当专注于一个感兴趣的研究领域，持之以恒。其次，应当广泛阅读文献，保持批判精神。围绕一个问题，不同的学者基于其政治理念或研究视角的不同或许会有截然不同的看法，需要保持批判精神，基于严谨的分析得出相对客观的结论。再次，需要扩大研究视野。研究经济也需要对政治有所了解，需要对地缘政治环境的变化有所把握。最后，研究者需要尽可能利用当地文献，需要保持与对象地区或对象国家的学术联系。研究者不仅需要阅读文献，而且需要现场调研。正像陆游所言："纸上得来终觉浅，绝知此事要躬行。"

第二节 "东欧剧变、政治转轨、政党和政党制度是国内中东欧政治研究的三大问题"
——高歌研究员谈中东欧政治研究

一 有关中东欧的概念及理解

徐刚（以下简称"徐"）：高歌研究员您好，请问如何界定中东欧及与其相关的东欧、东中欧、中欧等概念？

高歌（以下简称"高"）：差不多20年前，朱晓中研究员就对中欧概念做了很好的阐释。2019年，他又撰文讨论了东欧、中欧、东中欧和中东欧的概念。[①]在他看来，东欧是一个高度不稳定的术语。按我的理解，他所指的东欧概念是广义上的，而从狭义上讲，在这四个概念中，恰恰只有东欧是具有明确含义的固定概念，而中东欧或东中欧概念的界定则要从东欧概念谈起。

东欧是一个政治地理概念，指的是第二次世界大战后在欧洲中部和东南部建立的人民民主并发展为社会主义的国家，即波兰、匈牙利、捷克斯洛伐克、保加利亚、罗马尼亚和南斯拉夫，加上未经过人民民主阶段直接走上社会主义道路的阿尔巴尼亚和1949年成立的民主德国。这样，东欧八国就成了有明确所指的特定概念。东欧剧变后，随着这些国家放弃社会主义制度，走上"欧洲化"道路，带有强烈意识形态和地缘政治色彩的东欧概念逐渐被中东欧或东中欧的概念取代。20世纪90年代前半期的学术文献中多沿用东欧的概念，到后半期则开始采用中东欧或东中欧的概念。有意思的是，国内文献大都称这一地区为中东欧，而英文文献则多称为东中欧。东中欧的说法或许在英文文献中由来已久，1970年出版的 *The Lands Between: A History of East-Central Europe since the Congress of Viennia* 一书便是一例，不过，1997年该书在国内出版时，书名被翻译成了《夹缝中的六国——维也纳会议以来的中东欧历史》。[②] 进入

---

① 朱晓中：《"回归欧洲"与"中欧"概念的嬗变》，《欧洲研究》2004年第2期；朱晓中：《"东欧"概念的嬗变及其界定困境》，《区域与全球发展》2019年第6期。
② 〔英〕艾伦·帕尔默：《夹缝中的六国——维也纳会议以来的中东欧历史》，于亚伦等译，商务印书馆，1997。

21世纪以来,英文文献中也越来越多地使用中东欧的说法,中东欧逐渐成为国内外学界公认的概念。

从东欧到中东欧,改变的不仅是对这一地区的称谓,其外延也发生了显著的变化。东欧八国中,1990年10月民主德国并入联邦德国,1993年1月捷克斯洛伐克分裂为捷克和斯洛伐克两个国家,南斯拉夫联邦则先是在20世纪90年代初一分为五——斯洛文尼亚、克罗地亚、马其顿、波黑和南联盟,继而南联盟在2003年2月改名为塞尔维亚和黑山,2006年6月黑山独立,塞尔维亚亦成为独立国家。由此,东欧八国变成了中东欧十三国,即波兰、匈牙利、捷克、斯洛伐克、保加利亚、罗马尼亚、阿尔巴尼亚、斯洛文尼亚、克罗地亚、马其顿、波黑、塞尔维亚、黑山。其中,2019年2月马其顿改名为北马其顿。2012年4月,中国-中东欧国家合作机制启动,涵盖上述十三国和波罗的海三国(爱沙尼亚、拉脱维亚、立陶宛)的中东欧十六国的概念被学界乃至政界所接受。2019年4月,希腊作为正式成员加入中国-中东欧国家合作机制,中东欧十七国的概念出现。

徐:请您谈谈影响中东欧界定的因素有哪些?

高:我们刚刚谈到了中东欧概念的演变过程。可以看出,与作为政治地理概念的东欧相比,中东欧的概念少了许多地缘政治意味,但即便如此,它也不是纯粹意义上的地理概念,而是受到历史沿革和现实发展的影响,以至于其外延随时间推移不断变动。记得你在一篇文章中说过(徐刚曾用名徐凤江。——编者注),在开展中东欧研究时的首项工作是进行对象界定。[①]的确如此,由于中东欧概念外延的不固定,这种界定必须考虑到不同时期不同研究主题的需要。比如,研究冷战时期的中东欧,研究对象是东欧八个社会主义国家;研究中东欧转轨,研究对象是由东欧八国演变而来的十三个国家;研究中东欧与欧洲一体化,研究对象则至少包括十三国,或可扩展到波罗的海三国,因为波罗的海三国的入盟进程与波兰、匈牙利、捷克、斯洛伐克和斯洛文尼亚等国有诸多相似之处;研究中国-中东欧国家合作,研究对象就必须涵盖中东欧十六国或十七国了。

就中东欧概念的内涵来说,作为一个国际区域,不论是八国还是十三国、十六国或十七国,它们必须具有某些共同的属性。张蕴岭教授认为,国际区域

---

① 徐凤江:《中东欧研究的对象边界和学科属性》,《世界知识》2020年第2期。

是介于世界和国家之间的中位结构，是自然和客观的存在。作为一种自然存在，国际区域主要是一定范围的地缘范畴和自然因素的连接；作为一种客观存在，国际区域主要是各国间政治、经济、社会、文化有别于其他区域的相互联系。[①]王向远教授则认为，区域既是客观存在的，也往往会是出于不同的需要、根据不同的性质判断与划分标准人为地建构出来的。区域建构性的根本途径是区域认同，区域认同功能归根到底体现于三个根本宗旨：一是区域"共同历史"的呈现；二是区域"共同文化"的确认；三是最终的指向为区域共同体的建构。[②]根据两位教授的看法，中东欧区域不论是自然和客观的存在，还是人为的建构，除了处于特定的地理空间，都需要有共同的历史、文化或者说区域内各国间政治、经济、社会、文化独有的相互联系，进而建构出区域共同体。中东欧区域是否拥有共同的历史和文化，又是否能建构出中东欧区域共同体呢？这些问题已经超出了中东欧概念界定的范畴，而与中东欧研究的存在与发展息息相关。

徐：请您谈谈对于中东欧的理解。

高：我觉得可以用三个关键词来概括中东欧区域的特性：依赖性、多变性、多样性。

一是依赖性。

一战结束前后，中东欧地区出现七个独立国家。自那时起，不论这一地区的国家数目发生怎样的改变，它们都处于大国之间，大多依赖大国或大国集团的保护。一战结束后，中东欧国家处于德俄之间，寻求法国或意大利的保护。二战结束后，中东欧国家处于苏美之间，成为苏联集团的成员。冷战结束后，中东欧国家处于美欧俄之间，寻求"回归欧洲"。由于处于大国之间，大多依赖大国或大国集团的保护，中东欧国家的发展道路多移植外来模式。一战结束后，中东欧国家模仿西欧走上资本主义道路。二战结束冷战开始后，除南斯拉夫外的中东欧国家基本照搬了苏联模式。东欧剧变后，中东欧国家再次模仿西欧选择了资本主义制度。

二是多变性。

---

① 张蕴岭主编《国际区域学概论》，山东大学出版社，2022，前言。
② 王向远：《"区域研究"的学科建构及基本理论问题》，《学术研究》2021年第7期。

第五章　访谈（下）：中东欧各领域研究之经验

对大国或大国集团的依赖以及对外来模式的移植在相当程度上导致中东欧国家的发展道路多变。20世纪20年代初，中东欧国家基本走上资本主义道路。在那之后的100多年间，中东欧国家的发展道路发生了三次重大转折。第一次是在二战结束后，波兰、匈牙利、捷克斯洛伐克、罗马尼亚、保加利亚和南斯拉夫转向人民民主道路，不过，南斯拉夫的人民民主阶段十分短暂，共产党很快便掌握全部政权，建立了类似苏联的政治经济制度。第二次是在冷战爆发后，除南斯拉夫独创社会主义自治制度，其他七国都接受了苏联模式。第三次是在东欧剧变后，中东欧国家无一例外地选择了"回归欧洲"资本主义制度。

三是多样性。

这里所说的多样性指的是国别层面上的差异性。中东欧各国国家规模不一，领土面积最大的波兰是领土面积最小的黑山的23倍多，人口则是黑山的61倍多；民族不一，多数属于西斯拉夫人或南部斯拉夫人，也有匈牙利族、罗马尼亚族和阿尔巴尼亚族等不属于斯拉夫人范畴的民族；宗教信仰不一，信奉天主教、东正教和伊斯兰教不等；历史发展轨迹不一，就多数国家来说，先是受东罗马帝国或神圣罗马帝国影响，后被奥斯曼帝国或奥地利哈布斯堡王朝统治，波兰则被俄、普、奥瓜分，独立后以法国或意大利为靠山，二战中被德意法西斯占领或加入轴心国阵营，二战后成为苏联的势力范围，但南斯拉夫和阿尔巴尼亚先后脱离苏联集团；转轨进展不一，根据欧洲复兴开发银行的评估，捷克在2007年底已达到转轨先进国家标准，其他国家至今与标准的可持续市场经济仍存在或多或少的差距；"回归欧洲"的进度不一，中东欧国家陆续加入北约和欧盟，继而陆续成为申根区和欧元区成员国，截至2022年底，十六国中已有十四个北约成员国、十一个欧盟成员国、九个申根区国家和六个欧元区国家。

依赖性、多变性和多样性增加了中东欧研究的难度。研究中东欧问题，只关注中东欧区域是远远不够的，还必须关注大国和大国关系的影响，将中东欧放到更大的区域乃至全球背景下考察。在对中东欧区域性问题做出论断时，也很难一言以蔽之，而要考虑到可能的例外。不仅如此，观察中东欧区域的依赖性、多变性和多样性，还会促使我们思考中东欧研究的未来发展。比如，当越来越多的中东欧国家"回归欧洲"、在发展道路上与西欧国家趋同时，中东欧研究如何体现出不同于一般意义的欧洲研究的特质？再如，如果中东欧各国的差异性超越了区域的共性，是否还能将中东欧区域作为一个整体进行研究？

二 冷战结束以来中国中东欧政治研究的进展和不足

徐：您认为冷战结束以来的中国中东欧政治研究经历了哪些阶段，并分别呈现什么样的特点？

高：对于冷战结束以来中国的中东欧政治研究，尽管很难划分出清晰的发展阶段，但大致可以看出，其研究重点随中东欧政治形势的发展变化不断调整。

20 世纪 90 年代中前期，国内学界的研究重点是东欧剧变。《东欧剧变纪实》（杨华主编，1990）、《东欧六国纵横》（世界知识出版社编，1990）、《东欧剧变与执政党建设》（黄宏、谷松主编，1991）、《历史剧变——社会主义的挫折及其教训》（王仲田、高金海，1993）、《谁主沉浮——对社会主义的回顾、思考与展望》（沈宝祥等，1993）、《社会主义实践与马克思主义》（张汉清、张康琴主编，1995）、《东欧剧变的根源与教训》（刘祖熙主编，1995）、《东欧演变的历史思考》（阚思静、刘邦义主编，1997）和《苏联东欧剧变与马克思主义》（吴仁彰主编，1998）等著作阐述东欧剧变过程，探讨发生剧变的原因、性质和教训。

20 世纪 90 年代中期以来，左翼政党相继在波兰、匈牙利和保加利亚等国上台执政，左翼复兴成为国内学界热议的话题。《东欧中亚研究》《今日东欧中亚》《当代世界社会主义问题》《当代世界与社会主义》等刊物发表了一系列论文，分析左翼政党的构成、左翼复兴的原因以及左翼复兴对政治转轨的意义等问题。自那时起，左翼政党一直是国内学界的研究重点。

进入 21 世纪后，国内学界的研究重点从左翼复兴转向政治转轨。这里要说明的一点是，虽然严格说来转轨与转型这两个概念有所不同，但国内学界并未对此做明确区分。《转轨中的中东欧》（薛君度主编，2002）和《十年巨变·中东欧卷》（朱晓中卷主编，2004）是国内较早以专门章节系统论述中东欧国家政治转轨的专著。拙作《东欧国家的政治转轨》（2003）也在这一时期出版。《政坛 10 年风云——俄罗斯与东欧国家政党研究》（张月明、姜琦，2005）则研究了中东欧国家政党制度的变化。此外，《悲剧悄悄来临：东欧政治大地震的征兆》（姜琦、张月明，2001）和《东欧共产党：倒下的"多米诺骨牌"》（王瑜，2005）等书进一步探究了东欧剧变的历史根源和教训。

自 2004 年中东欧八国加入欧盟以来，国内学界开始把政治转轨置于欧洲一体化的背景下加以讨论，出版了《转轨与入盟：中东欧政党政治研究》（孙敬亭，2006)、《中东欧国家转型：外部约束与现代化》(夏海斌，2017)、《欧洲的分与合：中东欧与欧洲一体化》(朱晓中主编，2017)和《入盟与中东欧国家政治经济转型》(殷红等，2018)等专著。

中东欧国家转轨20年、25年和30年之际，国内学界都会推出不少研究成果。如《中东欧转型20年》(朱晓中主编，2013)、《曲折的历程·中东欧卷》(陆南泉总编、朱晓中主编，2015)和《追梦与现实——中东欧转轨25年研究文集》(马细谱，2016)等专著；《学术前沿》2014年第10期的"东欧转型沉思"专栏、《俄罗斯学刊》2014年第6期的"中东欧转型研究"专栏、《欧亚经济》2019年第3期、《当代世界》2019年第3期和第4期、《国外理论动态》2019年第10期和《当代世界与社会主义》2019年第6期发表的多组论文等。我也发表了论文《中东欧政治转轨30年——对转轨进展的观察与思考》[1]，尝试对政治转轨进行总结。

随着民粹主义在中东欧的兴起，民粹主义问题引起国内学界关注。你是国内较早研究中东欧民粹主义的学者，我读过你的《中东欧社会转型中的新民粹主义探析》《西欧与中东欧的新民粹主义异同探析》《欧洲新民粹主义的政治实践：一项比较研究》。[2] 直到今天，民粹主义仍是中东欧政治研究的重点，著述层出不穷。

以上大致梳理了中东欧政治研究的发展轨迹，难免挂一漏万，还请学界同仁多多指正。

徐：请您对中国中东欧政治研究的特色和不足进行评述，特别是同中东欧经济、历史、文学等领域的研究进行对比。

高：我对中东欧经济、历史、文学等领域的研究状况知之不多，无法通过比较来评述中东欧政治研究的特色和不足。不过我们可以对过去30多年来国内学界的研究成果做个简要总结。从刚才对中东欧政治研究发展历程的回顾中不难发现，国内学界主要研究了三大问题。

---

[1] 高歌：《中东欧政治转轨30年——对转轨进展的观察与思考》，《俄罗斯东欧中亚研究》2020年第2期。

[2] 徐刚：《中东欧社会转型中的新民粹主义探析》，《欧洲研究》2011年第3期；徐刚：《西欧与中东欧的新民粹主义异同探析》，《国外理论动态》2013年第10期；徐刚：《欧洲新民粹主义的政治实践：一项比较研究》，《欧洲研究》2013年第5期。

一是东欧剧变。

国内学界从描述东欧剧变过程入手，探讨剧变发生的原因、性质和教训，得出了较为一致的结论。关于原因，学界普遍认为，东欧剧变的原因不是单一的，是长期以来多种矛盾总爆发的结果。内因主要有苏联模式不符合东欧国家国情、经济没有搞好、执政党政策失误、民主社会主义思潮泛滥、民族矛盾尖锐等；外因主要有苏联政策变化、西方"和平演变"、东欧国家相互影响等。关于性质，学界大都认为，东欧剧变虽是社会主义发展和国际共产主义运动的重大挫折，但只是苏联模式的失败，不是对社会主义制度的全盘否定，更不代表着社会主义的终结，社会主义终究要代替资本主义，这是不以人们的意志为转移的客观规律。关于教训，学界的认识大体可归纳为五点：必须以经济建设为中心，大力发展社会生产力，提高人民群众的生活水平；必须从各国的实际情况出发，努力把马克思主义基本原理与各国实际相结合，探索具有各国特色的社会主义模式；必须坚持改革，实现社会主义制度的自我完善和发展；必须坚持共产党的领导，始终保持和发展党同人民群众的密切联系；必须正确认识和处理社会主义与资本主义的关系，实行对外开放。

二是政治转轨。

国内学界阐述了政治转轨进程、方式和影响因素等问题，基本达成以下共识：中东欧国家政治转轨始于制度剧变，大都经过反对党派执政和左翼复兴，确立并巩固了议会制和多党制。制度剧变呈现滚雪球效应，政治转轨基本上是和平进行的。经济转轨、外交转轨和新独立国家的国家构建与政治转轨同时进行，直接作用于政治转轨进程；经济转轨与政治转轨呈正相关关系；外交转轨对政治转轨发挥明显的导向和驱动效用；国家构建作为政治转轨的前提条件，影响了转轨进度；实行了40余年的社会主义制度乃至之前更久远的历史沿革则构成了政治转轨的底色，具有更为深远的意义。近年来，学界对政治转轨的研究更加深入，开始反思西方研究政治转轨的理论和方法，尝试开发适用于中东欧国家政治转轨研究的新的理论工具。

三是政党和政党制度。

政党方面，左翼政党是国内学界关注的重点。20世纪90年代中期是左翼政党研究的高潮。学界对左翼政党的定义较为宽泛，既包括共产党，也包括由共产党改建而来的社会党、新创建的社会党和1945年前就已存在并于东欧剧变前后恢复活动的老社会党，其中，由共产党改建而来的社会党是左翼复兴的主体。学界认为，左翼复兴既是由于右翼党派执政失误，又得益于民主社会主义的历史传统和左翼政党适应现实的自我更新。此后，学界一直跟踪研究左翼政党的发展动态，并在研究中东欧地区左翼政党整体状况的同时，对某些国家的左翼政党进行了更为细致的研究。近年来，民粹主义政党成为学界关注的又一重点。学者们考察中东欧国家民粹主义思潮及其对政党政治的影响，探究民粹主义政党的社会基础和兴起原因，并专门讨论了匈牙利、波兰和捷克等国的民粹主义政党问题。

政党制度方面，国内学界主要研究了三个问题。其一，政党制度的发展历程。学界大致将多党制的发展分为中右翼政党执政的确立阶段，中左翼、中右翼政党交替执政的巩固阶段和民粹主义政党兴起的阶段。其二，政党制度的特点。学界的认识随多党制的发展而变化。从两大政党主导政局、政党关系由对立走向缓和、多党联合执政和联合政府内部纷争不断，到新党不断涌现并迅速上位、政党格局尚未定型，再到最近的中右翼政党占优势、院外抗议政治影响政府稳定、媒体政治化现象出现、克里斯玛型领袖与政治素人上台等。其三，欧洲一体化对政党制度的影响。学界大都以中东欧国家入盟为界进行分析，指出入盟前，欧盟确定的哥本哈根政治标准对中东欧国家政党制度的演进具有约束力和导向性，有助于多党制的巩固；入盟后，欧盟的影响力下降，以致欧洲怀疑主义和民粹主义兴起。

总体来看，在中东欧政治研究领域，国内学界已经取得了不少成果，但在研究的深度和广度上仍有很大的拓展空间。就深度来讲，我们的研究以问题研究为主，大多为现象描述和解释，研究的理论性有待加强。比如，在转轨理论的层面上研究中东欧国家政治转轨，并以对中东欧国家政治转轨的研究带动转轨理论的创新。国内已经有学者开始这样做了，希望今后能够看到更多的这类成果。就广度来讲，我们的研究大多聚焦东欧剧变、政治转轨、政党和政党制度三个方面，还有不少问题没有得到充分研究，比如政治思潮、政治文化、立法制度、行政制度、司法制度、选举制度等，拓展研究领域势在必行。

三　中国中东欧政治研究的前景与展望

徐： 在世界百年未有之大变局加速演进和区域国别学成为一级学科的背景

下，您认为中国中东欧政治研究的发展前景如何？尤其需要在哪些方面下功夫？

高：世界百年未有之大变局加速演进和区域国别学成为一级学科不仅对中东欧政治研究而且对整个中东欧研究提出了更高的要求。

百年变局之下，国际环境日趋复杂，国际力量对比深刻调整，不稳定性不确定性明显增加，世界进入新的动荡变革期。中东欧国家大都依赖大国或大国集团保护，更易受到大变局的冲击，从而在外交和内政上出现某些新的变化。这就要求我们开阔视野，研究中东欧不能只局限于中东欧地区，还要了解欧洲，了解美国、俄罗斯，了解世界。只有这样，才能及时发现中东欧研究的前沿问题，精准把握中东欧的发展大势。更为重要的是，百年变局下，区域国别研究包括中东欧研究被赋予了新的使命，即以高质量的应用研究促进各国人民相知相亲、推动构建人类命运共同体、共同应对各种全球性挑战。高质量的应用研究离不开基础研究的支撑，只有立足于扎实的基础研究，才能提出精准可行的对策建议。基础研究与应用研究相结合是中东欧研究的必由之路。

区域国别学成为一级学科，给中东欧研究带来了新机遇，也提出了更高的要求。首先，要恰当处理国别研究与区域研究的关系。一方面，中东欧各国情况多样，不能用对一国的研究替代另一国，更不能从对一国或几国的研究中得出适用于整个区域的论断，国别研究是中东欧研究的基础；另一方面，中东欧各国同属一个区域，有一定的共性，相互之间的影响较大。因此，国别研究不能只局限于一国，而应对所在区域各国的情况有所了解，区域研究不是国别研究的简单叠加，而是国别研究的有机整合。其次，要自觉利用区域国别学的理论和方法。根据国务院学位委员会和教育部公布的《研究生教育学科专业目录（2022年）》，区域国别学属于交叉学科，可授经济学、法学、文学、历史学学位。学界认为，区域国别研究涉及人文社科的语言、政治、经济、法律、历史、文化，也涉及自然科学的许多专业，区域国别学需要引入多学科、跨学科的知识和方法。[1] 由此，中东欧研究需要借助不同学科的理论和方法，从不同角度研究不同领域的问题，共同描画出中东欧区域的全景图。中东欧政治研究作为中东欧研究的组成部分，除主要利用政治学理论和方法，还须借鉴经济学、历史学、社会学、民族学等多个学科的知识，不如此，恐怕难以

---

[1] 张蕴岭主编《国际区域学概论》，山东大学出版社，2022，总序。

看清和说透中东欧区域和国家的政治问题。再次，要积极整合国内的研究力量。区域国别学的交叉学科性质特别需要多种学科背景的学者相互配合，互为支撑。中东欧研究也不例外。就研究团队来说，照顾到每个研究者的兴趣、发挥他们的专长是成功进行合作研究的关键。就全国来说，自中国－中东欧国家合作机制启动以来，各地成立了很多中东欧区域和国别研究中心，这些中心如果能够根据自身优势，确定不同的研究重点，避免重复研究，推动合作研究，那么，中东欧研究将会更加繁荣地发展。最后，应加快构建中东欧研究的学科体系、学术体系和话语体系。新中国成立以来，中东欧研究从无到有，取得了显著的成绩，但多类别多层次的学科体系、具有专业性和系统性的学术体系和话语体系尚未得以完善。如何抓住区域国别学成为一级学科的机遇，以马克思主义为指导，立足中国具体实际、吸收中华优秀传统文化、借鉴国外研究成果、构建中国特色的中东欧研究体系是我们面临的重大任务，亟须对此进行深入思考并付诸行动。

徐：最后请谈一谈您是如何与中东欧政治研究结缘的，有哪些经验与建议可以传授给（拟）从事中东欧相关问题教学和研究的年轻学者？

高：回想起来，我与中东欧政治研究结缘看似随意，实则顺理成章。20世纪80年代中后期在北京大学国际政治系求学之时，苏联对外政策中的"新思维"热度正高，这让我产生了兴趣。我以《试析赫鲁晓夫与戈尔巴乔夫对外政策指导思想之异同》作为本科毕业论文的选题，并有幸得到黄宗良教授的指导。读研时，我自然而然地拜入黄老师门下，将"苏联东欧社会政治研究"作为研究方向。大概从那时起，我开始接触东欧研究，但并未给予过多的关注。因为在我看来，几乎所有东欧国家都只是苏联的小跟班，远没有苏联/俄罗斯那么重要。我的硕士毕业论文仍以苏联为研究对象，题目是《20年代末至30年代中期苏联的国际环境与外交战略及其对斯大林模式形成的影响》。硕士毕业后，我到中国社会科学院东欧中亚研究所（前身为苏联东欧研究所，现名为俄罗斯东欧中亚研究所）工作，担任《东欧中亚研究》（前身为《苏联东欧问题》，后更改为《俄罗斯中亚东欧研究》，现名为《俄罗斯东欧中亚研究》）"国际栏目"的责任编辑，与中东欧政治研究并无太多交集。1997年我重回北大，跟随黄老师攻读博士学位。在博士论文选题时，由于不懂俄语，无法阅读一手资料，不适合做俄罗斯研究。当然，尽管中东欧研究领域英文文献很多，可在一定程度上弥补不懂中东欧国家语种的缺憾，但无法阅读一手资料终究是学术研究的一大障碍。不过在当时，相对于俄罗斯研究，中东欧研究显然是我更合适的选择。研究中东欧的什么问题呢？正在我一筹莫展之时，朱晓中老师说了一句："做政治转轨吧，现在还没人做呢。"他似乎是随口一说，却道出了政治转轨研究的必要性，引起了我对这个未知领域的好奇。就这样，我以《东欧国家的政治转轨》为题完成了博士论文，走上了中东欧政治研究的道路。

一晃20多年过去了，对中东欧政治我是越研究越着迷，着迷于它的多姿多彩和曲折多变，着迷于它背后的多种角色和复杂因素，期待着能为丰富和发展中东欧研究做一点小小的贡献。我的研究也遇到了一些困难。第一个就是语言困难。由于不懂研究对象国的语言，很难及时获得更为新鲜和详尽的资料，以致在热点研究和国别研究上存在欠缺。第二个困难是理论知识的不足。不足主要表现在三个方面。一是对中东欧地区的历史和文化缺乏足够的了解，这一地区国家众多且国情各异，民族构成多种多样，文化属性多姿多彩，历史发展曲折多变，全面准确认识它们不是一件容易的事情，但又是必须要做的事情，这是观察和阐释政治转轨和政治发展的基础。二是对西方政治制度缺乏足够的了解，中东欧国家的政治转轨以西方政治制度为模板，对转轨进展的评估和转轨实质的判断离不开与西方政治制度的比较。三是对相关理论缺乏足够的掌握，研究中东欧政治，坚持马克思主义的指导地位、运用马克思主义理论和方法是第一位的要求，同时，还需要掌握政治学乃至国际关系理论，以便在研究中恰到好处地利用这些理论，并以对中东欧政治的研究推动理论创新。第三个困难来自中国-中东欧国家合作机制启动以来社会对应用对策研究的迫切需求，如何促进基础理论研究的应用对策转化、推动基础理论研究与应用对策研究融合发展是我面临的巨大挑战。

这些年来，我一直在边研究边补课，但上面这些难题还远远没有解决。因此，对年轻学者我给不出什么经验和建议。记不清从哪里看到过这样一段话，非常认同，愿与年轻学者共勉："在学术领域，你必须不为任何利益撒谎，只说真话，且对自己说的每一句话负责任；你必须脚踏实地，一步一步去寻找未知，没有捷径可走；你还必须知道自己的局限和无知，把你个人的角度和判断低低地放在'公正'之下，这样，你才能开始做学问。"

第三节 "中东欧国家以其文学的声音让世界知晓了其民族和国家的存在"
—— 高兴编审谈中东欧文学研究

一 有关中东欧的概念及理解

舒荪乐（以下简称"舒"）：高兴编审您好，请问如何界定中东欧及与其相关的东欧、东中欧、中欧等概念？

高兴（以下简称"高"）：说到东欧文学，一般人都会觉得，东欧文学就是指东欧国家的文学。但严格来说，"东欧"是个政治概念，也是个历史概念。在相当一段时间里，它特指波兰、捷克斯洛伐克、匈牙利、罗马尼亚、保加利亚、南斯拉夫、阿尔巴尼亚等七个国家。[①] 因此，东欧文学也就是指上述七个国家的文学。这七个国家都曾经是社会主义阵营的成员，除了南斯拉夫，都曾经是以苏联为首的华沙条约组织的成员。[②]

1989年底，东欧发生剧变。之后，情形发生了深刻的变化。苏联解体，华沙条约组织解散，捷克和斯洛伐克分离，南斯拉夫各共和国相继独立，所有这些都在不断改变着东欧这一概念。事实上，波兰、捷克、匈牙利、罗马尼亚等国家都不愿意自己被称为东欧国家，它们更愿意称自己为中欧、中南欧或中东欧国家。

同样，不少上述国家的作家也在竭力抵制和否定东欧这一概念。米兰·昆德拉就是个典型。在他看来，东欧是个高度政治化、笼统化的概念，对文学定位和评判不太有利。这是一种微妙的姿态，在这种姿态中，民族自尊心发挥着不可估量的作用。

然而，在中国，东欧和东欧文学这一概念早已深入人心，有广泛的群众和读者基础，有一定的号召力和亲和力。因此，继续使用东欧和东欧文学这一概念，我觉得无可厚非，有利于研究、译介和推广这些特定国家的文学作品。只不过，

---

① 应该说，"东欧"国家还包括民主德国。不过从世界文学的角度来看，一般把民主德国的文学归入德语文学。
② 1968年9月，阿尔巴尼亚宣布正式退出华沙条约组织。

今日当我们提到这一概念时涉及的就不是七个国家,而是包含了更多的国家,既有立陶宛、爱沙尼亚、拉脱维亚等波罗的海国家,还有波黑、克罗地亚、斯洛文尼亚、塞尔维亚、黑山等从南斯拉夫独立出来的国家。用中国学界普遍使用的称谓,这些国家如今也被称作中东欧国家。所以,中东欧文学的概念仍被广泛使用着。

舒:请您谈谈影响中东欧界定的因素有哪些?

高:我们把上述这些国家作为一个中东欧整体来谈论,是因为它们有着太多的共同点:都是欧洲弱小国家,历史上都曾不断遭受侵略、瓜分、吞并和异族统治,都曾把民族复兴当作最高目标,许多是到了19世纪末20世纪初才相继获得独立或得到统一;二次大战后都走过一段相同或相似的社会主义道路,1989年后又相继改变了政治制度,先后走上了资本主义发展道路;之后,又几乎都把加入北约、进入欧盟作为国家政策的重中之重;这几十年来发展得都不太顺当,作家和文学都陷入过不同程度的困境。用饱经风雨、饱经磨难来形容这些国家十分恰当。

徐:请您谈谈自身对于中东欧文学的理解。

高:历史的发展决定了中东欧国家的国情不同,文学发展的状况也不尽相同。这也使得中东欧文学在不同的影响和交融中形成了自己的特色。比如,相对而言,波兰文学底蕴深厚,这同它的历史有关。我们读波兰文学,总会感到一种不同凡响的深刻和沉重,作家们也大都有为民族代言的使命感,有关注社会正义的道德感和强烈的批判精神。又比如匈牙利,这是比较特殊的一个东欧国家,它受过土耳其和奥地利的侵略和统治,但其民族更崇尚英雄、自由之风,文学上有许多表现英雄主义和自由精神的作品。再比如捷克,这也是一个文化底蕴深厚的国家。由于多种文化并存,捷克文学出现了有趣的格局,既有雅洛斯拉夫·哈谢克(Jaroslav Haek)的传统,也有弗兰兹·卡夫卡(Franz Kafka)的传统。这两种传统,使得捷克文学在两次世界大战之间和20世纪60年代即"布拉格之春"前期出现过两次繁荣。幽默、讽喻是捷克文学中的重要特色。还有罗马尼亚这个东欧中的"异类",它实际上是达契亚人与罗马殖民者后裔混合而成的一个民族,属于拉丁民族。二战期间,卢齐安·布拉加(Lucian Blaga)等诗人确立了罗马尼亚抒情诗的传统。因此,在罗马尼亚当代文学中,抒情诗一直比较发达。

关注东欧文学,我们还会发现不少作家出于特定的历史原因,从母国出走,定居于所谓的文化大国后获得了一定的声誉。走与留，基本上是所有东欧作家都会面临的选择。因此，我们谈论东欧文学，实际上也就是在谈论两部分东欧文学即海外东欧文学和本土东欧文学，它们缺一不可，已然成为一种事实。

中国读者对于东欧文学向来有着极为亲切的感觉，这同我们曾经相似的历史和共同的道路相关。从五四运动与新文化运动以来，鲁迅等先辈怀揣声援弱小民族、鼓舞同胞精神的志向，开始倾心译介东欧文学。经历了新中国成立初期与苏联及东欧国家关系密切、20 世纪 60 年代中苏关系恶化等时期，20 世纪 80 年代前后东欧文学经典再度进入中国读者的视野。1989 年东欧剧变后，本已向暖的东欧文学翻译、研究再一次面临困境，直到 20 世纪末和 21 世纪早期，随着诺贝尔文学奖的聚光灯依次照亮了维斯瓦娃·希姆博尔斯卡（Wislawa Szymborska）、凯尔泰斯·伊姆雷（Kertész Imre）和奥尔加·托卡尔丘克（Olga Tokarczuk）这三位东欧作家，国内读者对东欧文学的兴趣才逐渐增高。

二　冷战结束以来中国中东欧文学研究的进展和不足

舒：您认为冷战结束以来的中国中东欧文学研究经历了哪些阶段，并分别呈现什么样的特点？

高：东欧剧变后，中国中东欧文学研究者再一次面临困境：中国与中东欧国家的学术交流机会锐减，资料交换机制中断。看不到研究对象国的报刊、图书、必要的资料，又没有出访的机会，这对于对象国的文学研究几乎是致命的打击。但是困境并没有导致停滞，而是促成了某种沉淀。沉淀有助于走向深入，进行反思。事实上，尽管艰难，中东欧文学的翻译和研究一直没有中断。各个方面的力量都对中东欧文学的翻译、研究做出了很大的贡献。

早在 20 世纪 80 年代，中国社会科学院外国文学研究所东欧文学研究室就开始酝酿和筹备《东欧文学史》的撰写工作。这是一项艰巨而庞大的工程，耗时近十年。它填补了东欧文学研究领域的一项空白，意义非凡。有关专家和学者经过艰苦努力，于 20 世纪 80 年代中期完稿。1990 年，这部 50 多万字的著作分上下两册，作为"东欧文学丛书"的一种，由重庆出版社推出。全书按年代顺序分为四编，囊括了东欧所有国家的文学史，而且主次分明，重点突出，既有宏观概括，也有微观描绘，既涉及基本历史和文艺思潮，也兼顾作家论述和文本细读，还关注到其他艺术种类同文学之间的相互影响。撰写者全都是通晓东欧有关国家语言的学者，因此，所依据的全部是第一手材料。它基本上是外国文学研究所东欧文学研究室成立后学术上的一次集体亮相。20世纪90年代，冯植生、林洪亮、蒋承俊、陈九瑛、高韧、高兴等部分东欧文学学者参与了由吴元迈主编的《20世纪外国文学史》东欧文学部分的撰写工作，将东欧文学史的研究延展至20世纪90年代。与此同时，北京外国语大学也利用自身优势，由外语教学与研究出版社在1999年前后推出了"北京外国语大学外国文学史丛书"，其作者大都是北外的一线教师。这套丛书包括《波兰文学》（易丽君，1999）、《捷克文学》（李梅、杨春，1999）、《罗马尼亚文学》（冯志臣，1999）和《保加利亚文学》（杨燕杰，2000），以大学生为读者对象，注重通俗性、概括性、生动性，每本都在10万字左右，属于文学简史，是很好的外国文学史入门书籍，对普及外国文学知识、了解外国文学翻译和研究线索都有一定的作用。东欧文学史方面还有《东欧文学简史》（上下册）（张振辉等，1993）、《匈牙利文学史》（冯植生，1995）、《东欧戏剧史》（杨敏主编，1996）、《东欧当代文学史》（林洪亮主编，1998）、《20世纪波兰文学史》（张振辉，1998）、《波兰战后文学史》（易丽君，2002）、《捷克文学史》（蒋承俊，2006）等先后问世。

翻译方面，有一部分是重译经典，我们终于读到了直接从捷克文翻译的哈谢克的《好兵帅克历险记》（星灿译，1983）、马哈的《五月》（蒋承俊译，1996）、伏契克的《绞刑架下的报告》（蒋承俊译，2008），以及直接从波兰文翻译的显克维奇的《你往何处去》（张振辉和林洪亮等均有译本，分别于2011年、2013年出版）①，直接从罗马尼亚文翻译的卡拉迦列的《卡拉迦列讽刺文集》（冯志臣、张志鹏译，1982）、《一封遗失的信》（李家渔译，2008），等等。显克维奇的《十字军骑士》（易丽君、张振辉译，2011）、莱蒙特的《福地》（张振辉、杨德友译，2001）、普鲁斯的《玩偶》（张振辉译，2005）、普列达的《呓语》（罗友译，1978）、安德里奇的《桥·小姐》（高韧、郑恩波等译，2001）、塞弗尔特的诗选《紫罗兰》（星灿、劳白译，1997）等从原文直译的东欧文学作品在中国读者心中留下了深刻的阅读记忆。而且这些译本大都有长篇论文作为序言，对作家和作品都有精当、深入的研究和评析。

还有一些作品，是第一次出现在我国读者的面前，如《世界反法西斯文学

---

① 此书约有10个译本，译名也有多个，如《你去什么地方》《君往何方》等。

书系》之东欧五卷（李辉凡主编，1992）、《世界散文随笔精品文库·东欧卷》（林洪亮、蒋承俊主编，1993）、《我曾在那个世界里》（蒋承俊选编，1995）、《世界短篇小说精品文库·东欧卷》（张振辉、陈九瑛主编，1996）、《世界经典散文新编·东欧卷》（冯植生主编，2000）、波兰希姆博尔斯卡的《呼唤雪人》（林洪亮译，2000）、《诗人与世界：维斯瓦娃·希姆博尔斯卡诗文选》（张振辉译，2003）、匈牙利伊姆雷的《无命运的人生》（许衍艺译，2003）、捷克伊凡·克里玛作品系列五卷本（星灿、高兴主编，2004）、罗马尼亚作家《安娜·布兰迪亚娜诗选》（高兴译，2004）、《东欧国家经典散文》（林洪亮主编，2005）、捷克赛弗尔特的《世界美如斯》（杨乐云等译，2006）、波兰的《塔杜施·鲁热维奇诗选》（张振辉译，2006）、捷克赫拉巴尔的《河畔小城》（杨乐云、刘星灿、万世荣译，2007）、匈牙利艾斯特哈兹·彼得的《一个女人》（余泽民译，2009），等等。

在众多刊物中，《世界文学》杂志一直孜孜不倦地译介东欧文学。《世界文学》更注重作品的艺术性、思想性和经典性，将文学价值提升到了一定的高度。如此，我们通过这个窗口领略了一大批真正有价值的外国作家的文学风采。其先后推出的"斯特内斯库小辑""卢齐安·布拉加诗选""塞弗尔特作品小辑""米沃什诗选""赫拉巴尔作品小辑""米兰·昆德拉作品小辑""希姆博斯卡作品小辑""凯尔泰斯·伊姆雷作品小辑""贡布罗维奇作品小辑""埃里亚德作品小辑""齐奥朗随笔选""霍朗诗选""克里玛小说选"等在艺术性和思想性上都有广泛的影响。有些作家甚至引起了读书界、评论界和出版界的高度关注和热情呼应。

最近十年，随着中国-中东欧国家合作和共建"一带一路"的推进，中国与"一带一路"沿线的中东欧国家的文化交往日益密切。在这样的大背景下，中东欧文学的译介和研究呈现出了井喷的态势，其中体量最大、影响最广的要算"蓝色东欧"翻译系列。为了让读者看到多彩的中东欧文学，从2013年开始，广东花城出版社推出了"蓝色东欧"系列，计划在十年之内甄选出近百部东欧经典文学著作。截至2022年底，"蓝色东欧"系列共推出包括来自阿尔巴尼亚、波兰、罗马尼亚、捷克、匈牙利、斯洛文尼亚等国的70余部作品。在已经问世的译著中，不仅有早已被我国读者熟悉的伊斯梅尔·卡达莱（Ismail Kadare）、伊凡·克里玛（Ivan Klima）、卡雷尔·恰佩克（Karel Čapek）、博胡米尔·赫拉巴尔（Bohumil Hrabal）、切斯瓦夫·米沃什（Czesław Miłosz），而且有许多首次被引介给国内读者的作品，比如波兰诗人亚当·扎加耶夫斯基（Adam Zagajewski）的诗集《无止境》（李以亮译，2015），匈牙利女作家萨博·玛格达（Magda Szabó）的《鹿》（余泽民译，2018）、《壁画》（舒荪乐译，2018），斯洛文尼亚诗人托马斯·萨拉蒙（Tomaz Salamun）的诗选等。

2010年以后，波兰、匈牙利、塞尔维亚等中东欧国家文学作品被大量译介进来，比较有影响力的套系主要有2013年译林出版社推出的"诺贝尔文学奖经典"丛书；2011~2014年"新经典"系列出版了赫拉巴尔的10部著作；湖南文艺出版社在2012~2019年相继出版了维斯拉瓦·辛波斯卡①五卷本诗集；2018年上海译文出版社出版五卷本《米沃什诗集》；等等。匈牙利文学方面，国内已经将关注的视线从裴多菲·山陀尔（Petöfi Sándor）、卡尔曼·米克萨特（Kálmán Mikszáth）等早期作家的身上转移到像克拉斯诺霍尔卡伊·拉斯洛（László Krasznahorkai）、纳道什·彼得（Nádas Péter）②等现当代作家的作品上。马洛伊·山多尔（Márai Sándor）、凯尔泰斯·伊姆雷（Kertész Imre）和艾斯特哈兹·彼得（Esterházy Péter）更是有多部作品被译介进来。另一个受到国内出版市场青睐的东欧国家非塞尔维亚莫属。据不完全统计，2013~2018年，国内出版的塞尔维亚文学作品有20部以上。

十年来，中东欧文学、文化研究也呈现出百家争鸣的局面。2011年，《外国文学动态研究》第5期的"十年特辑"，回顾了21世纪第一个十年的中东欧文学概况，在这以后每一年的"年度文学"期号中，我们都能看到上一年进入国际视野的中东欧文学概况，比如近年来被持续关注的作家纳道什·彼得、诺曼·马内阿（Norman Manea）、克拉斯诺霍尔卡伊·拉斯洛、伊斯梅尔·卡达莱等，还有波黑、保加利亚等国家的文学作品也进入了中东欧文学年度回顾的视野。另外，在年度文学方面，金莉和王丽亚主编的《外国文学通览-2016》和《外国文学通览-2017》分别回顾了2016年、2017年的世界文学概况，其中2016年总结了阿尔巴尼亚文学、保加利亚文学、拉脱维亚文学、塞尔维亚文学和匈牙利文学的情况；2017年总结了阿尔巴尼亚文学、保加利亚文学、波兰文学、克罗地亚

---

① 即前注所指的维斯瓦娃·希姆博尔斯卡。
② 又译纳达什·彼得或纳达斯·彼得。

文学、拉脱维亚文学和塞尔维亚文学的情况。

在文学译介全面铺展的同时，中东欧文学研究也呈现出了纵向深入的趋势。柯静的《伊·卡达莱作品中的四个"他者"》（2014）通过解析卡达莱作品中阿尔巴尼亚民族四个"他者"的呈现与演变以及相关的政治、历史背景，揭示阿尔巴尼亚民族身份认同过程中文学与政治的关系，论证处在东西方夹缝中的弱小民族身份认同的政治性、易变性和实用主义倾向。景凯旋的《在经验与超验之间》（2018）从文学、哲学、社会学及政治学的多维角度，围绕东欧作家的问题意识，梳理和分析了他们的价值观念。在中东欧文化交流领域也有三部力作值得关注。由张振辉等翻译的《卜弥格文集：中西文化交流与中医西传》（2013）收录了17世纪波兰传教士卜弥格在中国传教时撰写的研究、论述、报告和信件。丁超教授和宋炳辉教授共同撰写的《中外文学交流史：中国-中东欧卷》（2015）作为国内外第一部对中国与中东欧各国文学交流综合研究的专著，比较全面、客观、系统地还原或记录了中国与中东欧各国文学交流的历史演讲。"中外文学交流史"丛书为中国与中东欧文学交流单独设卷，在国内外都属于破天荒之事，这一著作的问世，对于当前蓄势重启、备受瞩目的中国与中东欧国家关系和人文交流来说，无疑有着总结历史经验、弘扬文学传统、推动创新发展的经世致用意义。2017年，宋炳辉教授的《弱势民族文学在现代中国：以东欧文学为中心》一书重新修订出版，该书以东欧文学在中国为焦点，切入了近代以来的中外文学关系研究，是中国与中东欧文学交流领域中的一部力作。

舒：请您对中国中东欧文学研究的特色和不足进行评述，并请您就造成这种不足的原因进行分析。

高：首先，东欧剧变后，我国中东欧文学研究者面临着学术交流机会锐减、资料交换机制中断的困境。这种局面持续了好几年，到后来逐渐得到改观。而此时，不少东欧文学研究者已进入老年，翻译和研究队伍已青黄不接。曾经人丁兴旺的外国文学研究所东欧文学研究室也随着最后一位研究者的退休而不复存在。这导致我国出版的东欧文学作品中有不少是从英、法、德等语种的权威版本转译的情形。

其次，尽管一个多世纪以来我们译介了不少东欧文学的作品，但总体来说还是远远不够，也存在着许多明显的问题。如译介不够系统、过于零散、选题有时过于强调政治性、长期受到意识形态的干扰等问题，都使得对东欧文学作品的译介留下了诸多遗憾。

再次，长期以来前辈学者可能对东欧国家存有友好情结，也就是说，他们在认识东欧的问题上可能与对象国的距离相对紧密，这是时代环境下前辈学者们难以摆脱的窠臼。作为研究者，当今的文学研究要求我们站在一个更开阔的世界文学的视角来评价中东欧文学。这么多年，我们从原文翻译的东欧文学作品可能会在推动这种客观评价的过程中起到一些积极的作用。

最后，从东欧文学的翻译和研究两方面来看，翻译是重于研究的。研究的成果始终落后。现有的关于东欧文学的研究论文、专著以及文学史，在今天看来是比较流于表面的，也就是说研究者的主体立场和声音不够明显。这些文学史基本将国别文学的研究孤立开来，而没有将其放在中东欧整体区域中、放在欧洲文学甚至世界文学的语境中进行探讨。早期文学史中的观点可能还停留在比较僵化的意识形态中。20世纪90年代后，中东欧国家所做的一项巨大努力就是与冷战之前的意识形态割席。然而，我们的中东欧文学研究尚没有随着世界格局的变化而及时加以更新。

三 中国中东欧文学研究的前景与展望

舒：在世界百年未有之大变局加速演进和区域国别学成为一级学科的背景下，您认为中国中东欧文学研究的发展前景如何？尤其需要在哪些方面下功夫？

高：说到中东欧文学研究的发展前景，我必须谈一谈现在年轻这一代的研究者。看到年轻的学者，我感到非常欣慰。比起我们这一代，他们的优势在于拥有更为宽广的视野、独立的判断和思想；在研究所使用的语言上，他们也不仅局限于使用对象国语言，还很好地掌握了英语、法语等其他的语言。比如北京外国语大学欧洲语言文化学院的彭裕超博士在研究中就借助了大量来自美国的研究成果；中国社会科学院外国文学研究所的舒荪乐老师也精通英文，从英文中翻译了不少中东欧文学作品，并在自己的研究中参阅使用了大量英文文献。原来的老一辈研究者可能只会一门专业语言，如果他们所使用的研究语言能够再多一门，比如英语、法语、德语，哪怕是俄语，研究的视野可能就会更开阔一些。

另外，我特别希望年轻学者能够改变我们所没能改变的情况，也就是千万不要跟随国际奖项的脚步去研究文学。现在的情况是,国际大奖出来后,就会有大量学者、作家紧随其后,对获奖者展开研究,可以说这种研究是"被文学奖项所照亮"的。我们应该保持独立的思想,无论作家获奖与否,研究者都应该对研究对象有独到的问题意识。

我曾在各种场合表达过,我们中国的研究者要对中东欧文学与欧美语境的关系保持警惕。文学不可能完全摆脱意识形态的影响。过去的东欧文学研究或许受到太多意识形态的影响,而如今有的研究者可能受到昆德拉去意识形态化主张的影响,走向了另一个极端,过于强调文学的艺术性和文学性。但是,文学作品怎么可能完全摆脱政治化的土壤。所以我认为,文学研究一定要注意艺术性与政治性的平衡。如果我们只是带着意识形态的目光来看文学作品,可能会忽视其中的艺术性;但如果过于强调其中的艺术性,也不容易看见作家思想的复杂性、幽微性和丰富性。我一直希望能够重写中东欧文学史,因为现有的文学史在观照文学与历史、政治语境的关系上相对比较薄弱。

舒:您认为中东欧文学对我们的现实生活有什么样的启示呢?

高:历史进程中,某个事件兴许会使中东欧某个或某些国家暂时成为世界关注的中心,但总体而言,在世界格局中,中东欧国家大多是些边缘的或被边缘的国家,经常处于被忽略,甚至被遗忘的状态。文学的声音这时候就显得尤为难能可贵。捷克的雅罗斯拉夫·塞弗尔特(Jaroslav Seifert)、匈牙利的凯尔泰斯,以及从罗马尼亚走出的赫尔塔·米勒(Herta Müller)①,还有波兰的托卡尔丘克,都是以这样的方式向人们证实了一个民族一个国家的存在。由于相似的经历和背景,中东欧文学可能会给国人带来一些启示。

首先是开阔的视野。中东欧国家的作家要用尽全力将弱势转化为优势。昆德拉就是一个典型。他对小国这一概念特别敏感。在他看来,身处小国,你"要么做一个可怜的、眼光狭窄的人",要么成为一个广闻博识的"世界性的人"。有时别无选择恰恰是最好的选择,因此,中东欧作家大多会自觉地"同其他诗人、其他世界和其他传统相遇"(萨拉蒙语)。

其次是道义担当及在场与责任感。耐人寻味的是,大多数中东欧读者更加敬重和喜爱那些始终没有缺席的文学家。这样的文学家在中东欧每个国家都有一大

---

① 又译赫塔·米勒。

批。如波兰的希姆博尔斯卡、兹比格涅夫·赫贝特（Zbigniew Herbert）、塔杜施·鲁热维奇（Tadeusz Rozewicz）等，捷克的塞弗尔特、赫拉巴尔、瓦茨拉夫·哈维尔（Václav Havel）、克里玛等，罗马尼亚的布拉加、尼基塔·斯特内斯库（Nichita Stănescu）、马林·索雷斯库（Marin Sorescu）[①] 等，匈牙利的凯尔泰斯、艾斯特哈兹、纳达斯等，斯洛文尼亚的萨拉蒙等。文学在此又与爱国心、民族自尊和同甘共苦等微妙的情愫联结在了一起。

再次是写作的智慧。读中东欧文学，我们会发现，轻盈、变形、寓言、游戏性是中东欧作家常常运用的写作手法和策略。用轻盈的方式处理平凡而又沉重的主题，本身就是一种智慧和艺术。世界文坛中，奥维德、狄德罗、卡尔维诺、昆德拉、希姆博尔斯卡以及索雷斯库等作家和诗人都掌握了这样的智慧和艺术。

最后是对现实做文学的提升。在某种程度上说，中东欧曾经高度政治化的现实以及多灾多难的痛苦经历，恰好为文学和文学家提供了特别的土壤。没有捷克的经历，昆德拉不可能成为现在的昆德拉，不可能写出《不能承受的生命之轻》（许钧译，2010）、《玩笑》（蔡若明译，2011）、《不朽》（王振孙、郑克鲁译，2011）和《可笑的爱》（邱瑞銮译，2018）这样独特的杰作；没有波兰经历，米沃什也不可能成为我们所熟悉的将道德感同诗意紧密融合的诗歌大师。由于共同的经历和背景，中东欧作家处理文学与现实的方式特别容易引发我们的共鸣，也特别值得我们借鉴和学习。

舒：请谈一谈您是如何与中东欧文学研究结缘的，有哪些经验与建议可以传授给（拟）从事中东欧相关问题教学和研究的年轻学者？

高：我个人走上东欧文学研究的道路其实与当时的社会大环境息息相关，所以这也是我一次又一次地回到20世纪80年代的原因。我们这一代人已经走过了曲折而漫长的人生道路，回顾往事，我们读中小学时恰逢全社会不提倡读书的年代，所以我高中以前几乎没有接触过有关外国文学的书本。改革开放后，国家开始走上正轨，外国文学作品开始大量涌入国内，那时的文学环境真是令我难以忘怀。那是鼓励讨论、鼓励争鸣的年代，大学里学生自发组织起各种文艺学习小组，比如萨特的存在主义小组等。北京外国语大学的文学气息尤其浓厚，文学社

---

① 又译马林·索列斯库。

"TEST"自办刊物《泰斯》，可以独立组织文艺活动，并邀请作家进校交流，诗人北岛、俄语翻译家戈宝权先生都曾被邀请与学生们见面。总的来说，那个年代社会的总体环境是文学的，或者说文学是那个年代社会生活的中心。素未谋面的男女青年会拿着《西方爱情诗选》站在天安门广场的国旗下碰面；随时打开"话匣子"收音机，都能听到其中流淌出的配乐诗朗诵，其中有大量来自中东欧国家的诗歌；电影《人到中年》的画面上，就配有裴多菲的诗歌《我愿是激流》。这样的诗歌让我们感受到了真正人性的魅力。

20世纪80年代末，《世界文学》的前辈杨乐云先生在退休前准备物色接班人，北外的易丽君教授和冯志臣教授推荐我前去面试。当时小语种学生毕业后大多流向在京各大部委，罗马尼亚语的毕业生更是不用说。但是文学对我有着强大的吸引力，所以我当时就决定加入《世界文学》期刊编辑部。不过后来因为我又考上了研究生，《世界文学》的李文俊先生同意再等我几年。所以，总的来说，我走上文学的道路与整个社会大环境有着直接的关联。但是，到了《世界文学》编辑部以后我才发现，自己的文学功底和视野都有所欠缺。不过，这里就是一个文学的环境，有着非常开明、自由的氛围。在这个编辑部里我看到了多种风格的存在，有俄罗斯风格，有日本风格，有法国风格……就像一个小小的"联合国"。

在编辑部工作时，前辈们编稿子的认真精神也深深感染着我，让我明白了编辑这个职业究竟是干什么的。有的时候，为了一个标题，前辈们都需要讨论很久。比如现在耳熟能详的小说《了不起的盖茨比》，最早书稿投来时，书名叫《伟大的盖茨比》。但李文俊先生根据原著的内涵斟酌再三，将小说的题目改成了现在的这个名字。这让我意识到，编辑也是一项创造性的工作，而我在文学上的收获也是得益于此。

总的来说，我觉得从事文学翻译、研究，需要不断地提高文学修养，同时也要平衡母语和对象国的语言功底；不断扩大研究的视野，尽可能让自己关注的翻译和研究更全面些，不要只专注于某一个点。刚刚进入研究时，要在面上铺开，再逐渐深入到一个具体的问题上。最重要的是，做文学翻译一定要心怀热爱、谦卑和敬畏，必须承认自身的有限性。越是成熟的译者和研究者，对待作品往往越是诚惶诚恐的。

第四节 "历史能为解决现实问题提供某种参考背景和意见，甚至一把钥匙"

——马细谱研究员谈中东欧历史研究

一 有关中东欧的概念及理解

徐刚（以下简称"徐"）：马细谱先生您好，请问如何界定中东欧及与其相关的东欧、中东欧、中欧等概念？

马细谱（以下简称"马"）：自1989~1990年起，东欧国家先后开始向新的多元政治体制和市场经济过渡。这是20世纪发生的重大历史事件之一，是国际社会主义运动史上的一次重大挫折。中国学者称其为"东欧剧变"，并将剧变后的东欧国家称为中东欧国家。东欧国家也称自己为中东欧国家，它们认为这个称呼可以与苏东集团一刀两断，表明了自己亲西方的身份。同时，这个新名称赋予了西方价值观色彩，名正言顺。紧接着，欧美学者开始策划把这些国家"融入欧洲一体化"进程，并美其名曰"欧盟东扩"。

然而，东欧国家处于不同的经济发展水平和不同的地理位置，差别明显。叫"原东欧"肯定不行，称"中东欧"又太笼统，不能反映欧盟东扩的战略目标和具体操作步骤。于是，随即出现了"中欧""东南欧""中东欧"等模糊概念。所谓中欧是指波兰、捷克、斯洛伐克、匈牙利四国，这四国社会转型较为成功，被列为加入北约和欧盟的首选国；所谓东南欧是指巴尔干地区，鉴于过去巴尔干是"落后"的代名词，社会转型充满战乱和不确定因素，这些国家被暂缓加入北约和欧盟的进程，称它们为"东南欧"更容易被东西方接受；所谓"中东欧"则是原东欧集团的统称，没有特别的政治和地理含义，刚才我们已经讲到它的一般概念。

徐：请您谈谈自身对于中东欧的理解。

马：我个人认为，所谓东欧是指欧洲原八个社会主义国家，即波兰、民主德国、匈牙利、捷克斯洛伐克、罗马尼亚、南斯拉夫、保加利亚和阿尔巴尼亚。在第二次世界大战后的40多年里，它们以苏联为首形成了政治、经济和军事同盟关系。如今东欧作为社会主义集团的代名词已经消逝，变成了一个历史的记忆和历史符号。

而目前中东欧的称谓，则既带有二战后时代的烙印，又具有政治取向，完全是一个地缘政治概念，被中国政界和学界广泛采用。在当今国际关系和学术研究方面，中东欧是指已经加入欧盟和等待成为欧盟成员国的十六个国家，即阿尔巴尼亚、爱沙尼亚、保加利亚、波斯尼亚和黑塞哥维那（简称波黑）、波兰、黑山、北马其顿、捷克、克罗地亚、拉脱维亚、立陶宛、罗马尼亚、塞尔维亚、斯洛伐克、斯洛文尼亚和匈牙利等。

把世界上一个大洲划分为几个次地区的现象屡见不鲜。例如，亚洲就划分为中亚、西亚、南亚、东北亚、东南亚等次地区。这有利于学者分工深入研究，是件好事，没有人去争论，欧洲的情况亦然。大家熟悉的有西欧、中欧、北欧、南欧、东南欧，这是按地理位置划分。按地缘政治划分有曾经的东欧、现在的中东欧。而中东欧地区又可细化分中欧、波罗的海三国、巴尔干（东南欧）等。

中东欧研究是一个难以驾驭的研究课题。我觉得怎么划分欧洲的地区、次地区并不重要，关键是中国研究中东欧问题的学者不是从宏观上、从区域性问题上去研究中东欧社会转型国家的诸多国内国际问题，而是过多地去考证何谓"中欧""东欧""中东欧"等名词概念，并纠结这些名称。更有人甚至提出干脆放弃中东欧的提法。在我看来，我们没有必要花费时间和精力去辨析这些地缘政治概念。中东欧一词本身确实会成为历史，但不是现在，而是在未来的某个时候。在北约和欧盟"东扩"尚未完成的境况下，使用中东欧的概念没有错，还会延续下去。

记得2004年欧盟第一次东扩后，将近一半的东欧国家加入了北约和欧盟。在一次"欧盟东扩与中东欧"的研讨会上，有人觉得中东欧研究出现了危机，怀疑是否还可以继续搞中东欧研究。我当时在发言中指出，在今后的二三十年里，我们还可以吃中东欧研究这碗饭，还有事可做，不必恐慌。现在看来，再过一二十年，中东欧研究也不会消失。但是，研究的方向、内容肯定会发生重大变化。

目前，中国政府和学界对中东欧政治、经济、外交等领域的研究比较重视，同时中东欧研究的独立性和学术性也在逐渐增强，在研究学科、研究规模、研究内容上都出现了一些新的变化，使其单独作为区域研究门类的趋势有所加强。中东欧国别和区域研究可以为国家理性制定对这些国家的外交政策奠定学术基础。

鉴于此，中东欧研究既然存在，中东欧的概念在没有出现新的地缘政治概念之前，照样可以存在并被使用。不可否认，中东欧国家在欧盟中的地位和它们同中国的关系已经发生或者正在发生变化，我们必须研究新问题，形成新的观点，为国家提供新的对策建议。

二 冷战结束以来中国中东欧历史研究的进展和不足

徐：您认为冷战结束以来的中国中东欧历史研究经历了哪些阶段，并分别呈现什么样的特点？

马：东欧剧变以来，中国的中东欧历史研究起伏并不大，但也走过了从观望到活跃直至收获的阶段。

中东欧历史研究（严格来说，那个时期称东欧历史研究）从20世纪60年代中期以后取得了令人鼓舞的丰硕成果，中国科学院哲学社会科学部和几所大学相继翻译出版了一批国别史。比如，现在大家还在参考和使用的《阿尔巴尼亚史纲》（樊集译，1964）、《保加利亚简史》（黑龙江大学英语系翻译组译，1974）、《罗马尼亚近现代史》（中国科学院世界历史研究所翻译组译，1974）、《匈牙利史》（阚思静等译，1982）、《南斯拉夫史》（赵乃斌译，1984）等。后来，人们了解外部世界的渴望增强，对东欧历史的关注也有所上升，特别是随着改革开放的推进，中国亟须学习和吸取东欧国家经济改革措施成功与失败的经验和教训。所以，社会亟须了解更多经济改革方面的情况，而对东欧史的关注几乎湮灭在对东欧经济改革研究的大潮之中。

后来由于改革开放形势的需要，在20世纪80年代翻译出版了几本东欧国别史，如《罗马尼亚人民史》（〔罗〕布杜拉等译，1981）等，但几乎没有中国学者自己写的东欧国别史和地区史。

说到这里，我想起我所在的中国社会科学院世界历史研究所原来的苏东史研究室。在20世纪80年代，我们室研究东欧史的有8人，掌握塞尔维亚语、保加利亚语、马其顿语、波兰语、匈牙利语、罗马尼亚语、捷克斯洛伐克语、阿尔巴尼亚语、德语、俄语、英语等语种，几乎涵盖了所有东欧国家的语言。这些研究人员全部为留学归国人员，其中一部分为"中国科学院哲学社会科学部"[①]的代

[①] 有关中国科学院哲学社会科学部归属中国社会科学院的过程，参见张志会《哲学社会科学部独立始末》，《中国科学报》2014年4月4日。

培生，留学时间为 4 年到 6 年，大部分毕业于历史专业，他们熟练地掌握东欧相关国家的语言，历史专业知识扎实。此后，这些研究人员多次到对象国访学、考察，有的曾在我驻外使馆工作。他们了解对象国国情，与国外同行保持经常性联系，在掌握最新国情和第一手资料方面，在国内居于领先地位。这是我们室东欧史研究人员最大的优势。

进入 20 世纪 90 年代，东欧剧变的话题占据东欧研究的主导地位。随后，中国-中东欧国家合作机制启动，中国的中东欧研究在经历平淡期之后再次繁荣起来。但历史研究仍然处于次要的、无足轻重的地位。

这就是说，中国的中东欧历史研究一直被包含在过去的东欧研究和现今的中东欧研究领域里，没有成为单独的分支学科。或者说，即使 20 世纪 90 年代以来学者们对中东欧历史的关注突增，它仍然无法与中东欧的政治、经济和外交等领域的研究相提并论。

当然，应该看到，在过去 30 年来的不同阶段，中国与中东欧国家的关系并不是完全均衡发展的。中东欧各国出于不同考虑紧跟欧盟和美国对中国采取了有差别的态度，中国对待中东欧各国的政策亦有所区别。同时，中东欧国家之间和它们与欧盟、美国的关系也直接或间接地影响中国与这些国家的关系。

以历史研究为例，东欧历史研究是世界历史学科的一个分支学科，作为学科的形成是在中国改革开放以后。东欧剧变后，东欧史学科在中国社会科学院乃至全国已经消失。例如，中国社会科学院的外国文学研究所东欧文学研究室和世界政治与经济研究所的东欧经济研究室都被改组，一部分研究人员改行但仍留在所里，一部分研究人员离开了研究所。东欧研究一度遭受重大损失，不仅流失了宝贵的人才，而且研究工作停滞不前。

经过几年的徘徊和观望之后，自 20 世纪 90 年代中期起情况有所好转。中国社会科学院世界历史研究所东欧史研究者们为了给中国改革开放提供史鉴，紧密配合中国改革开放形势的需要，分析东欧国家社会转型所发生的巨大变化及其经验教训，在非常困难的情况下发表了一批质量较高的学术成果，填补了国内在相关研究领域的空白。到 20 世纪末，《卡达尔与匈牙利》（阚思静，1993）、《巴尔干各国人民反法西斯战争史》（马细谱，1993）、《哥穆尔卡评传》（刘邦义，1995）、《东欧演变的历史思考》（阚思静、刘邦义主编，1997）、《巴尔干纷争》（马细谱，1999）等一批书籍相继出版，大量研究文章相继发表，保加利亚史、南斯拉夫史、匈牙利史、波兰史、罗马尼亚史、巴尔干地区史等研究也有较大的进展。

到20世纪90年代末期，随着中东欧政局开始稳定，市场经济初具规模，北约和欧共体（欧盟）纷纷抛出橄榄枝，引诱中东欧国家加约入盟。自这个时候起，中国的中东欧研究特别是东欧史研究增多，进入真正意义上的活跃期。中国学界开始认真思考东欧社会转型的国内外原因以及它们社会西化、政治多元化、经济市场化、军事北约化、对外政策"一边倒"等现象。这个时期，中国学者出版了两部较有影响的东欧史著作，即北京大学历史系刘祖熙教授的《波兰通史》（2006）和北京大学国际关系学院孔凡君教授的《东欧史》（2010）。接着，我写的几本有关巴尔干国家历史的书也先后问世。

上述研究成果在国内外都产生了良好的影响。有的学者获得对象国国家元首的授勋。有的中东欧国家驻华大使馆很重视相关研究成果，在给予称赞和感谢的同时建议本国有关部门给予奖励。研究者们对中东欧的历史关注明显上升。

中国的中东欧研究最好时期是2012年以来的十年。这个时期学者主动研究的热情高涨，是有创见、有成果的时期，或者可以称为收获期。2012年中国-中东欧国家合作机制和2013年"一带一路"倡议的启动为中国中东欧研究者从理论上研究和从行动上参与提供了宝贵机遇。这个时期的历史研究也水涨船高，受到中东欧研究者的重视，尤其是一大批青年学者开始涉足中东欧问题的研究，为中国中东欧研究带来了新活力、新成果。

徐：请您对中国中东欧历史研究的特色和不足进行评述，特别是同中东欧政治、经济、文学等领域的研究进行对比。

马：前面讲到中国社会科学院世界历史研究所原苏联东欧史研究室的研究工作是卓有成效的，得到了社会的认可。但随着我们室东欧史的几位研究员先后退休后，东欧史研究工作便停止了。目前存在的主要问题是后继无人，与中东欧学界的学术交流几乎中断，缺乏学术研究的档案资料和原始著作。在中国社会科学院新近机构调整中，世界历史研究所的苏联东欧史研究室更名为俄罗斯中亚史研究室，大部分东欧史领域的研究人员划入了"一带一路"研究室，字面上含有"东欧史"的研究室已经不复存在了。

从国内其他研究机构看，目前研究中东欧问题的学者大都是年轻人，他们既不懂中东欧国家的语言，又很少有机会出国实地考察，只能尽量利用世界通用语言和相关资料与成果。他们在研究现实问题的同时，很想知道一些事件和人物的来龙去脉，想学习和掌握一些历史知识，这是一种积极的现象，是一种正确的研究态度，值得提倡。

我所在的研究室曾几次想拯救东欧史这门"濒危学科"，但遗憾的是未能实现。我们曾经计划写一部《东欧史》，填补中国世界史中地区史学科的一个空白，甚至列出了写作提纲，但无果而终。最根本的原因是没有采取有力措施组织人力和物力，同时没有学科带头人。

可以说，中国中东欧历史研究跟中国对中东欧政治、经济、文学等领域的研究相比是落后的，是一个薄弱环节。关于中东欧政治和经济的图书大家在市场上不难找到。拿比较难写的中东欧文学来说，东欧剧变前已经有《东欧文学名家》（王荣久等编著，1984）和《东欧文学史简编》（孙席珍等编，1985）等出版。东欧剧变后，《东欧文学史》（1990）、《东欧文学简史》（张振辉等，1993）、《当代东欧文学史》（林洪亮主编，1998）、《东欧文学》（张振辉等，2001）、《东欧文学大花园》（高兴，2007）、《东欧现代作家作品浅析》（萧枫，2011）和《中外文学交流史：中国-中东欧卷》（2015）等相继问世。另外，匈牙利、捷克、波兰以及保加利亚等国别的文学史著作也有不少。"蓝色东欧"系列等东欧文学的翻译作品更是数以百计。中东欧文学一直受到中国读者的喜爱，这与一批学者孜孜不倦的努力密不可分。

相比之下，东欧史的研究严重不足。在中国，国人对中东欧的历史了解和认识知之甚少，其原因是缺乏研究机构和没有自己撰写的有关中东欧历史的书籍。近年，中国学者发表了大量介绍和研究中东欧社会转型的文章和书籍，但专门介绍中东欧国别和地区历史的书籍寥寥无几。应该说，这种状况与我们这个具有悠久历史而又正在对国际事务发挥积极作用的文明古国来说极不相称，这种状况有待改变。

今天的世界变得越来越紧密了，各国在政治、经济、文化和交往等方面的联系也越来越密切了。或者说，各国之间的互动已经超越了国界线。30年前，中国和东欧国家同属社会主义阵营，有着密切的政治、经济、军事和文化交往，为打击国际反动势力和维护世界和平做出过重要贡献。今天，我们要同欧洲国家共建"一带一路"，要发展与欧盟合作共赢的关系，自然绕不开欧盟东部和南部这一大片的中东欧国家。中国和中东欧国家在发展经济和促进文化人文交流方面拥有共同利益，需要相互了解，携手合作，加强联系，促进交流。

实际上，我们研究中东欧：一是要加强国情调研，掌握真实情况；二是要尊重中东欧学者的观点和看法，避免主观主义和情绪化；三是要在研究中发挥中国学者的优势，或者说具有中国特色。

最后，我想重复一下我的浅见，长期以来，我们对中东欧国家的历史研究是一个薄弱环节，跟其他研究领域相比，甚至是严重滞后。其中的关键问题是缺乏研究的动力，没有这方面的人才。目前，北京和其他地方从事中东欧问题研究的人员，几乎很少有人愿意"十年磨一剑"，花较长的功夫去研究和撰写一本某个中东欧国家的历史，写一部地区史的难度就更大了。绝大多数研究工作者希望早出成果，多出成果。他们花一周或两三天的时间可以写出一篇时政文章，但如果想写一篇历史论文，却要花更长的时间。然而，现实与历史又是密不可分的，如果你不大了解某个问题的历史，就很难解释清楚现实问题。拿科索沃问题来说，不了解科索沃地区过去的历史，就很难弄明白今日的现状。这就要求现在的年轻学者在分析和研究现实问题的同时，要去了解一下，哪怕是去翻一翻过去的历史，对这一问题的前因后果有个基本的了解。

总之，研究世界史的难度较大，因为既有语言障碍，又存在缺乏资料的问题。大体上说，中国学者重视中国史的学习和研究，从事世界史学习和研究的人不多，研究中东欧史的人则少之又少。这应该是大家能够理解的主客观原因。

徐：马先生，我们知道您是中国巴尔干史研究的奠基人，您的巴尔干史研究是近年世界史研究中的一个亮点。您能给我们分享您研究巴尔干史的体会吗？

马：很感谢你关注我的巴尔干史研究。我的第一本关于中东欧的历史著作是1986年完成、1993年出版的《巴尔干各国人民反法西斯战争史》。第二本是我1991年主编的《战后东欧——改革与危机》。我1998年退休时完成了《巴尔干纷争》一书，次年出版。此后，我陆续出版了《从国王到总理——保加利亚末代国王沉浮》（与余志和合写，2003）、《列国志·阿尔巴尼亚》（与郑恩波合写，2004）、《保加利亚概况》（2004）、《南斯拉夫兴亡》（2010）、《保加利亚史》（2011）、《追梦与现实——中东欧转轨25年研究文集》（2016）、《巴尔干百年简史》（与余志和合写，2018）、《南斯拉夫通史》（2020）、《巴尔干近现代

第五章 访谈（下）：中东欧各领域研究之经验   181

史》（2021），等等。此外，我还在 2022 年完成了《土耳其：历史与现实》的书稿，现正在出版程序中。

应该说，这些著作是我毕生研究巴尔干历史的重要成果，也是中国世界史研究中的一个亮点。我的孩子在 20 世纪 80 年代曾指着电视上的歌星明星问我：他们都是谁？我回答，不知道，因为我没有时间看电视。她们说："爸爸什么都不知道，就知道巴尔干、巴尔干！"我说，我要真知道巴尔干就好了，问题是对巴尔干我也是一知半解，不全知道。学无止境。

这里我想说说《土耳其：历史与现实》一书的研究过程。老实说，我没有资格写土耳其的历史，因为我不懂土耳其语。但是，如果因为不懂一个对象国的语言，就不去研究或写作这个国家的历史，这似乎又不是一个世界历史研究者的应有态度。世界之大，国家之多，语言之繁，大家有目共睹。要撰写一个国家的历史和现实，首先要去关注、认识、了解这个国家，然后才是去研究这个国家。

我从 20 世纪 60 年代初在保加利亚索非亚国立大学学习历史专业时，就开始笼统地听讲奥斯曼帝国历史和土耳其的近现代史，与保加利亚的土耳其人也有一些接触。中国留学生中先后有 4 位同学专门学习土耳其语，我从他们那里了解到关于土耳其的一般常识。20 世纪 70 年代我在中央广播事业局国际部担任保加利亚语修辞定稿时，结识了土耳其语组的同事（和一位土耳其语专家），收集了不少有关土耳其的剪报。80 年代初我在南斯拉夫进修时还有一个学期与土耳其学生同住一个寝室。自 20 世纪 90 年代起，我几次到伊斯坦布尔旅游，还正式访问过土耳其。可以说，正是这些零零碎碎的印象、知识和认识促使我要做一次尝试。

当然，作为巴尔干历史研究者，在完成了巴尔干地区史和南斯拉夫、保加利亚、阿尔巴尼亚等国的国别史之后，总觉得如果不写一本关于土耳其的专著，我的工作就还没有做完，于心不忍。于是，我冒着高龄的风险，决心试一试。可喜的是，今天我的愿望实现了，可以交卷了。至于还有两个重要的巴尔干国家——希腊和罗马尼亚——的历史，我是没有时间和精力继续了，但我相信年轻的学者会去完成。到那时，我国的巴尔干历史研究就可以有一个较为坚实的基础，就会初具规模。

另外，我也是中国社会科学院世界历史研究所最早尝试把历史研究与现实问题结合起来的研究人员之一。我一直努力在依托历史事件和历史人物研究、叙述的同时，认真观察和思考某个国家或地区现实问题的由来和发展。或者说，让呆板的历史能为解决今天鲜活的现实问题提供某种参考背景和意见，甚至是一把钥匙，因为现实问题也是历史遗留问题的延伸和再现。昨天发生的事就是今天的历史。所以，我干脆把写土耳其的这本书称为《土耳其：历史与现实》。这也算是我研究世界史的一种手段和方法吧。

当然，在这种"勉强"条件下写出的书籍，很可能不深不透，甚至漏洞百出，错误不少。但是，有总比没有要好。我期待专家学者和读者的批评指正。

所以，从严格意义上讲，我不是中东欧史研究的专家，我只是这个领域里巴尔干史研究方向的学者。早在20世纪60年代初我在保加利亚索非亚大学历史系学习时，我就喜欢听巴尔干史专业课程。当时的授课教授当过保加利亚驻希腊等国的大使，他把历史和现实讲得引人入胜。其时，当时我还对捷克斯洛伐克历史感兴趣，到书店买了两本捷克斯洛伐克历史书阅读。东欧剧变后，我去波兰的机会较多，有时一年有3个月甚至半年在波兰。我经常逛书店，看到精装的波兰历史书非常吸引人，但我也只是浏览一下前言和目录，没有买下来，因为我没有打算研究波兰历史。所以说我对整个中东欧国家的历史知之甚少，我的主要精力都放在对巴尔干国家的历史研究上了。

我想多说两句关于历史问题必须要与现实问题相结合的问题。我认为只有这样，写出来的东西才能有读者。在世界历史研究所工作的时候，我就提出来要把历史研究和国际现状问题研究结合起来。昨天发生的事今天来看，就是历史；而今天的现实就是明天的历史。所以，历史与现实的联系是密切不可分割的。读者关心的现实问题，往往都有其历史根源。一个现实的事件或有影响的人物必然引出一段内容丰富的历史。以南斯拉夫为例，由南斯拉夫解体引出这个国家的历史，它为什么解体？历史上它是怎么成立的？它走过了什么样的道路，过去为什么没有解体？为什么现在解体？民族问题在解体中起了什么作用？欧美大国在解体中扮演了什么角色？等等。

因此，我觉得研究历史不能只研究到近代史，还应该关心现当代史，并且把古代的、中世纪的、现当代的历史糅合起来，这样写出来的著作不仅更能吸引读者，研究人员也能对研究对象有一个更为清晰的认识。国家的历史和人的历史是一样的，这就好比一个人，人有从小长大、之后衰老的过程，我们评价一个人，不仅只是看他的过去，也要关注他的现在，对于一个国家来说，也就是要把历史与现状结合起来看。

1998年我退休以后申请的第一个国家社科基金项目后来成为"九五"规划项目，叫作"巴尔干民族问题：历史与现状"。在书稿即将完成的时候，被时任中国社会科学院院长李铁映知道了，他让我写一个材料，我写了12万字的材料给他，他一看觉得这个材料挺好的，建议我扩展篇幅，后来就变成《巴尔干纷争》这本书了。李铁映院长还亲笔写了一封毛笔字的信，字写得很漂亮，院长挺关心，我也挺感动，觉得不错，这也就成了"九五"规划的项目。后来研究所说要返聘我一年，以便更好地完成这个课题。我退休应该是1998年，但是后来又返聘到了1999年。这本书梳理了巴尔干地区错综复杂的历史与现状，以主要篇幅介绍了南斯拉夫的民族宗教政策与问题、马其顿问题、波黑内战、科索沃问题、大国争夺巴尔干问题等，算是我把历史问题与当代国际问题结合得比较好的一部著作。

附　录

一　截至2022年底中国中东欧区域或国别研究机构不完全统计

类别	序号	机构名称	成立时间	备注
区域	1	中国人民大学苏联东欧研究所	1964年7月	2000年更名为俄罗斯东欧中亚研究所
	2	中国社会科学院俄罗斯东欧中亚研究所东欧室	1981年1月	前身为中国社会科学院苏联东欧研究所东欧室，2007年更名为俄罗斯东欧中亚研究所中东欧研究室，2020年更名为转型和一体化理论研究室
	3	上海苏联东欧研究所	1981年5月	1999年更名为华东师范大学俄罗斯研究中心
	4	中国社会科学院世界历史所苏联东欧史研究室	1982年	1992年改名为俄罗斯东欧史研究室，2019年改组为俄罗斯中亚史研究室
	5	上海社会科学院苏联东欧问题研究所	1987年	1992年更名为上海社会科学院东欧中西亚研究所，2011年和2015年先后并入国际关系研究所、国际问题研究院
	6	中央财经大学苏联东欧研究中心	1988年	2000年更名为俄罗斯东欧中亚研究中心，2017年6月被批准为教育部国别和区域研究中心
	7	北京大学国际关系学院中东欧研究中心	2010年1月	首家高校中东欧专门研究机构

续表

类别	序号	机构名称	成立时间	备注
区域	8	中国社会科学院欧洲研究所中东欧研究室	2011年上半年	中国-中东欧国家智库交流与合作网络2015年成立，其秘书处设在社科院欧洲研究所；中国-中东欧研究院2017年4月成立，具体工作由欧洲所负责
	9	北京外国语大学中东欧研究中心	2011年12月	2011年教育部备案国别区域培育基地
	10	同济大学中东欧研究所	2012年5月	2017年整合入同济大学欧洲研究中心，后者为教育部区域国别备案中心
	11	上海对外经贸大学中东欧研究中心	2012年5月	2012年教育部备案国别区域研究中心
	12	首都师范大学文明区划研究中心	2012年6月	教育部国别区域研究基地
	13	重庆中东欧国家研究中心	2013年7月	
	14	宁波海上丝绸之路研究院（宁波中东欧国家合作研究院）	2016年6月	下属浙江万里学院中东欧研究中心（省新型智库）、浙江万里学院中东欧经贸研究中心（教育部备案中心）和拉脱维亚研究中心
	15	河北经贸大学中东欧国际商务研修学院	2016年6月	
	16	四川大学波兰与中东欧问题研究中心	2016年10月	2017年教育部备案国别区域研究中心
	17	中欧陆家嘴国际金融研究院中东欧经济研究所	2017年1月	
	18	南京航空航天大学外国语学院巴尔干地区研究中心	2017年3月	2017年教育部备案国别区域研究中心
	19	浙江大学中东欧研究中心	2017年3月	2017年教育部备案国别区域研究中心
	20	北京第二外国语学院中东欧研究中心	2017年	2017年教育部备案国别区域研究中心
	21	北京交通大学中东欧研究中心	2017年	2017年教育部备案国别区域研究中心

续表

类别	序号	机构名称	成立时间	备注
区域	22	华东师范大学中东欧研究中心	2017年	2017年教育部备案国别区域研究中心
	23	北京外国语大学巴尔干研究中心	2017年	2017年教育部备案国别区域研究中心
	24	辽宁大学俄罗斯东欧中亚研究中心	2017年	2017年教育部备案国别区域研究中心
	25	辽宁大学波罗的海国家研究中心	2017年	2017年教育部备案国别区域研究中心
	26	西南财经大学中东欧与巴尔干地区研究中心	2017年12月	
	27	北京语言大学中东欧研究中心	2017年12月	2017年教育部备案国别区域研究中心
	28	贵州大学波罗的海区域研究中心	2017年12月揭牌	2017年教育部备案国别区域研究中心
	29	河北外国语学院波罗的海研究中心	2016年	
	30	河北外国语学院中东欧国家研究中心	2018年	
	31	中国·中东欧城市基础设施建设与投资研究中心	2018年	秘书处设在宁波工程学院
	32	广东外语外贸大学中东欧研究中心	2019年3月	
	33	上海社会科学院维谢格拉德集团（V4）研究中心	2021年1月	
	34	宁波工程学院中东欧研究所（中国-中东欧国家创新合作研究中心）	2022年6月	

续表

类别	序号	机构名称	成立时间	备注
国别	35	北京外国语大学波兰研究中心	2011年12月	2017年教育部备案国别区域研究中心
	36	北京第二外国语学院波兰研究中心	2015年6月	2017年教育部备案国别区域研究中心
	37	东北大学波兰研究中心	2015年6月	
	38	河北地质大学捷克研究中心	2015年10月	2017年教育部备案国别区域研究中心
	39	北京第二外国语学院匈牙利研究中心	2015年11月	2017年教育部备案国别区域研究中心；匈牙利总理欧尔班揭牌
	40	上海交通大学保加利亚中心	2016年1月	
	41	华北理工大学匈牙利研究中心	2016年6月	2017年教育部备案国别区域研究中心
	42	西安外国语大学波兰研究中心	2016年12月	2017年教育部备案国别区域研究中心
	43	浙江金融职业学院捷克研究中心	2017年3月	2017年教育部备案国别区域研究中心
	44	北京外国语大学匈牙利研究中心	2017年5月	2017年教育部备案国别区域研究中心
	45	浙江大学宁波理工学院波兰研究中心	2017年6月	2017年教育部备案国别区域研究中心
	46	西安翻译学院匈牙利研究中心	2017年10月	
	47	北京外国语大学罗马尼亚研究中心	2017年	2017年教育部备案国别区域研究中心
	48	北京外国语大学阿尔巴尼亚研究中心	2017年	2017年教育部备案国别区域研究中心
	49	北京外国语大学保加利亚研究中心	2018年4月揭牌	2017年教育部备案国别区域研究中心
	50	河北经贸大学塞尔维亚研究中心	2018年6月	2021年入选教育部备案国别区域研究中心
	51	南京师范大学法学院斯洛伐克法律研究中心	2018年12月	
	52	西北师范大学国别与区域研究院波黑研究中心	2019年11月	

续表

类别	序号	机构名称	成立时间	备注
其他	53	河北外国语学院称成立多家中东欧国别研究中心	2018年6月	马其顿研究中心、捷克研究中心、塞尔维亚研究中心、罗马尼亚研究中心、保加利亚研究中心、匈牙利研究中心、阿尔巴尼亚研究中心、波兰研究中心、斯洛文尼亚研究中心

说明：成立时间标为2017年以及标有揭牌的中心多为2017年申报教育部备案国别区域研究中心前后成立或策划成立的；有关希腊研究的中心或机构未被列入。

资料来源：笔者自制。

二 普通高等学校新设中东欧语种本科专业一览（2012~2022年）

年份	专业	学校	小计	合计
2022	匈牙利语	广东外语外贸大学	1	1
2020	罗马尼亚语	上海外国语大学	1	1
2019	塞尔维亚语	吉林外国语大学	1	4
	匈牙利语	吉林外国语大学	1	
	克罗地亚语	广东外语外贸大学	1	
	罗马尼亚语	四川外国语大学	1	
2018	波兰语	北京体育大学、吉林外国语大学*、浙江越秀外国语学院、浙江外国语学院、四川外国语大学	5	15
	捷克语	北京体育大学、大连外国语大学、长春大学、吉林外国语大学、四川外国语大学	5	
	塞尔维亚语	上海外国语大学、北京体育大学	2	
	罗马尼亚语	北京语言大学	1	
	克罗地亚语	北京体育大学	1	
	匈牙利语	北京体育大学	1	

续表

年份	专业	学校	小计	合计
2017	捷克语	浙江越秀外国语学院、浙江外国语学院、四川外国语大学成都学院、西安外国语大学	4	17
	匈牙利语	华北理工大学、四川外国语大学成都学院、西安外国语大学	3	
	波兰语	大连外国语大学、长春大学	2	
	罗马尼亚语	天津外国语大学、西安外国语大学	2	
	保加利亚语	北京第二外国语学院、天津外国语大学	2	
	塞尔维亚语	天津外国语大学	1	
	斯洛文尼亚语	北京第二外国语学院	1	
	斯洛伐克语	北京第二外国语学院	1	
	阿尔巴尼亚语	北京第二外国语学院	1	
2016	波兰语	上海外国语大学、四川大学、天津外国语大学、四川外国语大学成都学院、西安外国语大学	5	15
	捷克语	上海外国语大学、天津外国语大学、广东外语外贸大学	3	
	塞尔维亚语	北京第二外国语学院、广东外语外贸大学	2	
	罗马尼亚语	北京第二外国语学院、河北经贸大学	2	
	匈牙利语	天津外国语大学	1	
	立陶宛语	北京第二外国语学院	1	
	爱沙尼亚语	北京第二外国语学院	1	
2015	匈牙利语	上海外国语大学、北京第二外国语学院、四川外国语大学	3	8
	捷克语	北京第二外国语学院、石家庄经济学院 **	2	
	波兰语	北京第二外国语学院	1	
	拉脱维亚语	北京第二外国语学院	1	
	马其顿语 ***	北京外国语大学	1	
2014	无	无		

续表

年份	专业	学校	小计	合计
2013	波兰语	广东外语外贸大学	1	1
2012	无	无		
共计				62

* 2018年12月，经教育部批准，原吉林华桥外国语学院更名为吉林外国语大学。

** 2016年3月，石家庄经济学院更名为河北地质大学。因此，捷克语设立时仍称石家庄经济学院。

*** 在教育部关于普通高等学校本科专业新增中有备案专业和审批专业两类。新增审批本科专业是教育部现有的专业目录里没有的。马其顿语即属此类情况。

资料来源：笔者根据《教育部关于普通高等学校本科专业设置备案和审批结果的通知》（2012~2022年）整理。

三 截至2022年底中国有关中东欧期刊、皮书情况一览

期刊	创刊时间	主办单位	现况
《苏联东欧问题》	1981年	中国社会科学院苏联东欧研究所/东欧中亚研究所/俄罗斯东欧中亚研究所	1992年更名为《东欧中亚研究》，2003年改称《俄罗斯中亚东欧研究》，2013年改为《俄罗斯东欧中亚研究》
《今日苏联东欧》	1983年	上海苏联东欧研究所/华东师范大学俄罗斯研究中心	1992年改称《今日前苏联东欧》，1995年改称《今日东欧中亚》，2001年改为《俄罗斯研究》
《东欧》	1987年	北京外国语大学	1999年更名为《国际论坛》
《东欧中亚市场研究》	1996年	中国社会科学院俄罗斯东欧中亚研究所	2003年更名为《俄罗斯中亚东欧市场》，2014年改为《欧亚经济》
《俄罗斯东欧中亚史》	2001年	中国苏联东欧史研究会	办了一期停刊
《巴尔干研究》辑刊	2020年	首都师范大学文明区划研究中心/区域国别研究院	已出版2辑

续表

皮书	创办年	创办单位	现况
《中东欧国家发展报告》	2018年	北京外国语大学欧洲语言文化学院、中东欧研究中心	已出版第四本
《中东欧国家文化发展报告》	2021年	广东外语外贸大学中东欧研究中心	已出版第二本
《中东欧国家体育发展报告》	2022年	北京体育大学	已出版第一本
《波兰发展报告》	2022年	重庆交通大学欧洲研究中心	已出版第一本

注：（1）1983年创刊的《欧洲研究》（时称《西欧研究参考资料》，1984年更名为《西欧研究》，1993年改称《欧洲》，2003年改为现名）以及2011年创刊的《俄罗斯学刊》均不定期刊发有关中东欧的专栏文章；巴尔干并不全部属于中东欧，二者之间有部分重合。

（2）北京外国语大学主办的《中国斯拉夫研究》（俄英双语期刊）和哈尔滨师范大学主办的《斯拉夫学研究》（中文辑刊）亦关注中东欧地区的斯拉夫国家。

资料来源：笔者根据有关资料整理。

四 截至2022年底中国中东欧相关研究协会和团体情况一览

学会	创立时间	管理/挂靠单位	现况
中国苏联东欧学会	1982年9月	中国社会科学院苏联东欧研究所/东欧中亚研究所/俄罗斯东欧中亚研究所	1992年改称中国东欧中亚学会，2002年改为中国俄罗斯东欧中亚学会，现运转正常
中国苏联东欧史研究会	1985年4月	中国社会科学院世界历史研究所	现运转正常
上海苏联东欧学会	1987年3月	华东师范大学	1993年更名为上海市东欧中亚学会，2006年更名为上海市俄罗斯东欧中亚学会，现运转正常
南斯拉夫经济研究会	1978年9月	中国社会科学院	20世纪80年代初更名为南斯拉夫研究会，2022年9月，中国世界经济学会决定撤销分支机构"南斯拉夫研究会"
吉林省东欧中亚学会	1979年12月	吉林省社会科学院	2005年更名为吉林省俄罗斯东欧中亚学会，现运转正常

续表

学会	创立时间	管理/挂靠单位	现况
黑龙江省俄罗斯东欧中亚学会	2008年6月	黑龙江省社会科学院	2006年5月，黑龙江省俄罗斯东欧中亚学会筹备委员会第一次会议召开，6月黑龙江省社会科学联合会通过对学会的资格审查，9月黑龙江省民政厅正式批准设立学会，2008年6月12日，学会成立大会召开，现运转正常
中国欧洲学会中东欧研究分会	2012年12月	中国社科院欧洲研究所	现运转正常

注：另有一家罗马尼亚经济学会，但其具体建立时间和后续情况不详。
资料来源：笔者根据有关资料整理。

五 中东欧十件大事（2015~2022）

年度	十件大事
2015	1. 中东欧国家加强能源安全与合作 2. 波兰大选和宪法法院法修正案风波 3. 国际维谢格拉德基金成立15周年 4. 克罗地亚和斯洛文尼亚边界问题再起争端 5. 难民危机考验中东欧国家 6. 西巴尔干"欧洲化"取得新进展 7. 美国和北约强化与中东欧国家的军事合作 8. 《代顿协定》签署20周年 9. 中国与中东欧国家关系取得新进展 10. 2015年中东欧国家经济均为正增长
2016	1. 美国和北约加强在中东欧国家的军事存在 2. 西巴尔干国家加盟入约进程取得新进展 3. 维谢格拉德集团成立25周年 4. 斯洛伐克担任欧盟轮值主席国 5. 波兰法治问题引发国内外关切 6. 匈牙利就难民问题举行全民公决 7. 保加利亚总统选举引发政局变动 8. 罗马尼亚社会民主党获得议会大选胜利 9. 中国-中东欧国家关系进一步发展 10. 中东欧国家经济呈增长态势，风险等级中等偏低

续表

年度	十件大事
2017	1. 罗马尼亚政府危机不断，频繁改组 2. 保加利亚提前大选，新政府面临挑战 3. 波兰司法改革引争议 4. 捷克举行独立后第七次议会众议院选举 5. 欧盟起诉波匈捷 6. 欧盟与西巴尔干国家频繁互动并确认相互关系前景 7. 维谢格拉德集团在合作与分歧中前行 8. 黑山成为北约第29个成员国 9. 中东欧国家与俄罗斯关系呈现四种态势 10. 李克强总理出席第六次中国-中东欧国家领导人会晤并对匈牙利进行正式访问
2018	1. 保加利亚担任欧盟轮值主席国 2. 马保关系和马其顿国名更改问题取得显著进展 3. 欧盟与西巴尔干关系迎来又一个"历史性"年份 4. 波兰增加军费并加强与北约和美国的军事合作 5. 克罗地亚国家足球队获得世界杯亚军 6. "中国-中东欧国家合作"索非亚峰会举行 7. 塞尔维亚与科索沃关系前景扑朔迷离 8. 欧洲议会建议对匈牙利启动《欧洲联盟条约》第七条规定的程序 9. "三海倡议"第三届峰会举行 10. 一些中东欧国家庆祝建国100周年
2019	1. 罗马尼亚担任欧盟轮值主席国 2. 马其顿正式更名为北马其顿 3. 美国进一步加强与中东欧国家的合作 4. "中国-中东欧国家合作"杜布罗夫尼克峰会举行 5. 欧盟的中东欧成员国举行欧洲议会选举 6. 罗马尼亚社会民主党失势，约翰尼斯再次高票当选总统 7. 中国和部分中东欧国家庆祝建交70周年 8. 波兰作家获诺贝尔文学奖 9. 波兰举行剧变后第九次议会选举 10. 匈牙利举行地方选举
2020	1. 中东欧多国举行总统选举和/或议会选举 2. 疫情冲击下中东欧国家普遍出现经济衰退 3. 克罗地亚首次担任欧盟轮值主席国 4. 匈牙利和波兰与欧盟在长期预算和恢复基金问题上发生激烈争执 5. 西巴尔干融入欧洲一体化几无进展

续表

年度	十件大事
2020	6. 美国加大对中东欧国家的投入力度 7. 北马其顿成为北约第 30 个成员国 8. 塞科对话重启，"关系正常化"进程缓慢前行 9. 波兰、立陶宛和乌克兰成立"卢布林三角" 10. 疫情下中国-中东欧国家合作取得进展
2021	1. 中东欧国家经济开始复苏 2. 保加利亚举行三次议会选举和两轮总统选举 3. 捷克举行独立后第八次议会众议院选举并组建新政府 4. 匈牙利反对党联盟意图挑战青民盟执政地位 5. 罗马尼亚暂时度过政府危机 6. 西巴尔干融入欧洲一体化进展甚微 7. 斯洛文尼亚第二次担任欧盟轮值主席国 8. 波兰与欧盟因波兰宪法法院裁决再起冲突 9. 波兰和白俄罗斯边境危机持续发酵 10. 中国-中东欧国家合作成果丰硕
2022	1. 中东欧多国举行议会和/或总统选举 2. 中东欧国家着力应对俄乌冲突 3. 俄乌冲突拖累中东欧国家经济复苏 4. 匈牙利和波兰在欧盟基金拨付问题上遭遇不同对待 5. 保加利亚再次陷入政治危机 6. 欧盟开启同阿尔巴尼亚和北马其顿的入盟谈判 7. 塞尔维亚和科索沃关系持续紧张 8. 波黑正式成为欧盟候选成员国 9. 克罗地亚将于 2023 年 1 月 1 日加入申根区和欧元区 10. 中国-中东欧国家合作持续推进

注：此系中国社会科学院俄罗斯东欧中亚研究所中东欧研究室/转型和一体化理论研究室自 2015 年起推出的年度中东欧十件大事标题，全文请参见研究室主办的"中东欧观察"微信公众号。对授权使用表示谢意！

后　记

从事任何一项科学研究都有一定的门槛。对于中国学者来说,国际问题研究的门槛可谓既低又高。说低是因为过去的国际问题研究多半基于某二级甚至三级学科而展开,入门条件及成果通用性均较低;说高则是近年来特别是区域国别学2022年成为一级学科后,对研究的交叉性、综合性、通用性有了新的更高要求。换言之,过去国际问题研究者的"上限"大抵为专家,而区域国别学视角下的国际问题研究者被要求成为大家,服务"国之大者"。进一步讲,我国区域国别研究的起步相对较晚,相关研究同我国综合国力和国际地位相较还不太相称。进入新时期,要想使我国的区域国别研究形成自身的特色和优势,并且能同世界(主要大国)学术界展开对话、对弈,重要的一条就是以我国实际为研究起点,提出具有主体性、原创性的理论观点,构建具有自身特质的学科体系、学术体系、话语体系。

呈现在读者面前的《中国的中东欧研究(1990~2022)》就是这样一种尝试,该书努力将冷战结束以来中国中东欧区域国别研究的实际情况讲清楚,以为进一步的理论创新、"三大体系"建设以及国际比对夯实基础。全书分为研究和访谈两大板块。前三章分别从中东欧区域整体、次区域以及国别三个层面对冷战结束以来我国中东欧学术研究的阶段、特征进行了全面、系统的梳理。其中,第一章主要从中东欧研究对象的变化、国内中东欧研究机构和人员的变动角度进行了叙述;第二章对维谢格拉德集团、巴尔干地区、波罗的海区域等三个次区域或区域机制的研究进行了考察;第三章则分别对中东欧十三个国家的研究情况进行了梳理。这里有两点需要强调。一是关于国别的取舍。希腊于2019年加入中国-中东欧国家合作机制,在时间跨度上不适合纳入本书的框架。同样,由于立陶宛于2021年、爱沙尼亚和拉脱维亚于2022年先后单方面退出中国-中东欧国家合作机制，全书不单独对这三个国家进行国别考察，只是保留了次区域的整体讨论。二是关于时间节点的选择。起点为冷战结束，但各次区域或国家稍有不同，选择的标准是国家剧变/独立或与中国建交的时间，以及次区域集团成立的时间等。这些在正文各章节也均有说明。同时，无论是中东欧区域、次区域还是国别，全书的数据都截至 2022 年 12 月 31 日。

最后两章对国内长期从事中东欧研究的七位专家进行了访谈。虽然访谈大体内容涉及中东欧研究发展历程、成就特点、问题不足、前景展望以及心得体会等，但各有侧重。第四章主要从中东欧整体研究的视角对中国社会科学院俄罗斯东欧中亚研究所朱晓中研究员、北京大学国际关系学院孔凡君教授以及中国社会科学院欧洲研究所刘作奎研究员三位专家进行了访谈；第五章则依照区域国别学可授予学位的四个学科分别从中东欧经济研究、中东欧政治研究、中东欧文学研究、中东欧历史研究的维度对中国社会科学院欧洲研究所孔田平研究员、中国社会科学院俄罗斯东欧中亚研究所高歌研究员、中国社会科学院外国文学研究所高兴编审、中国社会科学院世界历史研究所马细谱先生四位专家进行了访谈。这些专家都是国内长期甚至一辈子从事中东欧研究的学者，通过访谈既能感受到学术研究的连续，也能体会到学术精神的传承，对于理解中东欧学科的发展、中东欧学术的演变以及中东欧话语的阐发无疑有着十分宝贵的价值。于我个人而言，七位学者或是我的博士生导师（孔凡君教授）、博士后合作导师（朱晓中研究员），或是我的主管领导（高歌研究员），或是"忘年交"（马细谱先生），或是良师益友（高兴编审、孔田平研究员和刘作奎研究员），他们直接或间接地成为我学术成长的引路人和榜样，这次访谈中他们不仅鼎力相助，而且贡献了极为宝贵的真知灼见，特在此致以深深的谢意！

参与本书写作的还有：徐科锋（第二章第一节）、徐樱露（第二章第三节）、姬文刚和刘睿（第三章第一节）、尹冰璇和张海燕（第三章第三节）、张传玮（第三章第四节）、陈巧（第三章第六节、第十二节）、徐恒祎（第三章第八节）、马曼露（第三章第九节、第十一节）、陈慧稚（第三章第十节）和靳乔（第三章第十三节）；舒苏乐博士对高兴编审进行了专访，并整理了访谈稿。不夸张地说，参与本书撰写的作者和访谈专家几乎涵盖了国内中东欧研究的相关机构。从这个层面讲，本书无疑是全体国内中东欧研究学人的集体成果。在此，对各位作者、访谈专家和中东欧研究学人的支持与付出致以衷心的感谢！

后记

本人所在的中国社会科学院俄罗斯东欧中亚研究所转型和一体化理论研究室虽然是个新成立的研究室，但其前身是中东欧研究室和更早的东欧研究室。这种沿革本身也是这一地区发展的学术体现。中东欧研究仍是研究室的研究重点，但研究领域和方向正在拓展。研究室获批的中国社会科学院学科建设"登峰战略"资助计划重点学科也从原来的中东欧学科转向区域国别学。本书在立题、论证、资助等方面都得到了研究室尤其是室主任高歌研究员以及研究所区域国别学学科负责人庞大鹏研究员的大力支持，这也反映了对于中东欧研究守正创新的集体态度。特别需要感谢孙壮志所长，他从一开始就对本书的编撰计划给予莫大的肯定和鼓励，帮助修订全书目录框架，提供编写建议，并且亲自撰写了序言。

新冠疫情对每个人、每个家庭来说都是艰巨的挑战。正是在这一时期，大儿子徐望舒上小学、小儿子徐茂哲进幼儿园，这一时期与其说是他们人生的重要起步阶段，不如说是我在家庭中肩负责任的关键时刻。妻子梁嘉真默默无闻的付出和对家庭重任的分担使我能够专心投入学术研究，包括本书的编著。岳父母梁溢、张雁山的"随叫随到"和父母徐清泉、徐冬荣的"无所要求"则给我提供了强大的支持。

最后要对社会科学文献出版社表示衷心的感谢，算起来这是我在该出版社出版的第四本书。然而，每一次的编校出版对我来说都是一次重要的学习过程。祝得彬编审对本书的出版全程给予专业指导和帮助，张苏琴、仇扬老师出色的编校和修订使本书增色许多。从这个角度讲，本书无疑也是他们的成果。

编著本书期间，我已经向不少专家学者表达了下一步写作《国际中东欧研究》一书的意向，也得到了诸多正向的反馈。无论该想法是否会得以实现，但它一定会是我继续从事中东欧区域国别研究不可省去的重要一环，也期待国内学界不断有相关作品问世，共同为繁荣中国的中东欧研究贡献力量！

初稿于北京市东城区张自忠路3号东院
定稿于中共中央党校国家行政学院
徐刚　2023年10月31日

图书在版编目（CIP）数据

中国的中东欧研究：1990-2022 / 徐刚等著 . -- 北京：社会科学文献出版社，2024.6
ISBN 978-7-5228-3238-8

Ⅰ.①中… Ⅱ.①徐… Ⅲ.①中欧-研究②东欧-研究 Ⅳ.①D751

中国国家版本馆 CIP 数据核字（2024）第 079467 号

中国的中东欧研究（1990~2022）

著　　者 / 徐　刚等

出 版 人 / 冀祥德
组稿编辑 / 祝得彬
责任编辑 / 仇　扬　张苏琴
责任印制 / 王京美

出　　版 / 社会科学文献出版社·文化传媒分社（010）59367004
　　　　　 地址：北京市北三环中路甲 29 号院华龙大厦　邮编：100029
　　　　　 网址：www.ssap.com.cn
发　　行 / 社会科学文献出版社（010）59367028
印　　装 / 三河市龙林印务有限公司
规　　格 / 开　本：787mm×1092mm　1/16
　　　　　 印　张：13　字　数：227 千字
版　　次 / 2024 年 6 月第 1 版　2024 年 6 月第 1 次印刷
书　　号 / ISBN 978-7-5228-3238-8
定　　价 / 98.00 元

读者服务电话：4008918866

版权所有 翻印必究